Informationsökonomische Markenpolitik

Europäische Hochschulschriften
Publications Universitaires Européennes
European University Studies

Reihe V
Volks- und Betriebswirtschaft

Série V Series V
Sciences économiques, gestion d'entreprise
Economics and Management

Bd./Vol. 2637

PETER LANG
Frankfurt am Main · Berlin · Bern · Bruxelles · New York · Oxford · Wien

Marcus Schölling

Informationsökonomische Markenpolitik

Zur Bedeutung der Informationsökonomie für die Markenpolitik von Herstellern

PETER LANG
Europäischer Verlag der Wissenschaften

Die Deutsche Bibliothek - CIP-Einheitsaufnahme

Schölling, Marcus:

Informationsökonomische Markenpolitik : zur Bedeutung der Informationsökonomie für die Markenpolitik von Herstellern / Marcus Schölling. - Frankfurt am Main ; Berlin ; Bern ; Bruxelles ; New York ; Oxford ; Wien : Lang, 2000
(Europäische Hochschulschriften : Reihe 5, Volks- und Betriebswirtschaft ; Bd. 2637)
Zugl: Lüneburg, Univ., Diss., 1999
ISBN 3-631-36592-6

ISSN 0531-7339
ISBN 3-631-36592-6

Vorwort

Das vorliegende Buch ist als Dissertation im Fachbereich Wirtschafts- und Sozialwissenschaften der Universität Lüneburg entstanden. Mein besonders herzlicher Dank gilt Frau Prof. Dr. Ursula Wisenfeld-Schenk, die die Arbeit betreut hat. Ihr verdanke ich zahlreiche sehr wertvolle Hinweise.

Mein Dank gilt auch den Zweit- und Drittgutachtern, den Herren Prof. Dr. Egbert Kahle und Prof. Dr. Joachim Reese.

Frau Ulrike Fromm hat meine Manuskripte verarbeitet und formatiert. Dafür danke ich ihr herzlich.

Hagen, im Januar 2000

Inhaltsverzeichnis

Abbildungsverzeichnis

Tabellenverzeichnis

Symbolverzeichnis

α	Parameter für die Qualitätsverteilung
β	Anzahl der Produkte unter einem Markendach
γ	Verbindungen zwischen den Produkten unter einem Markendach
τ	Hilfsvariable
AD	Gesamtnachfrage
AS	Gesamtangebot
b_s	Budgetrestriktion der Anbieter
b_d	Budgetrestriktion der Nachfrager
c	Kosten
c_s	Suchkosten
h	Signallingniveau
J	Ja
m	Anzahl der Anbieter
n	Anzahl der Nachfrager
N	Nein
p	Preis
p_c	cut-off Preis, also Preisobergrenze
q	Qualität
q^a	Durchschnittsqualität
q_h	Hohe Qualität
q_l	niedrige Qualität
x	Menge
z	Suchschritt

1 Einführung

1.1 Darstellung und Begründung des Themas

Seit geraumer Zeit orientiert sich die Marketingwissenschaft fast ausschließlich an verhaltenswissenschaftlichen Erkenntnissen, weil die neoklassische Mikroökonomik sich als nicht tragfähiges Konzept erwiesen hatte (z. B. Kuß 1991, S. 1; Aufderheide/ Backhaus 1995, S. 46 f.; Bänsch 1995; Kroeber-Riel/Weinberg 1996, S. 4 f.).

Wichtige Gründe dafür waren die fehlende Realitätsnähe der Prämissen in den zugrundeliegenden Modellen, die mangelnde Eignung zur Ableitung von Handlungsempfehlungen und zur Erstellung von Prognosen. Ausschlaggebend für die Kritik war deren Orientierung an einer Mikroökonomik mit Modellen vom vollkommenen Markt. Diese Modelle hatten einige entscheidende Schlüsselprämissen (z. B. Wessling 1991, S. 65; Schumann 1992, S. 45 ff.; Adler 1996, S. 4):

1. Die Beteiligten handeln rational durch die Wahl der Alternative mit dem höchsten Nutzen.
2. Die Präferenzen der Beteiligten sind exogen, in sich widerspruchsfrei und stabil.
3. Es herrscht atomistische Konkurrenz auf Anbieter- wie auf Nachfragerseite.
4. Das Güterangebot ist homogen. Es herrschen also keine räumlichen, sachlichen oder persönlichen Präferenzen.
5. Die Anpassungsprozesse vollziehen sich mit unendlich großer Geschwindigkeit und ohne Kosten.
6. Die Beteiligten verfügen über vollständige Informationen bezüglich aller relevanten Sachverhalte. Insbesondere verfügen sie über vollständiges Preiswissen.[1]
7. Es existieren keine Barrieren, die den Marktzutritt oder Marktaustritt behindern (Wied-Nebbeling 1994, S. 3 f.)

Die mit Hilfe dieser Modelle gewonnenen Erkenntnisse sind einer breiten Kritik ausgesetzt gewesen. Ein Teil der Kritik, der zu einer Weiterentwicklung der Modelle geführt hat, erfolgt aus mikroökonomischer Sicht. Die andere kritische Forschungsrichtung hat sich den Verhaltenswissenschaften zugewandt.

Insbesondere die Realitätsferne der oben genannten Prämissen hat die Kritik hervorgerufen, die zu einer Orientierung des Marketing an den Verhaltenswissenschaften geführt haben. Zentrale Kritikpunkte waren dabei die Hypothesen zu menschlichen Eigenschaften, die sich mit der Realität nicht in Einklang bringen ließen, insbesondere der allwissende „homo oeconomicus" (z. B. Adler 1996, S. 5; Kroeber-Riel/Weinberg 1996, S. 4 ff.).

In der Folge hat die Marketingwissenschaft eine prinzipiell andere Sichtweise ökonomischer Austauschprozesse entwickelt. Diese Austauschprozesse können mit verschiedenen Paradigmata untersucht werden. Man arbeitet mit dem klassischen behavioristischen S-R-Modellen, mit denen Reaktionen von Konsumenten (Response) auf die

1 Da die Güter homogen sind, ist für Qualitätswissen der Marktteilnehmer kein Bedarf.

konkrete Ausgestaltung absatzpolitischer Instrumente (Stimuli) untersucht werden können (Müller-Hagedorn 1986, S. 66 f.; Adler 1996, S. 15, Kroeber-Riel/Weinberg 1996, S. 318 ff.). Zudem besteht die Möglichkeit, mit Hilfe des neobehavioristischen S-O-R-Paradigmas die einzelnen Abläufe im Organismus ebenfalls in die Betrachtung zu integrieren (Kuß 1991, S. 3). Die Ergebnisse der Untersuchungen sollen es ermöglichen, die absatzpolitischen Instrumente eines Unternehmens zieladäquat und effizient zu gestalten.

Die Marketingwissenschaft, die sich auf diese Weise den Verhaltenswissenschaften zugewandt hat (z. B. Behrens 1991; Kuß 1991; Bänsch 1995; Kroeber-Riel/Weinberg 1996), hat in der Folgezeit zahlreiche Publikationen zum Marketing einschließlich der Markenpolitik hervorgebracht (z. B. Werman 1974; Jacoby/Chestnut 1978). Einen Überblick über einige zentrale deutschsprachige Publikationen bietet Bruhn (1994).

Bei der Behandlung von Fragen, die mit Marken in Zusammenhang stehen, ist jedoch kaum eine Beschäftigung mit stärker mikroökonomisch geprägten Theorien mehr erfolgt. Zumindest für angelsächsische Literatur mag das auch daran gelegen haben, dass das dortige Ausbildungssystem Betriebswirtschaftslehre („Business Administration") und Volkswirtschaftslehre („economics") erheblicher strikter trennt, als das in Deutschland der Fall ist (George 1996, S. 111 f.). Historisch bedeutsam dürfte es auch sein, dass in der Zeit nach dem zweiten Weltkrieg die aus den U.S.A. stammende Idee, eine von Sozialwissenschaften dominierte Betriebswirtschaftslehre zu schaffen, in Deutschland adaptiert worden ist (Bubik 1996, S. 133 ff.).

Der Kritik, sich von der Betriebswirtschaftslehre wegentwickelt zu haben (Schneider 1983, S. 223; Hax 1991, S. 52), ist man von Seiten der Marketingwissenschaft entgegengetreten; die bereits angedeutete Kritik an der Mikroökonomie wurde beibehalten (z. B. Müller-Hagedorn 1986, S. 66; Backhaus 1992, S. 771).

Erst in jüngerer Zeit findet man eine vorsichtige Wiederannäherung einiger Autoren an mikroökonomische Gedanken mit verschiedenen Schwerpunktsetzungen im Einzelfall (Kaas 1990; 1992; 1995; Aufderheide/Backhaus 1995; Weiber/Adler 1995; Litzinger 1995; Bauer/Bayón 1995; Kleinaltenkamp/Marra 1995; Schäfer 1995; Sydow 1995; Bogaschewsky 1995; Brielmeier/Diller 1995; Picot/Wolf 1995; Krafft 1995; Adler 1996; Weisenfeld-Schenk 1997). Sie bezieht sich jedoch nicht auf die oben erwähnten Modelle vom vollkommenen Markt, die auch in der heutigen Volkswirtschaftslehre als empirisch kaum relevant angesehen werden, sondern auf Modelle und Theorien, die erst historisch entstanden sind, als die Marketingwissenschaft angefangen hatte, sich von der Preistheorie wegzuentwickeln. Zentrale Gründe dafür sind die Erschöpfung der Verhaltenswissenschaften als Quelle fundamental neuer Erkenntnisse und die weitere Entwicklung der mikroökonomischen Theorie in den relevanten Bereichen. Letzteres ist gleichbedeutend mit der Wegentwicklung der wirtschaftstheoretischen Modelle von den Prämissen des vollkommenen Marktes (Aufderheide/Backhaus 1995, S. 47, S. 60; Kaas 1992, S. 7 f.).

Ein historisch früherer Ansatz der österreichischen Betriebswirtschaftslehre, der eine Betriebswirtschaftslehre auf der Basis wirtschaftstheoretischer Erwägungen aufbauen wollte (z. B. Bratschitsch 1957), hat sich nicht durchsetzen können, möglicherweise auch wegen fehlender mikroökonomischer Modelle mit hinreichender Eignung. Die folgende Abbildung gibt einen Überblick über die Verknüpfungen - in der Abbildung durch Pfeile gekennzeichnet - zwischen den betrieblichen Funktionen und den Aufgaben in der gesamten Wirtschaft, wie die historische österreichische Betriebswirtschaftslehre sie gesehen hat.

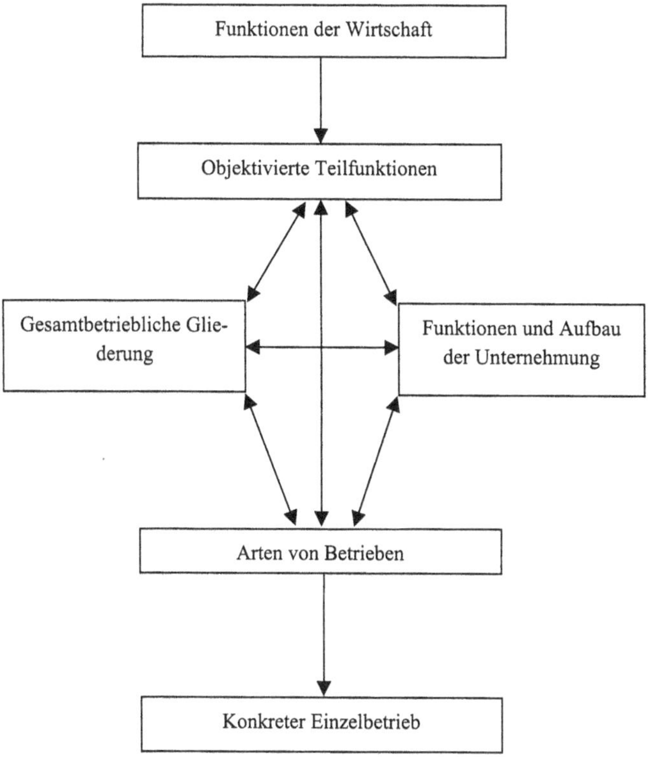

Abb. 1: Funktionsorientierter Aufbau der Betriebswirtschaftslehre
Quelle: Bratschitsch 1957, S. 99

Ein anderer Zweig der Wirtschaftswissenschaften, die Mikroökonomie, hat in derselben Epoche eine andere Entwicklung durchgemacht, die von der Weiterentwicklung der bestehenden Modelle geprägt war.

Bereits relativ früh hatte es Stimmen in der Literatur gegeben, die die Bedeutung von Informationsverteilung und menschlichem Verhalten für die Wirtschaftstheorie betont haben (Coase 1937; v. Hayek 1937; 1945). Die Entwicklung verschiedener Forschungsrichtungen hat sich jedoch über Jahrzehnte hingestreckt. Aus einer dogmenhistorischen Sicht können dabei einige grundlegende Strömungen unterschieden werden, die man unter dem Begriff „Neue mikroökonomische Theorie" zusammenfassen kann:

Die Property-Rights-Theorie, die Transaktionskostentheorie, die ökonomische Theorie der Politik, die Informationsökonomie, und die Prinzipal-Agent-Theorie.

Die Property-Rights-Theorie beschäftigt sich mit der Ausgestaltung von Handlungs- und Verfügungsrechten und deren Einfluss auf die Verwendung und Allokation von Gütern. Die Property Rights werden dabei als sanktionierte Handlungsmöglichkeiten und Vertragsbeziehungen zwischen Wirtschaftssubjekten angesehen, die den Handlungsspielraum beim Umgang mit Gütern darstellen (Furubotn/Pejovich 1972, S. 1139).

Die Transaktionskostentheorie behandelt Fragen der effizienten Koordination von Wirtschaftsbeziehungen, bei denen Verfügungsrechte zwischen Wirtschaftssubjekten unter bestimmten Prämissen behandelt werden. Entscheidend sind die Annahme von Unsicherheit, Komplexität, beschränkter Rationalität und des opportunistischen Verhaltens. Unter Opportunismus ist dabei das Verfolgen egoistischer Ziele mit Hilfe von List und Tücke zu verstehen (Williamson 1990).

Die ökonomische Theorie der Politik versucht Probleme aus einem Bereich zu untersuchen, in dem Wirtschaft und Politik zusammenwirken (Bayón 1997, S. 30; Frey/Kirchgässer 1994, S. 2 ff.).

Die Informationsökonomie untersucht Fragestellungen, die auftreten, wenn Informationen unter den Marktteilnehmern asymmetrisch verteilt sind (Adler 1996, S. 11; Bayón 1997, S. 16).

Die Prinzipal-Agent-Theorie beschäftigt sich mit vertraglichen oder vertragsähnlichen Beziehungen zwischen zwei oder mehr Beteiligten, innerhalb derer Entscheidungen der einen Partei (des Agenten) nicht nur den eigenen, sondern auch den Nutzen eines anderen Beteiligten (des Prinzipals) beeinflussen (Ross 1973, S. 134; Pratt/Zeckhauser 1985, S. 17).

Im Kern bauen die theoretischen Aussagen, die zu dieser Beziehung getroffen werden, auf folgenden Annahmen auf:

1. Prinzipal und Agent werden als rational handelnde, „eigennützige" Wirtschaftssubjekte betrachtet, die die Maximierung ihres eigenen Nutzens anstreben (Pratt/Zeckhauser 1985, S. 2 und S. 14 f.; Münchow 1995, S. 182; Terberger 1995, S. 30)
2. Es besteht Unsicherheit über zukünftige Ereignisse, die Einfluss auf das von dem Agenten erzielbare Handlungsergebnis haben können (Arrow 1985, S. 37; Münchow 1995, S. 183)
3. Es besteht ein Informationsvorsprung des Agenten gegenüber dem Prinzipal (Arrow 1985, S. 37; Münchow 1995, S. 183), also Informationsasymmetrie (Sewing 1994, S. 67).
4. Beide Parteien verhalten sich opportunistisch, d. h. sie verfolgen ihre eigenen Ziele unter Zuhilfenahme von List und Tücke, und sie nehmen dabei in Kauf, ihren Vertragspartner zu schädigen (Williamson 1990, S. 34, 74).

Unter den genannten Annahmen wird der Agent seinen Informationsvorsprung nutzen, indem er eigennützig und mit möglichen Schäden für den Prinzipal seine persönlichen Ziele verfolgt (Fischer 1995, S. 320).

Es fragt sich, inwieweit die einzelnen Richtungen geeignet sind, eine theoretische Grundlage für das Marketing bzw. wissenschaftliche Forschung im Bereich Marketing zu bilden. Die Transaktionskostentheorie, die Property-Rights-Theorie und die ökonomische Theorie der Politik werden hier nicht weiter verfolgt, weil sie für die Untersuchung der Markenpolitik eines Unternehmens ungeeignet sind. Die Property-Rights-Theorie eignet sich zwar zur ökonomischen Analyse des Markenrechts im Hinblick auf seine gesamtwirtschaftliche Effizienz (Lehmann/Schönfeld 1994), nicht jedoch für die Markenpolitik eines Unternehmens. Die fehlende Eignung der ökonomischen Theorie der Politik ergibt sich daraus, dass das Zusammenwirken von Staat und Wirtschaft keinen Problemschwerpunkt im Bereich der Markenpolitik bildet. Die Transaktionskostentheorie liefert ebenfalls keine spezifisch markentheoretischen Beiträge, die man für die Zwecke der Markenpolitik nutzen könnte. Damit soll keine auch nur tendenzielle Aussage getroffen werden, ob diese Ansätze nicht in anderem Zusammenhang von möglicherweise zentraler Bedeutung für das Marketing sein könnten (Bayón 1997, S. 385 f.). Es bleiben Informationsökonomie und Prinzipal-Agenten-Theorie als mögliche Teilgebiete mit Implikationen für die Markenpolitik. Bei der Informationsökonomie kann man hiervon ausgehen, da Marken oft ausdrücklich angesprochen werden. Das Beispiel einer Textpassage in Akerlofs Abhandlung über den „...Market for lemons...", in der er „...brand name goods..." ausdrücklich anspricht (Akerlof 1970, S. 499 f.), zeigt deutlich, dass Bezüge zwischen Informationsökonomie und Markenpolitik sehr früh gesehen worden sind. Eine vertiefte Beschäftigung mit den denkbaren Verknüpfungen erfolgt jedoch kaum.

Die hier referierte dogmenhistorische Sicht zeigt, dass nicht alle aufgeführten Entwicklungslinien völlig überschneidungsfrei sind. Es existieren Überlappungen zwischen Prinzipal-Agent-Theorie und Informationsökonomie, weil die Informationsasymmetrie eine gemeinsame Schlüsselprämisse ist (Richter 1994, S. 17; Richter/Furubotn 1996; Arrow 1985). Die Prinzipal-Agent-Theorie ist jedoch eine z. T. formale Vertragstheorie, die mit teilweise beträchtlich höherem methodischen Aufwand arbeitet, ohne in allen Fällen andere Erkenntnisse hervorzubringen (Richter/Furubotn 1996, S. 312). Deshalb ist ihre grundlegend verschiedenartige Bewertung bezüglich der Eignung zur theoretischen Fundierung des Marketing (Bayón 1997, S. 383, S. 385) nicht gerechtfertigt. In dieser Untersuchung werden demzufolge auch einige Elemente der Prinzipal-Agent-Theorie verwendet.

Sinn der Untersuchung ist es, die Erkenntnisse, die die Informationsökonomie unter Einschluss der Prinzipal-Agenten-Theorie inzwischen gewonnen hat, im Hinblick auf die Markenpolitik eines Unternehmens zu untersuchen. Es muss dabei zugleich einem Missverständnis vorgebeugt werden. Neue Mikroökonomie und die verhaltenswissenschaftliche Ausrichtung des Marketing erscheinen durch ihre gegensätzlichen Ausgangspositionen wie Konkurrenten (Schneider 1983, S. 203). Dennoch ist nicht ein völliger Paradigmenwechsel im Bereich Marketing beabsichtigt, sondern eine Ergänzung der bisherigen Erkenntnisse des Marketing. Dass solche Ergänzungen möglich sind, haben schon einige andere Untersuchungen im Grenzbereich zwischen Marketing und Informationsökonomie gezeigt (z. B. Müller 1994; Adler 1996; Bayón 1997). Durch die Herstellung einer Verbindung zwischen Mikroökonomie und Betriebswirtschaftslehre wird auch an das Gedankengut der historischen österreichischen Betriebswirtschaftslehre angeknüpft.

Die Beschäftigung gerade mit der Markenpolitik hat den Sinn zu zeigen, dass die Arbeit mit informationsökonomischen Modellen auch auf einem der traditionellen Gebiete des Marketing möglich ist, von dem geglaubt worden ist, es sei nur mit Hilfe verhaltenswissenschaftlicher Konzeptionen analysierbar (z. B. Jacoby/Chestnut 1978; Behrens 1994). Die Einordnung der Marke als eine Art von produktgebundenem Informationsinstrument gerade in der traditionellen Marketingliteratur (z. B. Nieschlag/Dichtl/Hörschgen 1997, S. 241 ff.) lässt das als geboten erscheinen. Mit Hilfe der informations-ökonomischen Betrachtung der Marke ist es möglich, einige Teilaspekte in traditionellen Darstellungen zu verfeinern. Ein Beispiel für einen solchen verfeinerungsfähigen Teilaspekt ist der in Teilen der Literatur anzutreffende Versuch der Trennung zwischen Sachgütern und Dienstleistungen und ihre Konsequenzen im Bereich der Markenpolitik. Dieser Aspekt und einige weitere Punkte werden am Ende des zweiten Kapitels ausführlich dargestellt werden. In diesen Bereich gehört z. B. auch die weitgehende Vernachlässigung der informationsökonomischen Güterarten bei der Behandlung der Markenpolitik.

Im einzelnen geht es in der vorliegenden Untersuchung um die Beantwortung von Fragen auf drei Teilgebieten.

Aus dem Aufgreifen der soeben erwähnten und weiterer Problempunkte in wissenschaftlichen Darstellungen ergibt sich das erste Gebiet. Außerdem geht es um den Aufbau einer eigenen Systematik einschließlich ihrer wettbewerblichen Implikationen auf der Grundlage der Informationsökonomie und um die Möglichkeit zur Ableitung von Handlungsempfehlungen für Unternehmen. Im erstgenannten Teilbereich, dem Aufgreifen von Problempunkten, geht es um drei Aspekte:

1. Ist es möglich, Sachgüter und Dienstleistungen im Bereich der Markenpolitik unter informationsökonomischen Aspekten gleich zu behandeln?
2. Ist es möglich, andere Beschreibungen der Aufgaben und Ziele von Marken zu geben, wenn man mit informationsökonomischen Modellen arbeitet und darauf aufbauend markenspezifische Funktionen entwickelt?
3. Ist es möglich, die vernachlässigten Bezüge zwischen markenpolitischen Strategien und informationsökonomischen Funktionen der Marke herzustellen?

Im zweiten Teilbereich, der Erstellung einer eigenständigen Systematik von wettbewerbsbezogenen Markenfunktionen, sollen die folgenden Teilfragen beantwortet werden:

1. Sind informationsökonomische Aufgaben der Marke spezifisch, oder können diese Aufgaben der Marke auch durch andere Instrumente, z. B. Garantien, wahrgenommen werden?
2. Kann man Bezüge zwischen Markenfunktionen und der jeweiligen Marktform oder Phase, in der der Markt sich befindet, herstellen?
3. Welche Beziehungen gibt es zwischen den informationsökonomischen Funktionen von Marken und den Wettbewerbskräften?

4. Welche Beziehungen gibt es zwischen den informationsökonomischen Funktionen der Marke und informationsökonomischen Güter- und Transaktionstypologien?
5. Welche Beziehungen gibt es zwischen den informationsökonomischen Funktionen der Marke und dem Erzielen von Wettbewerbsvorteilen?

Der dritte Teilbereich betrifft Unternehmen, die selbst Markenpolitik betreiben wollen. Hier geht es um die Ableitung möglicher Handlungsempfehlungen aus der informationsökonomischen Betrachtung der Marke. Die Handlungsempfehlungen sollen entweder aus Prüfschemata, die in dieser Untersuchung ebenfalls vorgestellt werden, abgeleitet werden können; die Empfehlungen sollen auf der Beschreibung der informationsökonomischen Funktionen der Marke beruhen.

Die Wahl der Herstellerperspektive ist durch verschiedene Gegebenheiten begründet. Die von der Mikroökonomie bereitgehaltenen Modelle sind nicht aus der Perspektive des Handels formuliert, sondern dem Handel werden auf Märkten bestimmte Aufgaben zugewiesen, die in einigen Modellen zum Teil berücksichtigt werden (z. B. Wilson 1980). Insofern liegt eine weitere Parallele zur historischen österreichischen Betriebswirtschaftslehre vor, die ebenfalls die Institution Handel und ihre gesamtwirtschaftlichen Funktionen einzelwirtschaftlich nutzbar machen will (z. B. Bratschitsch 1957, Oberparleiter 1955). Ein weiterer Grund ist die Tatsache, dass im Kampf zwischen Hersteller und Handel die Marke oft das zentrale Instrument des Herstellers ist, um sich gegen den übermächtigen Handel behaupten zu können (Böger 1990, S. 106 ff.). Deshalb ist eine Behandlung der Markenpolitik aus Herstellerperspektive von besonderer Wichtigkeit.

Die Wahl der Herstellerperspektive schlägt sich in der Untersuchung auch dadurch nieder, dass der Hersteller als Prinzipal und der Handel als Agent gesehen wird. Die Fragestellungen, die sich aus der Existenz von Handelsmarken ergeben können, werden also nicht untersucht.

Die vorliegende Untersuchung bezieht sich nicht explizit auf Investitions- bzw. Industriegüter. Für die Einteilung von Gütern wird statt dessen vor allem auf die informationsökonomische Einteilung in Austausch- und Kontraktgüter und Geschäftsbeziehungen sowie in Such-, Erfahrungs- und Vertrauenseigenschaften abgestellt. Diese Beschränkung der Thematik beruht auf verschiedenen Erwägungen. In der traditionellen Markenpolitik stehen Konsumgüter stark im Vordergrund (z. B. Mellerowicz 1963, S. 39). Da hier z. T. an diese Sichtweise angeknüpft wird, empfiehlt sich die Beibehaltung dieser Beschränkung. Das vermutete Ausmaß der Informationsasymmetrie liefert ein weiteres Argument. Bei privaten Nachfragern kann davon ausgegangen werden, dass wegen der für diese Nachfragergruppe häufig tendenziell schwierigeren Informationsbeschaffung höhere Informationsdefizite vorliegen. Gerade die Informationsasymmetrie zu Lasten von Konsumenten hat informationsökonomische Publikationen entstehen lassen, die sich mit Fragen des Ausgleichs beschäftigen. Einen Überblick über die verbraucherpolitischen Implikationen bieten Vahrenkamp (1991, S. 25 ff.). Die folgende Abbildung verdeutlicht den Zusammenhang zwischen Defiziten in der Verbraucherinformation und der Existenz von Marktversagen. Informationsquellen kommt in einer für die Informationsökonomie typischen Sichtweise die Aufgabe zu, das auf Informationsasymmetrie beruhende Marktversagen zu verhindern.

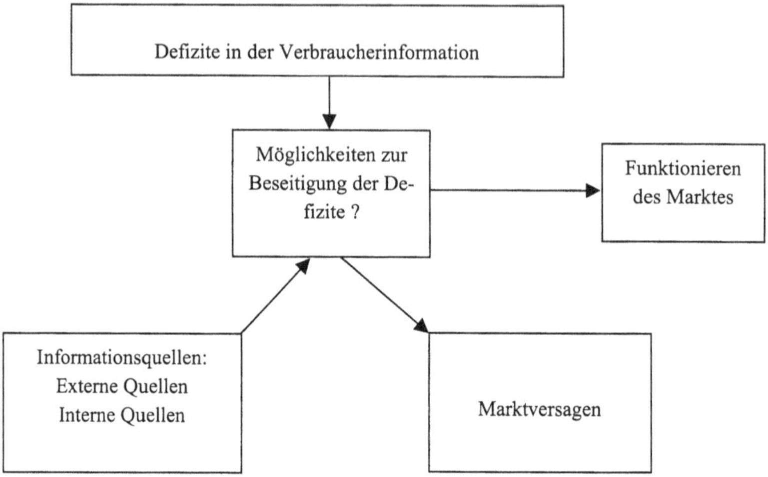

Abb. 2: Verbraucherpolitische Implikationen von Informationsasymmetrie
Quelle: Eigene Darstellung

Diese Annahmen zum Informationsstand von Konsumenten werden im Ergebnis auch von der Käuferverhaltensforschung bestätigt (z. B. Kuß 1991, S. 141 ff.). Das heißt, dass im allgemeinen bei Konsumenten von einem geringeren Informationsstand und geringeren Möglichkeiten ausgegangen werden kann, sich Informationen zu beschaffen. Zudem sind Konsum- und Investitionsgüter Idealtypen. In der Realität dominieren die Mischtypen. Die Ausgrenzung betrifft also nur „reine" Investitionsgüter.

Gegen eine explizite Behandlung von Märkten mit industriellen Nachfragern sprechen auch weitere Argumente:

Im Rahmen von business-to-business-Beziehungen finden sich häufig Gegengeschäfte (Backhaus 1997, S. 521-524). Diese Art des Tausches liegt den verwendeten Modellen nicht zugrunde. Es werden effiziente Tauschprozesse betrachtet. Deren Effizienz ist mit einem rein güterwirtschaftlichen Tausch – wie in einer Tauschwirtschaft – in der Regel nicht vereinbar. Ein ökonomisch effizienter Tausch würde voraussetzen, dass das betreffende Gut gegen Geld getauscht wird oder dass es (ausnahmsweise) ohnehin in der angebotenen Form verwendet werden kann. In allen anderen Fällen entstünden dem Abnehmer des getauschten Guts Kosten durch die Suche nach einem Abnehmer. Die hier verwendeten Modelle der Informationsökonomie berücksichtigen schließlich auch nicht das Gewinnoptimierungskalkül nachfragender Unternehmen. Eine Gleichbehandlung mit einer nutzentheoretischen Betrachtung erscheint jedoch nicht geboten, weil dem andere Einflussgrößen in bezug auf das Nachfrageverhalten entsprechen. Das komplexe Geschehen in einem Buying-Center, wie es vor allem im industriellen Bereich zu finden ist, kann in glaubhafter Art und Weise nicht in einem einfachen Nachfragernutzen dargestellt werden. Nachfrager ist das Unternehmen, dessen „Nutzen“, das heißt Gewinn, mit dem Nutzen der einzelnen Mitglieder des Buying Centers auch nicht annähernd identisch sein muss. Die folgende Abbildung gibt eine Übersicht über Mitglieder des Buying-Centers und deren vielfältige Verknüpfungen:

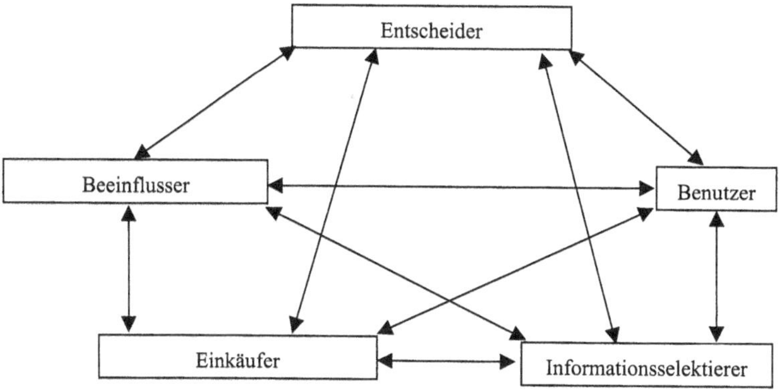

Abb. 3: Mitglieder eines Buying Centers einschließlich denkbarer Beziehungen (Pfeile) zwischen den einzelnen Beteiligten
Quelle: Eigene Darstellung

Auch wenn sich Gedanken aus dem Buying Center-Modellen in Einzelfällen auf Familienentscheidungen übertragen lassen (Kroeber-Riel/Weinberg 1996, S. 462 ff.), ist die Komplexität des „Entscheidungsgremiums“ im privaten Bereich tendenziell erheblich geringer. Dazu trägt die (tendenziell) geringere Zahl der Beteiligten bei. In nicht wenigen Fällen dürften Interessenkonflikte im privaten Bereich zudem unter anderem deshalb weniger scharf ausgetragen werden, weil das weitere berufliche Schicksal der Beteiligten nur selten von den Konsequenzen der Kaufentscheidung abhängt. Deshalb ist die typische industrielle Beschaffung anders zu behandeln. Wegen dieses abweichenden Beschaffungsverhaltens können also Investitionsgüter hier nicht in vollem Umfang mit in die Betrachtung einbezogen werden.

Gegen deren Einbeziehung spricht zudem noch ein anderer Aspekt:

Wenn Informationsasymmetrie besteht, wird sie im business-to-business-Bereich anders als durch Marken abgebaut. Von besonderer Bedeutung ist hier der persönliche Verkauf (Backhaus 1997, S. 639 f.). Von daher besteht für eine Markierung tendenziell ein geringeres Bedürfnis.

1.2 Übersicht über die Vorgehensweise

Zu diesem Zweck soll diese Untersuchung folgendermaßen ablaufen: Zuerst erfolgt eine Charakterisierung der „traditionellen“ Markenpolitik. Sie umfasst die Ziele und Aufgaben von Marken, die Dienstleistungsmarke, mögliche Markenstrategien, deren Umsetzung in der Markentechnik und eine Würdigung.

Dann erfolgt im dritten Kapitel eine informationsökonomische Betrachtung der Marke, die mögliche Funktionen und Unterfunktionen der Marke aufzeigen soll. Grundlegend sind dabei drei Basisfunktionen, die Ermöglichung einer Identifikation, einer Differenzierung und der Markteinführung. Sie bilden den theoretischen Kern dieser Untersuchung und werden ausführlich behandelt. Es folgen dann Überlegungen über das Zusammenwirken dieser Funktionen. Die Darstellung ist dabei so angelegt, dass an die Würdigung der „traditionellen“ Sichtweise in einem das dritte Kapitel abrundenden Exkurs wieder angeknüpft werden kann.

Anschließend wird die Bedeutung der Markenfunktionen in Abhängigkeit von verschiedenen Marktformen und den Wettbewerbsverhältnissen untersucht, die diese Funktionen als sinnvoll erscheinen lassen. Als relevante Wettbewerbsverhältnisse kommen die Verhandlungsmacht von Anbietern oder Lieferanten, die Bedrohung durch Substitutionsprodukte, die Bedrohung durch neue Konkurrenten und die Rivalität unter bestehenden Unternehmen in Betracht. Danach wird versucht, die Frage nach Möglichkeiten zur Erzielung von Wettbewerbsvorteilen durch die Wahrnehmung verschiedener Markenfunktionen zu beantworten. Die Differenzierung und die Orientierung an den Kosten bilden dabei zwei Schwerpunkte. Sinn dieses Vorgehens ist es, für bestimmte Wettbewerbsverhältnisse spezifische Markenstrategien zu entwickeln, die auf den informationsökonomischen Funktionen der Marke aufbauen. Ein Prüfschema soll die Anwendung der gewonnen Erkenntnisse aus der Perspektive eines Unternehmens erleichtern.

Die Auswirkungen verschiedener Güterarten auf die Markenpolitik sind Gegenstand des nächsten Kapitels. Behandelt werden dabei die Auswirkungen der Einteilung in Austausch- und Kontraktgüter sowie die Bedeutung von Inspektions-, Erfahrungs- und Vertrauenseigenschaften dieser Güterarten. Dadurch wird es möglich, den Nutzen einer Markenpolitik in Abhängigkeit von diesen Güterarten bzw. Qualitätseigenschaften zu beurteilen. Ein weiteres Prüfschema ist als Hilfe für Unternehmen gedacht, die so gewonnenen Erkenntnisse umzusetzen.

Abschließend folgen eine Zusammenfassung der wichtigsten Ergebnisse dieser Untersuchung sowie konkrete Handlungsempfehlungen.

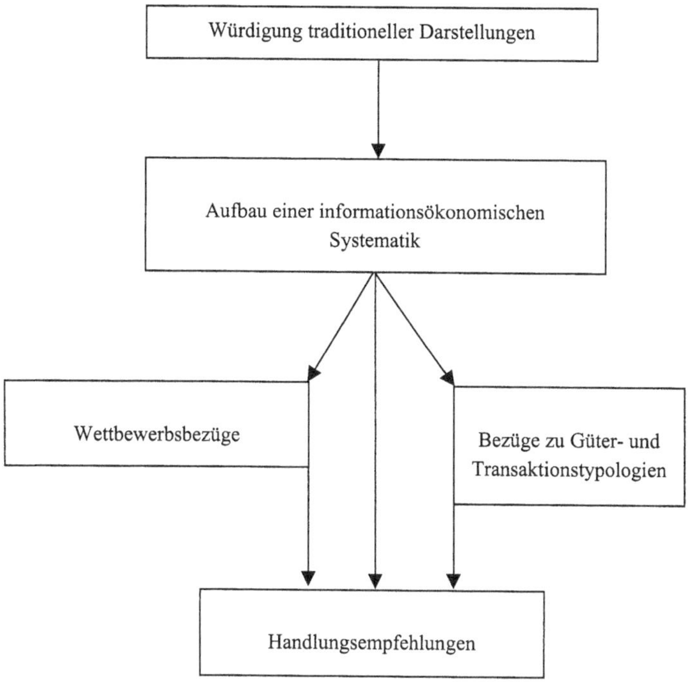

Abb. 4: Gang der Untersuchung
Quelle: Eigene Darstellung

2 Traditionelle Markenpolitik von Herstellern

2.1 Überblick

In diesem Kapitel soll Markenpolitik zunächst dargestellt werden. Der Schwerpunkt der Darstellung liegt dabei auf der Beschäftigung mit zentraler betriebswirtschaftlicher Literatur zur Markenpolitik. Erst im Anschluss an diese Darstellung folgt eine Würdigung, die sich sowohl auf einzelne vorherige Ausführungen als auch auf übergreifende Aspekte bezieht. Praktische Fragen werden nicht ganz aus der Darstellung ausgeschlossen. Ihnen wird jedoch eher geringere Bedeutung zukommen, da die Behandlung von Einzelfällen hier nicht im Vordergrund steht.

Zuerst werden zentrale Begriffe definiert. Deren Definitionen werden auch im weiteren Verlauf der Arbeit verwendet. Im anschließenden Abschnitt werden Ziele und Aufgaben von Marken erörtert. Dies geschieht zuerst für den „klassischen" Markenartikel und dann für die Dienstleistungsmarke. Danach wird ein kurzer Überblick über die Strategien gegeben, und es wird die praktische Umsetzung behandelt. Abschließend folgt eine Würdigung der vorher dargestellten Sichtweisen aus der hier verfolgten Perspektive, die im einleitenden ersten Kapitel bereits dargelegt worden ist.

2.2 Klärung von zentralen Begriffen

Im Bereich der Markenpolitik bestehen erhebliche Unterschiede bezüglich der verwendeten Begriffe und der mit ihnen verbundenen Inhalte (Bruhn 1994). Deshalb besteht ein Bedürfnis, die in diesem Kapitel und dem weiteren Verlauf der Arbeit verwendeten Begriffe ausführlich zu erläutern. Die zentralen Begriffe diese Kapitels, die vorab definiert werden müssen, sind die Marke, der Markenartikel und die Markenpolitik. Außerdem soll die Dienstleistungsmarke abgegrenzt werden, und in diesem Rahmen auch die Dienstleistung selbst.

Ausgangspunkt der Überlegungen soll der Begriff der Marke sein. Die Definitionen des Markenartikels und der Markenpolitik ergeben sich dann hieraus. In der Literatur wird kontrovers erörtert, was unter einer Marke zu verstehen ist.

Eine Möglichkeit besteht darin, sich der Legaldefinition anzuschließen (Ahlert 1984, S. 76; Herreiner 1992; Dichtl 1992, S. 271). Dann müsste man in Marken und Markenware unterscheiden. Gemäß § 3, Abs. 1 MarkenG sind Marken „... alle Zeichen, insbesondere, Wörter einschließlich Personennamen, Abbildungen, Buchstaben, Zahlen, Hörzeichen, dreidimensionale Gestaltungen einschließlich der Form einer Ware oder ihrer Verpackung sowie sonstiger Aufmachungen einschließlich Farben und Farbzusammenstellungen ..., die geeignet sind, Waren oder Dienstleistungen eines Unternehmens von denjenigen anderer Unternehmen zu unterscheiden."

§ 38a, Abs. 2 GWB definiert die Markenware als „... Erzeugnisse, deren Lieferung in gleichbleibender oder verbesserter Güte von dem preisempfehlenden Unternehmen gewährleistet wird und

1. die selbst oder
2. deren für die Abgabe an den Verbraucher bestimmte Umhüllung oder Ausstattung oder
3. deren Behältnisse, aus denen sie verkauft werden, mit einem ihre Herkunft kennzeichnenden Merkmal (Firmen-, Wort-, oder Bildzeichen) versehen sind...". Das soll gemäß § 38a Abs. 2, S. 2 GWB mit geringfügigen Modifikationen analog für Erzeugnisse der Landwirtschaft gelten.

Die aufgeführten Definitionen sollen der folgenden Darstellung jedoch nicht zugrunde gelegt werden. Dafür gibt es verschiedene Argumente. Die begriffliche Unterscheidung des Gesetzgebers in Markenware und Marken ist historisch bedingt (Bruhn 1994, S. 14). Sie ist für den hier gewählten Untersuchungszweck nicht relevant, weil die Abgrenzung eines gewerblichen Schutzrechts und die Abgrenzung der Preisbindung durch das Wettbewerbsrecht sich als vorgegebene Definition für eine institutionelle Sicht der Marke nicht eignen. Aus der hier gewählten institutionenorientierten Betrachtungsweise können Erkenntnisse für Gestaltung von Rechtsnormen gezogen werden (Lehmann/Schönfeld 1994, S. 482). Die Aussage ist aber nicht umkehrbar, weil die rechtliche Gestaltung ja gerade von den ökonomischen Erkenntnissen bestimmt werden soll. Die Gestaltung der Rechtsnormen durch den Gesetzgeber kann mit Hilfe der Institutionenlehre auf ihre Sinnhaftigkeit für die Beteiligten überprüft werden (Schäfer/Ott 1995). Die ökonomischen Erkenntnisse bilden den übergeordneten Maßstab. Deshalb ist es für die folgende Untersuchung nicht sinnvoll, allein auf rechtliche Definitionen abzustellen. Eine weiteres Argument gegen die alleinige Ausrichtung an juristischen Begriffen sind die Änderungen, denen sie ausgesetzt sind. Marken können eine Lebensdauer erreichen, die die Lebensdauer der sie unmittelbar regelnden Rechtsnormen deutlich übersteigt. Wollte man eine grundlegende ökonomische Analyse daran ausrichten, hätte man die grundlegenden Begriffe unpassend gewählt, weil nicht davon ausgegangen werden kann, dass die Rechtsbegriffe eine hinreichende Konstanz erwarten lassen. Während viele Marken schon seit der Gründerzeit in der zweiten Hälfte des 19. Jahrhunderts existieren (Kotler/Bliemel 1992, S. 462), ist das Wettbewerbsrecht seit dieser Zeit so oft reformiert werden, dass eine fundamentale ökonomische Analyse daran nicht ausgerichtet werden kann.

Die folgende Abbildung 5 gibt dazu einen Überblick, der die historische Entwicklung in Deutschland verdeutlicht.

Hinzu kommt, dass die verwendeten informationsökonomischen Erkenntnisse auch in Ländern Geltung beanspruchen, in denen Marken rechtlich anders abgegrenzt werden, z. B. in den U.S.A. Deshalb ist die Verwendung von Rechtsbegriffen als definitorische Grundlage für diese Darstellung nicht geboten.

In der betriebswirtschaftlichen Literatur werden statt dessen verschiedene Ansätze zur Wesensbestimmung der Marke oder des Markenartikels vorgeschlagen. Von besonderer Bedeutung ist der merkmalsorientierte Ansatz, weil seine Aufzählung von Merkmalen die Basis für die später zu behandelnden Funktionen bildet. Da dieser Ansatz eine besonders lange historische Tradition hat, ist er in dieser Arbeit auch an einigen Stellen als „klassisch" bezeichnet worden. Der merkmalsorientierte Ansatz (Meffert 1979, S. 20 f.) definiert den Markenartikel wie schon Mellerowicz (1963, S. 7 f.)

an Hand äußerer Merkmale: „... Markenartikel sind die für den privaten Bedarf geschaffenen Fertigwaren, die in einem größeren Absatzraum unter einem besonderen, die Herkunft kennzeichnenden Merkmal (Marke) in einheitlicher Aufmachung, gleicher Menge sowie in gleichbleibender oder verbesserter Güte erhältlich sind und sich dadurch sowie durch die für sie betriebene Werbung die Anerkennung der beteiligten Wirtschaftskreise (Verbraucher, Händler und Hersteller) erworben haben (Verkehrsgeltung). ..."

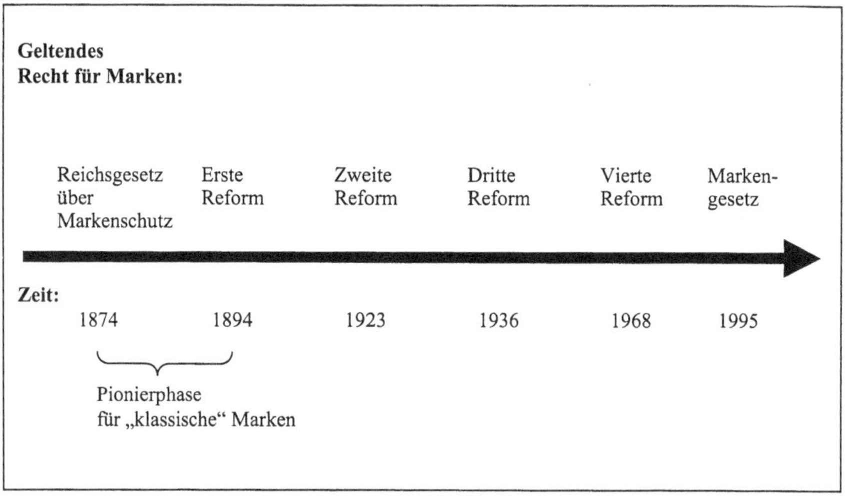

Abb. 5: Grundlegende Reformen des deutschen Markenrechts seit dem ersten deutschen Gesetz über Markenschutz
Quelle: Eigene Darstellung

Auf dieser Definition des Markenartikels aufbauend wird in der Literatur z. T. an die Intensität als Bezugspunkt angeknüpft. Unter Intensität ist das Maß zu verstehen, in dem die Merkmale der Definition von Mellerowicz (1963, S. 7 f.) in einem konkreten Einzelfall vorliegen (Berekoven 1978, S. 41). Zum Beispiel kann die Aufmachung des Markenartikels mehr oder weniger einheitlich sein. Im Extremfall liegt kein Markenartikel mehr vor. Diese Definition berücksichtigt zwar die Verschiedenartigkeit der praktischen Einzelfälle, sie ermöglicht jedoch keine für diese Untersuchung hinreichend scharfe Abgrenzung zwischen Gütern, die Markenartikel sind und solchen Gütern, die keine Markenartikel sind. Deshalb ist sie für diese Analyse ungeeignet.

Eine Strukturierung der Marke nach ihrer Herkunft wird ebenfalls vorgeschlagen (Kelz 1989; S. 51; Berekoven 1992). Darauf baut u.a. die von Teilen der Literatur vorgenommene Unterscheidung in Dienstleistungsmarken und Sachgütermarken auf. Diese Unterscheidung setzt jedoch eine trennscharfe Abgrenzung von Sachgütern und

Diensten voraus. Das gehört zu den Problempunkten in traditionellen Darstellungen.[2] Deshalb wird dieser Ansatz hier erwähnt, er bildet für die Darstellung in der gesamten Arbeit aber keine geeignete Grundlage.

Der instrumentale Ansatz (Meffert 1979) grenzt den Markenartikel durch die typischerweise erfolgversprechenden Instrumente ein. Dem liegt die Annahme zugrunde, dass bestimmte Instrumentalkombinationen bzw. Strategien besonders erfolgversprechend sind. Ob dem so ist, kann z. T. im Rahmen dieser Untersuchung beantwortet werden, wenn es um Bezüge zwischen informationsökonomischen Markenfunktionen und den Kräften des Wettbewerbs geht.[3] Eine definitorische Eingrenzung der Marke, die a-priori nur erfolgversprechende Kombinationen in die Untersuchung mit einbezieht, käme jedoch einem Zirkelschluss gleich. Die abgeleiteten Ergebnisse wären eine Tautologie der Definition. Die Beschreibung von erfolgreichen Instrumenten bzw. Kombinationen von Instrumenten kann am Ende dieser theoretischen Betrachtung stehen. Sie an den Anfang zu stellen, würde jedoch den Blick auf mögliche neue Erkenntnisse verstellen. Die Definition ist daher für diese Untersuchung unpassend, mag sie auch ansonsten zweckmäßig sein.

Der erfolgsorientierte Ansatz (z. B. Berekoven 1978, S. 38) will den Markterfolg durch das Erreichen von Marketingzielen zum Abgrenzungskriterium für das Vorliegen einer Marke machen. Mögliche Wege, auf denen Marken einen Betrag dazu leisten können Unternehmensziele zu erreichen, sollen jedoch erst analysiert werden. Auch hier läge die Gefahr eines Zirkelschlusses nahe, weil Möglichkeiten zur Erzielung des Markterfolges im weiteren Verlauf der Untersuchung erst überprüft werden sollen. Zudem hat die Abgrenzung einige Unschärfen, und sie ist nicht frei von Willkür, weil die Auswahl der jeweiligen Ziele und die Exaktheit der Zielformulierung wesentlich über die Zuordnung zum Begriff Markenartikel entscheiden.

Der absatzsystemorientierte Ansatz sieht den Markenartikel als ein Absatzsystem sui generis an, das sich der abschließenden Definition entzieht (Alewell 1974, Spalte 1218 ff.). Eine solche Abgrenzung kann für diese Untersuchung nicht verwendet werden, weil eine exakte Systematik von informationsökonomischen Funktionen der Marke aufgebaut wird, das mit definierten Einzelfunktionen arbeitet. Es muss jedoch exakt definiert werden, was unter einer Marke zu verstehen ist, da sonst die Beschreibung der Funktionen sinnlos wäre. Der Verzicht auf eine (exakte) Definition ist deshalb für die Untersuchung nicht zweckmäßig.

Der wirkungsbezogene Ansatz definiert als Marke bzw. Markenartikel alles, was der Konsument als Marke wahrnimmt (Bruhn 1994, S. 27). Die Definition, die sich eher an den Käuferverhaltenstheorien orientiert, legt den Schwerpunkt der Betrachtung auf die Wahrnehmung. Das entspricht jedoch nicht der institutionenbezogenen Betrachtungsweise, die hier gewählt wird. Der Problemschwerpunkt dieser Untersuchung liegt nicht auf Fragen der Wahrnehmung durch Nachfrager bzw. Konsumenten. Die typischen Fragestellungen wie z. B. die Begrenztheit menschlicher Wahrnehmung (z. B. Kuß 1991, S. 53 f.) sind keine typischen Untersuchungsgegenstände der Informationsökonomie, wie sie hier verstanden wird. Eine solche Fokussierung ist für die

2 Darauf wird unter 2.6 zurückzukommen sein.

3 Das wird hier jedoch erst im vierten Kapitel untersucht werden.

Untersuchung der eingangs bezeichneten Fragen nicht zweckmäßig, weil diese Fragestellungen in der Vergangenheit schon Gegenstand verschiedener Untersuchungen gewesen sind. Hier reicht es aus, auf Konsequenzen des information overload Phänomens zurückzukommen, ohne dessen Einzelheiten erneut zu untersuchen.[4]

Zudem besteht die Gefahr einer zirkelschlussähnlichen Logik: Was wie eine Marke wirkt, soll ja durch die Aufstellung eines Funktionenkataloges erst überprüft werden. Eine vorab erfolgte definitorische Eingrenzung erscheint deshalb wenig sinnvoll.

Von den Ansätzen, die sich in der betriebswirtschaftlichen Literatur finden, ist also nur der merkmalsorientierte Ansatz gut geeignet, Funktionen abzuleiten, die dann analysiert und um institutionelle Aspekte ergänzt werden können.

Die folgende Tabelle gibt einen abschließenden Überblick über die verschiedenen Ansätze und ihre Eignung als Grundlage für diese Untersuchung:

Anknüpfungspunkte des Ansatzes	**Eignung für die informationsökonomische Betrachtung von Marken**
Wirkungsbezogener Ansatz	Ungeeignet
Instrumenteller Ansatz	Ungeeignet
Absatzsystembezogener Ansatz	Ungeeignet
Herkunftsbezogener Ansatz	Ungeeignet
Intensitätsbezogener Ansatz	Ungeeignet
Merkmalsorientierung	Geeignet
Legaldefinition	Ungeeignet

Tab. 1: Definitorische Ansätze zur Bestimmung des Begriffs „Markenartikel“
Quelle: Eigene Darstellung

In den genannten und diskutierten Ansätzen wird nur der Markenartikel definiert, nicht die Marke selbst. Eine für diese Untersuchung hinreichend allgemeine Definition der Marke ist damit bereits impliziert:

Unter einer Marke soll hier ein Kennzeichen eines Gutes verstanden werden, das seinen Absender erkennen lässt. Die Erkennbarkeit muss sowohl objektiv als auch aus der Perspektive des Tauschpartners gegeben sein.

Aufbauend auf der Definition der Marke kann auch Markenpolitik definiert werden:

Unter Markenpolitik versteht man die Gesamtheit aller Maßnahmen und Entscheidungen eines Unternehmens, die die Marke in dem gerade genannten Sinne betreffen.

In der Literatur wird die Frage, ob es sich bei der Markenpolitik um einen Bestandteil der Produktpolitik handelt (z. B. Brockhoff 1988, S. 126 f.; Wind 1982, S. 366 f.), kontrovers diskutiert (Dichtl 1978, S. 20 ff.). Diese Frage spielt jedoch für die hier untersuchte Fragestellung keine wesentliche Rolle, weil es nicht um die Darstellung

4 Darauf wird im fünften Kapitel zurückzukommen sein.

einer kompletten Systematik für denkbare Instrumente des Marketing geht. Der Frage nach der systematischen Zuordnung wird deshalb nicht weiter nachgegangen.

Zwei weitere für dieses Kapitel wesentliche Fragen sind die Eingrenzung der Dienstleistung, um eine Definition des Begriffs „Dienstleistungsmarke". zu ermöglichen.

Eine Abgrenzung der Dienstleistung vom Sachgut ist Gegenstand einer breiten Kontroverse in der Literatur (z. B. Engelhardt et al. 1993; Maleri 1996). Für die institutionelle Untersuchung von Marken, zu denen auch Dienstleistungsmarken zählen, kann man sich jedoch auf die für eine informationsökonomische Betrachtung von Marken relevanten Teilaspekte der Diskussion beschränken, da nicht alle Einzelheiten der Diskussion für die Markierung der Dienstleistungen relevant sind.

Die folgende Tabelle gibt dazu vorab eine Überblick:

Bezeichnung des Ansatzes	**Eignung des Ansatzes zur Abgrenzung**
Enumerative Definition	Völlig ungeeignet
Negative Definitionen	Völlig ungeeignet
Potentialorientierte Definition	Weitgehend ungeeignet
Prozessorientierter Ansatz	Weitgehend ungeeignet
Ergebnisorientierter Ansatz	Weitgehend ungeeignet

Tab. 2: Grundlegende Ansätze zur Abgrenzung zwischen Sachgut und Dienstleistung
Quelle: Eigene Darstellung:

Bei enumerativen Definitionen der Dienstleistung kann zum Beispiel auf amtliche Aufzählungen Bezug genommen werden. So verweist Stauss (1994, S. 81f.) auf eine Liste der Dienstleistungen zum Warenzeichengesetz, die auch Busse/Starck (1990, S. 18) anführen. Diese Eingrenzung erscheint jedoch kaum zweckmäßig. Es können neue Dienste hinzutreten, die dann nicht als Dienstleistungen zu behandeln wären. Negativdefinitionen der Dienstleistung arbeiten damit, dass Dienstleistungen Wirtschaftsgüter sind, denen im Vergleich zu Sachgütern bestimmte Merkmale fehlen. Auch diese Methode hat juristische Hintergründe (Schreiner 1983). Die mangelnde Eignung juristischer Begriffe für eine Untersuchung, die sich an der Institutionenlehre orientiert, ist beim Begriff der Marke auch bereits erörtert worden. Deshalb sollen diese Ansätze hier nicht weiter verfolgt werden.

In der betriebswirtschaftlichen Literatur dominiert demgegenüber der Weg der positiven Definition. Dabei wird versucht, die für ein Gut spezifische Eigenschaften herauszuarbeiten, die eine verschiedenartige ökonomische Behandlung rechtfertigen. Gängig ist die Unterteilung in potentialorientierte, prozessorientierte und ergebnisorientierte Definitionen (Corsten 1988, S. 17 ff.; Meyer 1990, S. 178 ff.; Bruhn 1991, S. 22). Es erfolgt eine knappe Wiedergabe ihrer Gemeinsamkeiten, die eine Hilfestellung zur Eingrenzung des Dienstleistungsbegriffs geben.

Von zentraler Bedeutung sind dazu verschiedene Merkmale. Es sind die Immaterialität und die Kontaktnotwendigkeit (Stauss 1994, S. 83 f.; Corsten 1988, S. 22 f.). Unter Immaterialität kann dabei die mangelnde physische Greifbarkeit (Corsten 1988, S. 23) oder mangelnde intellektuelle Erfassbarkeit (Berry 1980, S. 28) verstanden werden. Beide Möglichkeiten schließen einander nicht aus. Eine Dienstleistung liegt dann vor, wenn es an der physischen Greifbarkeit fehlt oder wenn das betroffene Produkt nicht intellektuell erfassbar ist[5] oder wenn ein Produkt weder physisch greifbar noch intellektuell erfassbar noch physisch greifbar ist. Intangibilität kann in diesem Zusammenhang als Oberbegriff angesehen werden. Die beiden Ausprägungen sind die physische Intangibilität auf der einen Seite und intellektuelle Erfassbarkeit auf der anderen Seite. Die intellektuelle Erfassbarkeit ist, ebenso wie die physische Greifbarkeit, ein Kontinuum, bei dem zwischen den beiden Extrempolen viele Zwischenstufen liegen. So kann es geschehen, dass ein Produkt mehr oder weniger dem Bereich der Dienstleistung zugerechnet wird.

Die Kontaktnotwendigkeit oder Integration des Kunden als externem Faktor ist ein weiteres Merkmal. Hierunter versteht man, dass der Nachfrager mit dem Anbieter in Kontakt treten muss, um die Dienstleistung zu ermöglichen. Mindestens muss er Hilfen zur Verfügung stellen, die aus seiner Sphäre stammen (Stauss 1994, S. 84). Liegt diese Merkmal nicht vor, handelt es sich auch nicht um eine Dienstleistung. Es handelt sich ebenfalls um ein Merkmal, dessen mögliche Ausprägungen ein Kontinuum umfassen, das also „mehr oder weniger" vorliegen kann. Bei einem Produkt kann eine stärkere Mitwirkung von bestimmten Kunden erforderlich sein als bei anderen Kunden. Zum Beispiel müssen verschieden Kunden eines Friseurs verschieden lange im Geschäft zubringen, wenn die jeweiligen „Behandlungen" verschieden lange dauern.

Die folgende Abbildung 6 verdeutlicht noch einmal, welche Abgrenzungskriterien häufig genannt werden sowie deren kontinuierliche Ausprägung.

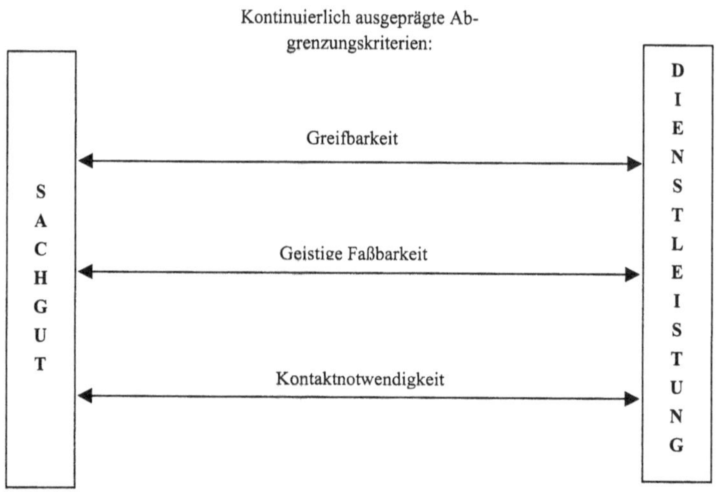

Abb. 6: Kontinuierlich ausgeprägte Abgrenzungskriterien zwischen Sachgütern und Dienstleistungen
Quelle: Eigene Darstellung

5 Gemeint ist das aus einer a-priori-Perspektive.

Die Abgrenzung anhand der Merkmale, deren Ausprägung nicht in ein ja/nein-Schema passt, hat Anlass zur Kritik gegeben (z. B. Kaas 1992, S. 8 ff.), auf die zurückzukommen sein wird.[6] Man kann daraus eine Definition der Dienstleistung aus der Sicht der traditionellen betriebswirtschaftlichen Literatur ableiten: Bei Dienstleistungen handelt es sich um Güter, die durch ein hohes Maß an physischer und geistiger Intangibilität und die Notwendigkeit zur Integration eines externen Faktors charakterisiert sind.

Aus diesen Merkmalen der Dienstleistung kann man eine Definition der Dienstleistungsmarke ableiten. Es handelt sich um das Kennzeichen eines in hohem Maße physisch und geistig intangiblen Gutes. Das Kennzeichen muss seinen Absender subjektiv und objektiv erkennen lassen. Das betreffende Gut ist außerdem dadurch gekennzeichnet, dass ein beim Nachfrager liegender externer Faktor zu integrieren ist.

2.3 Ziele und Aufgaben von Marken

2.3.1 „Klassischer“ Markenartikel

Im folgenden Abschnitt sollen, ausgehend von der oben genannten Definition von Mellerowicz (1963), die typischen Funktionen des Markenartikels dargestellt werden. Dies geschieht auf der Basis ausgewählter Literatur. Die Auswahl hat das Ziel, typische Aussagen aus der Literatur skizzieren zu können.

Man findet bei der Beschäftigung mit den Zielen und Aufgaben des Markenartikels eine nicht sehr übersichtliche Terminologie vor. Am Anfang soll deshalb darauf hingewiesen werden, dass der Begriff der Funktion nicht einheitlich gebraucht wird. Zum Teil wird ausdrücklich auf systemtheoretische Überlegungen Bezug genommen (Koppelmann 1994, S. 222). Dabei wird nach Strukturen, Elementen, den Beziehungen zwischen den Elementen und deren Verhalten gefragt (Koppelmann 1994, S. 220). Überwiegend wird jedoch der Funktionenbegriff nicht explizit definiert. Die Autoren verwenden ihn dann als Synonym für Aufgabe oder Instrument zur Bewältigung einer Aufgabe.

Deshalb soll versucht werden, einzelne Aufgaben des Markenartikels beschreibend aufzuzählen, obwohl verschiedene Autoren sie zum Teil unterschiedlich bezeichnen.

Garantiefunktion

Unter der Garantiefunktion der Marke versteht man die Aufgabe der Marke, eine bestimmte Qualität seiner Produkte durch die Marke zu garantieren. (Gries 1987, S. 412 f.; Becker 1992, S. 183; Rüschen 1994, S. 132) Andere Autoren sprechen von einer Vertrauens- und Qualitätsfunktion einerseits und einer Sicherheitsfunktion andererseits. Die Sicherheitsfunktion hat die Aufgabe, die Einhaltung von vorher gegebenen Zusicherungen zu garantieren (Rüschen/v. Moeller 1994, S. 1920). Die Qualitätsfunktion zielt dagegen eher auf die Anpassung an individuelle Präferenzen (Größer 1991, S. 207). Sie gehört daher u.U. auch in den Bereich der Individualisierung. Auf die

6 Der Rückgriff erfolgt vor allem im Abschnitt 2.6.

Problematik des Qualitätsbegriffs wird bei der Behandlung dieser Markenfunktion jedoch kaum eingegangen.[7]

Man findet ebenfalls die Aussage, es liege eine käuferbezogene Risikoreduktionsfunktion (Koppelmann 1994, S. 225) oder eine Entlastungsfunktion für den Konsumenten beim Einkauf vor (Bruhn 1994, S. 23).

In eine ähnliche Richtung wie die Abgabe einer Garantie durch die Markierung geht die Aussage, der Markenartikel sichere die Existenz eines Qualitätswettbewerbs (Rüschen/v. Moeller 1994, S. 1917; Schmidt/Elßer 1992, S. 49). Die zuletzt genannte Funktion wird jedoch fast ausschließlich in einem gesamtwirtschaftlichen Kontext beachtet, ihre einzelwirtschaftliche Bedeutung wird nicht behandelt.

Wenn dem Markenartikel auch die Aufgabe zugewiesen wird, die Herkunft eines Produktes kenntlich zu machen (Schröder 1990, S. 2; Koppelmann 1994, S. 225; Kotler/Bliemel 1999, S. 689), dann hat das für den Konsumenten tendenziell eine ähnliche Wirkung, da das Wissen um die Herkunft des Produktes ansonsten kaum von Belang wäre.

Innovationsfunktion

Dem Markenartikel wird auch eine Innovationsfunktion beigemessen. Er soll die Existenz des Innovationswettbewerbs sichern (Schmidt/Elßer 1992, S. 66 f.; Köhler 1993, S. 347), und er soll Märkte strukturieren und ihr Entstehen bewirken (Rüschen/v. Moeller 1994, S. 1921). Dabei wird oft implizit unterstellt, dass Innovationen mindestens für die Nachfragerseite neu sind. Ob es sich um mehr oder weniger radikale Innovationen handelt, lässt die Literatur meist offen. Die Ermöglichung von Innovationen wird z. T. als besonders wichtig angesehen (z. B. Sattler 1999, S. 53).

Identifizierungsfunktion

Darunter versteht man die Aufgabe der Marke, eine Wiedererkennungsmöglichkeit zu schaffen. So sollen Wiederkäufe und Markentreue ermöglicht werden. Insbesondere die Erzielung von Markentreue - unabhängig davon, was darunter im einzelnen verstanden werden kann - gilt als eines der wichtigsten Ziele der Markenpolitik überhaupt (Gries 1987, S. 413; Becker 1992, S. 183). Diese Aufgabe wird auch als herstellerbezogene Markenfunktion eingeordnet (Koppelmann 1994, S. 223).

Individualisierungsfunktion

Der Marke wird die Aufgabe zugewiesen, das Angebot des markierenden Anbieters aus der Menge ansonsten ähnlicher Angebote herauszuheben (Gries 1987, S. 412). Die Marke soll also eine Differenzierung bewirken. Das kann sich auch auf ganze Programmteile beziehen, und es soll aus der Perspektive des Herstellers den Hintergrund für die Kommunikationsarbeit liefern. (Koppelmann 1994, S. 223). Die oben bereits erwähnte Qualitätsfunktion, die Qualität als Präferenzanpassung definiert (Größer 1991, S. 207), hat trotz abweichender Terminologie inhaltlich starke Ähnlichkeit mit dieser Aufgabe der Marke. Die Marke soll auch die Aufgabe haben, die Vielfalt zu

---

7 Siehe zu dieser Problematik insbesondere Stratmann 1999, S. 52 - 68.

ermöglichen (Rüschen/v. Moeller 1994, S. 1922). Das ist mit der Schaffung einer Differenzierung nur durch die Marke jedoch nicht identisch, da im zuletzt genannten Fall die Markierung nur eine notwendige, aber nicht hinreichende Bedingung für die Differenzierung ist.

Mit der Individualisierung vergleichbar erscheint auch die Möglichkeit, eine emotionale Differenzierung vorzunehmen (Koppelmann 1994, S. 225).

In eine ähnliche Richtung geht die Aufgabe des Markenartikels, einen Zusatznutzen zu stiften (Bruhn 1994, S. 21 ff.).

Ermöglichung von Werbung

Der Markenartikel hat die Aufgabe, Werbung für ein bestimmtes Produkt zu ermöglichen (Gries 1987, S. 412). Gemeint ist damit, dass die Kenntlichmachung eines Produktes eine notwendige, aber nicht hinreichende Voraussetzung für Werbung ist. Auf die Auffassung, dass die Ermöglichung von Werbung Bestandteil der Individualisierung ist (Koppelmann 1994, S. 224), ist bereits hingewiesen worden. Auf der Werbung aufbauend sollen auch Imagetransfer zwischen verschiedenen Produkten (Hätty 1989) und eine kontinuierliche Werbung bei veränderlichen Produkten ermöglicht werden (Koppelmann 1994, S. 224).

Ubiquität

Der Markenartikel hat auch die Aufgabe bzw. das konstituierende Merkmal, dass er breit distribuiert ist. Unter einer breiten Distribution ist ein Vertriebsart zu verstehen, die ein Produkt überall verfügbar macht, um dem modernen Massenbedarf gerecht zu werden. Hiervon soll es jedoch einige güterspezifische Ausnahmen geben (Rüschen/v. Moeller 1994, S. 1923). Ein Beispiel für die Ubiquität sind die Güter des täglichen Bedarfs, während die Güter des Luxusbedarfs, die exklusiv distribuiert werden, zu den Ausnahmen gehören.

Ähnliche Aussagen über die Distributionsintensität finden sich auch bei der Beurteilung aus der Herstellerperspektive (Koppelmann 1994, S. 223 f.) und der Beurteilung aus der Konsumentenperspektive (Bruhn 1994, S. 22 f.).

Aufrechterhaltung des Preisniveaus

Der Markenartikel hat auch die Aufgabe, Preiswettkämpfe zu verhindern. Der Spielraum, den der Handel bei der Preissetzung hat, soll ebenfalls begrenzt werden (Becker 1992, S. 183). Dieser Bereich ist jedoch mit einigen Problemen behaftet, weil gerade sehr bekannte Herstellermarken dem Preisvergleich stärker ausgesetzt sind als Handelsmarken (Koppelmann 1994, S. 221).

Setzen sozialer Signale

Marken ermöglichen es, die Zugehörigkeit zu einer bestimmten sozialen Gruppe zu zeigen. Häufig findet man hier einen Prestigeeffekt (Bruhn 1994, S. 24). Das kann insbesondere durch demonstrativen Konsum erfolgen (Schröder 1990, S.2; Kuß 1991, S. 122; Rüschen/v. Moeller 1994, S. 1922). Der Käufer identifiziert sich dann mit der Marke (Koppelmann 1994, S. 226). Eine Ähnlichkeit zur emotionalen Differenzierung liegt deshalb vor. Man kann die Möglichkeit, soziale Signale zu setzen, als eine von mehreren denkbaren Ausprägungen des Zusatznutzens interpretieren.

Wiederverkaufsfunktion

Hierunter versteht man die Aufgabe der Marke, den Wiederverkauf von Konsumgütern auf Sekundärmärkten zu erleichtern, wie man es bei Gebrauchtwagen oder Sammleruhren findet (Koppelmann 1994, S. 226).

Rationalisierungsfunktion

Die Marke ermöglicht es auch, das Suchverhalten der Nachfrager zu verändern, weil die Nachfrager die Möglichkeit haben, ihren Aufwand bezüglich der Informationsaufnahme zu verringern (Koppelmann 1994, S. 225; Bruhn 1994, S. 24).

Handelsbezogene Funktionen

Ein weiteres wichtiges Gebiet sind die Funktionen der Marke für den Handel. Zu Vermeidung von Missverständnissen muss darauf hingewiesen werden, dass die im folgenden aufgeführten Funktionen des Markenartikels nicht auf Handelsmarken abzielen.

Markenartikel können auch dazu dienen, Handelsbetriebe bei deren Kunden zu profilieren. Dies kann sowohl in Bezug auf die Preiswürdigkeit geschehen als auch in Bezug auf die angebotene Qualität. Durch die exklusive Distribution im Luxusbereich kann auch eine Gebietsmonopolisierung gefördert werden (Koppelmann 1994, S. 224). Die Marke hat in Verbindung mit der sie begleitenden Werbung auch die Wirkung, dass die beworbenen Produkte bereits vorverkauft sind (Bruhn 1994, S. 24; Koppelmann 1994, S. 225). Weitere Funktionen des Markenartikels aus der Sicht des Handels sind die renditesteigernde Schonung der handelseigenen Marketinginstrumente und die Kostenreduzierung durch den schnelleren Produktumschlag (Bruhn 1994, S. 24).

Planungserleichterung

Der Absatz von Markenartikeln ist für Hersteller und Handel leichter planbar als der Absatz von nicht markierten Gütern (Bruhn 1994, S. 24; Koppelmann 1994, S. 225). Grund für diese Erleichterung ist eine Stabilisierung des Absatzes, die mit den Wiederholungskäufen oder der Markentreue einhergeht.

Imagefunktion

Der Markenartikel hat auch die Aufgabe, dem Hersteller den Aufbau eines selbständigen Images zu ermöglichen (Bruhn 1994, S. 21). Dessen Wirkungen können über die oben erwähnte Produktdifferenzierung hinausgehen. Ein Beispiel hierfür ist der US-Konzern Procter & Gamble, der für seine Marken bekannt ist (Wind 1982, S. 414) und davon auch unter personalwirtschaftlichen Aspekten profitieren kann.

Beziehungen zwischen den Funktionen

Die Beziehungen zwischen den Funktionen sind bei deren Aufzählung zum Teil schon behandelt worden. Sie werden unter dem bereits angesprochenen systemtheoretischen

Aspekt ausdrücklich erörtert. Danach wirken alle Funktionen in einem Geflecht zusammen, und die Funktionen lassen sich den vier Beteiligten, das sind der Hersteller, der Handel, der Käufer und die Konkurrenz, zuordnen (Koppelmann 1994, S. 226 f.).

Die Definition der Funktionen nur aus der Perspektive eines Beteiligten findet sich auch in anderen Darstellungen (Bruhn 1994, S. 24).

Die folgende Tabelle gibt zu den Funktionen des „klassischen" Markenartikels einen abschließenden Überblick:

Markenfunktion	**Kurzbeschreibung**
Garantiefunktion	Qualitätsgarantie
Innovationsfunktion	Sicherung der Existenz des Innovationswettbewerbs
Identifizierungsfunktion	Schaffung einer Wiedererkennungsmöglichkeit
Individualisierungsfunktion	Herausheben aus einer Menge ähnlicher Angebote
Ermöglichung von Werbung	Zuordnung der Werbung zu einem Produkt
Ubiquität	Breite Verfügbarkeit an (fast) beliebigen Orten
Aufrechterhaltung des Preisniveaus	Verhinderung von Preiswettkämpfen
Setzen sozialer Signale	Kenntlichmachung von sozialer Zugehörigkeit durch demonstrativen Konsum
Wiederverkaufsfunktion	Erleichterung des Verkaufs auf Sekundärmärkten
Rationalisierungsfunktion	Effizienzsteigerung beim Suchverhalten von Nachfragern
Handelsbezogene Funktionen	Profilierung von Handelsbetrieben durch Leistung bekannter Marken; „Vorverkauf" der markierten Produkte
Planungserleichterung	Planungserleichterung bei einer Absatzstabilisierung durch die Marke
Imagefunktion	Aufbau eines selbständigen Images des Herstellers

Tab. 3: Kurzbeschreibung von Markenfunktionen
Quelle: Eigene Darstellung

2.3.2 Dienstleistungsmarke

Die Definitionen des Markenartikels, die sich in der Literatur finden, nehmen oft implizit oder explizit auf Sachgüter bzw. Fertigerzeugnisse Bezug. Die Ausgrenzung der Dienstleistung ist außerdem möglicherweise z. T. durch das Alter der Definitionen bedingt, auch dürfte sie Ausdruck des weit verbreiteten Denkens sein, das Sachgüter sehr stark in den Vordergrund stellt. Ein relevanter Unterschied soll im Vergleich zu Sachgütern insbesondere darin liegen, dass Dienstleistungen nicht über den Handel distribuiert werden (Stauss 1994, S. 86).

Demzufolge wird in Teilen der Literatur die Einordnung von Diensten in den Bereich der Markenartikel abgelehnt. Typischerweise findet man den Hinweis auf die Spezifika von Diensten, die eine unveränderte Übernahme des „klassischen" Markenartikelkonzepts verhindern (Meffert/Bruhn 1997, S. 319). Zur Begründung beruft man sich in der Regel auf das Fehlen einzelner definitorischer Merkmale, insbesondere auf die Unmöglichkeit, eine konstante Qualität zu garantieren (Messing 1983, S. 499 f.; Größer 1991). Weitere Aspekte, die eine Gleichbehandlung markierter Dienste mit den

„klassischen“ Markenartikeln verhindern sollen, sind die Probleme bei der Bedarfsperiodizität, der Originalität, der Visualisierung des Markenzeichens und der Schaffung von Phantasiemarken (Meffert/Bruhn 1997, S. 322).

Die Gegenmeinung spricht von einem allgemeinen „markenzentrierten Marketingkonzept“ (Pepels 1990, S. 434 ff.), dem „Markenartikelorientierten Einsatz des Instrumentemix“ (Stauss 1994, S. 87) oder einer „markenartikelähnlichen Dienstleistung“ (Graumann 1983, S. 75). Auf die Funktionen wird jedoch kaum eingegangen, obwohl eine zumindest annähernde Gleichbehandlung gefordert wird. Es findet sich aber die Aussage, dass mit markierten Dienstleistungen grundsätzlich dieselben Zielsetzungen verfolgt werden wie mit dem „klassischen“ Markenartikel (Stauss 1994, S. 87). Zentrale Voraussetzung dafür ist die Standardisierung, die eine konstante Qualität ermöglichen soll (Stauss 1994, S. 98 f.). Eine nähere Auseinandersetzung mit den einzelnen Funktionen in dem hier dargelegten Sinn erfolgt jedoch nicht. Diese fehlende Auseinandersetzung wird unter 2.6 als ein Kritikpunkt wieder aufgegriffen werden.

Als Ergebnis diese Abschnitts kann festgehalten werden, dass Ziele und Aufgaben von Marken für den „klassischen“ Markenartikel in der Literatur sehr ausführlich behandelt werden. Bei Dienstleistungen ist das nicht der Fall. Ein Teil der Autoren lehnt die Gleichstellung mit dem Markenartikel ab. Diejenigen Autoren, die eine prinzipielle Gleichbehandlung befürworten, gehen aber auf die Problematiken in Verbindung mit den Funktionen kaum näher ein.

2.4 Markenstrategien

Unter Markenstrategien versteht man unternehmenspolitische Konzeptionen, die Marken oder Markenartikel betreffen (Becker 1994, S. 464). Markenstrategien gehören in den Bereich der strategischen Unternehmensführung und -planung. Sie bilden einen Spezialfall dieser Planung (Haedrich/Tomczak 1990). Zum Teil wird als Synonym auch von „Strategischer Markenführung“ gesprochen. Da Marken einen wichtigen Bestandteil des Marketing bilden, gibt es eine breite Fülle von Darstellungen zu den mit Marken oder Markenartikeln verbundenen Planungsfragen.

Im folgenden soll versucht werden, einen Überblick über die typischen Auffassungen zu geben, die sich in der betriebswirtschaftlichen Literatur finden.

Man kann grundlegend zwei Arten von Darstellungen unterscheiden. Beim ersten Typ handelt es sich um geschlossene und systematisch angelegte Darstellungen von mehreren möglichen Strategien, die mit Marken oder Markenartikeln verfolgt werden können. Beim zweiten Typ findet man die isolierte Darstellung einzelner Vorgehensweisen.

Eine Möglichkeit besteht darin, ausgehend von der Ansoff-Matrix (Ansoff 1966, S. 132, siehe Abb. 7) ein allgemeines vierstufiges Strategieraster zu entwickeln.

Diese Strategieraster bezieht sich nicht nur auf Markenstrategien, sondern allgemein auf Unternehmensstrategien. Die vier Strategieebenen im Rahmen der Unternehmensstrategien sind das Marktfeld, die Marktstimulierung, die Marktparzellierung und das Marktareal (Becker 1993, S. 312 ff., siehe Abb. 8).

Märkte / Produkte	Alt	Neu
Alt	Marktdurchdringung	Marktentwicklung
Neu	Produktentwicklung	Diversifikation

Abb. 7: Ansoff-Matrix
Quelle: Ansoff 1966, S. 132

Vier Strategieebenen	**Art der strategischen Festlegung**	**Strategische Basisoptionen**
Marktfeldstrategien	Festlegung der Produkt/Markt-Kombination(en)	Entsprechend der Ansoff-Matrix
Marktstimulierungsstrategien	Bestimmung der Art und Weise der Marktbeeinflussung	Qualitäts- oder Preiswettbewerb
Marktparzellierungsstrategien	Festlegung von Art bzw. Grad der Differenzierung der Marktbearbeitung	Massenmarkt- oder Segmentierungsmarketing
Marktarealstrategien	Bestimmung des Markt- bzw. Absatzraumes	Nationale oder internationale Absatzpolitik

Abb. 8: Marketingstrategisches Grundraster
Quelle: Becker 1998, S. 148

Das Marktfeld als erste Ebene entspricht der Ansoff-Matrix. Das heißt, dass die Ansoff-Matrix in diese Systematik mit aufgenommen wird, indem ihre vier Felder als Marktfelder integriert werden.

Auf der Ebene der Stimulierung kann in Präferenzen und Preis-Mengen-Strategien unterschieden werden. Bei der Frage nach der Marktparzellierung geht es um den Grad der Marksegmentierung, und bei der Wahl des Marktareals um die Entscheidung, welche der Möglichkeiten zwischen einer lokalen Strategie und einer Weltmarktstrategie gewählt wird. Die folgende Abbildung 9 macht deutlich, welche Möglichkeiten es im allgemeinen gibt und wie Marken eingeordnet werden.

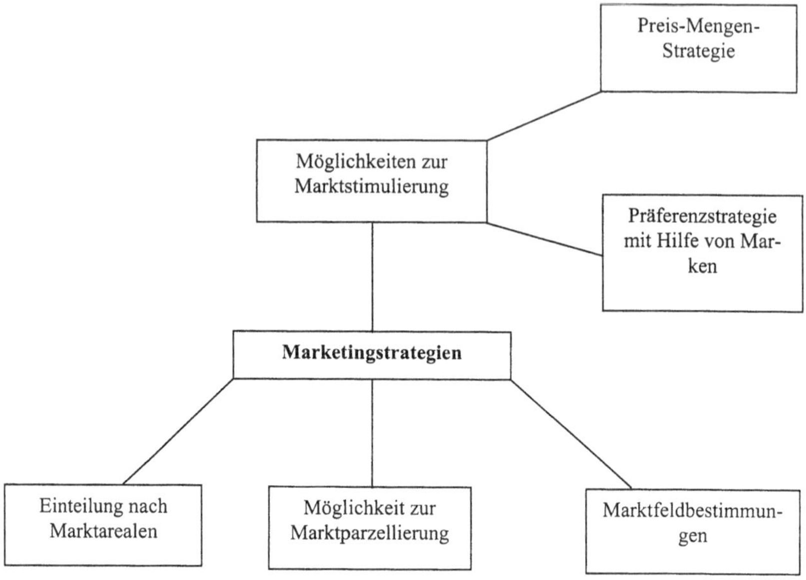

Abb. 9: Strategische Optionen im Marketing und die Einordnung von Marken
Quelle: Eigene Darstellung in Anlehnung an Becker 1998, S.436

Zur Anwendung auf Markenstrategien wird das allgemeine Schema folgendermaßen verkürzt (Becker 1994, S. 468): Im Bereich des Marktfeldes wird die Produktentwicklung als einzige Möglichkeit in Betracht gezogen. Bei der Stimulierung sollte die Präferenzstrategie den Schwerpunkt bilden. Daneben soll es die Möglichkeiten der Preis-Mengen-Strategie sowie die Kombination der beiden geben. Bei der Segmentierung bleibt die volle Zahl der Möglichkeiten erhalten. Bei der Wahl des Marktareals soll mindestens ein nationales Areal gewählt werden. Diesen Gestaltungsebenen sollen 3 Ebenen der Markenstrategien entsprechen. Das sind die Kompetenzbreite, die Kompetenzhöhe und die Kompetenztiefe (Becker 1994, S. 470 ff.). Die Festlegung der Kompetenzbreite betrifft die Zahl der unter einer Marke angebotenen Produkte, die Kompetenzhöhe fragt nach der Grundpositionierung im Markt, und die Kompetenztiefe nach dem Aspekt der geopolitischen Reichweite. Auf diese Art und Weise soll es möglich sein, alle denkbaren Markenstrategien zu erfassen und systematisch planen zu können (Becker 1994, S. 470 ff.).

Andere Autoren wollen fünf Dimensionen als relevant ansehen (Haedrich/Tomczak, 1994, S: 934; Tomczak 1989, S. 111 ff.). Das sind die Marktposition der Marke, der Strategie-Stil, die Marktabdeckung, die Strategie-Substanz und die Präsenzsicherung im Absatzkanal. Die Frage der Marktposition beschäftigt sich mit konkreten Positionierungsproblemen. Bei der Entscheidung über den Strategie-Stil geht es um das Maß an Innovation und die Offensivität, die man in einer Strategie realisieren will. Bei der Strategie-Substanz muss über die Wahl zwischen Differenzierungsstrategie auf der einen und Preis-/Kostenführerschaftsstrategie auf der anderen Seite entschieden werden. Bei der Präsenzsicherung im Absatzkanal muss das Verhalten gegenüber dem Absatzmittler in die Strategie miteinbezogen werden. Auf dieser Grundlage werden dann zwei Basistypen entwickelt: Ein Minimum-Typ, der sich für Billig- und Gattungsmarken eignet und ein Maximum-Typ für Markenartikel und Premiummarken.

Eine andere Variante der Behandlung von markenpolitischen Strategien besteht in der Beschreibung einzelner Vorgehensweisen, die man als besonders bedeutsam ansieht bzw. für besonders erfolgversprechend hält. So werden Dachmarkenstrategien (Müller 1994), Familienmarkenstrategien (Schröder 1994), Markentransferstrategien (Hätty 1989) und Zweitmarkenstrategien (Höhl-Seibl 1994) aufgezählt und beschrieben. Ein Spezialfall der Markentransferstrategie ist die line extension, bei der ein vorhandenes Markenimage auf ähnliche Produkte übertragen werden soll (Wölfer 1994, S. 528).

Bei der Dachmarkenstrategie geht es vor allem um die Erleichterung der Neuprodukteinführung oder die Ausdehnung des Leistungsprogramms einer Unternehmung in einem Bereich, der mit dem bisherigen Tätigkeitsfeld eng verknüpft ist. Diese enge Verknüpfung soll die Imageübertragung ermöglichen oder mindestens erleichtern (Müller 1994, S. 502). Hier zeigen sich Gemeinsamkeiten zum Hauptziel der Markentransferstrategie, ein bestehendes Ansehen einer Marke auf andere Produkte zu übertragen. Der Unterschied liegt jedoch darin, dass bei der Markentransferstrategie auch eine Übertragung auf artfremde Produkte angestrebt werden kann (Hätty 1994, S. 562).

Bei der Familienmarkenstrategie führt eine Unternehmung mehrere untereinander verbundene Dachmarken gleichzeitig (Schröder 1994, S. 515).

Bei den Zweitmarkenstrategien geht es um Konzepte, bei denen vereinfachte Versionen eines Produktes unter einer anderen Marke angeboten werden sollen (Höhl-Seibel 1994, S. 584).

Gewissermaßen den Gegenpol zu Zweitmarken findet man bei Luxusmarken, deren Produkte auch technologisch nicht dringend benötigte Eigenschaften enthalten und den Bedürfnissen nach sozialer Anerkennung und Selbstachtung entsprechen sollen (Belz 1994, S. 648).

Man findet auch Abhandlungen über Markenstrategien, die sich an Life-styles (Kellner 1994) oder Erlebniswelten (Bekmeier/Konert 1994) orientieren sollen. Bei beiden Vorgehensweisen soll sich die Markenstrategie überwiegend an psychischen oder sozialen Größen ausrichten.

Zusammenfassend kann also gesagt werden, dass es in der betriebswirtschaftlichen Literatur nur wenige systematische Ansätze zu Markenstrategien gibt, es dominiert die Behandlung einzelner Vorgehensweisen, die man für empfehlenswert hält, weil sie besonderen Erfolg versprechen.

2.5 Umsetzung

2.5.1 Markentechnik

Der Begriff der Markentechnik ist nicht sehr exakt definiert. Eine Umschreibung, die auf den grundlegenden Arbeiten von Domitzlaff (1929; 1982; 1992; 1994) beruht, müsste unter Berücksichtigung der heute veränderten Terminologie ungefähr folgendermaßen aussehen:

Unter Markentechnik versteht man die konkrete Ausgestaltung einer Marke unter Berücksichtigung der dazugehörigen Kommunikationspolitik.

Darin enthalten sind also insbesondere die Entwicklung von Markennamen (Latour 1992; Herstatt 1994), die sprachlichen (Gotta 1994, S. 775) und ästhetischen (Böcher 1994; Knoblich 1994; Busse 1994) Aspekte der Gestaltung. Die Gestaltung sollte ganzheitlich erfolgen, dass heißt, dass sie trotz der dadurch entstehenden Komplexität alle relevanten Aspekte berücksichtigen soll (Rieger 1994, S. 734). Die Markentechnik hat also die Aufgabe, für die von einer gewählten Markenstrategie vorgegebenen markenpolitischen Ziele adäquate Instrumente bereitzustellen (Haedrich/Tomczak 1994, S. 930). Daher ist es erforderlich, dass die Markentechnik auf den Rest des Marketing-Mix abgestimmt wird.

Da die Markentechnik eng mit Fragestellungen der Kommunikationspolitik verknüpft ist, werden die dazugehörigen Problemstellungen oft unter überwiegend kommunikationspolitischen Aspekten abgehandelt (z. B. Meffert 1998). Üblich ist eine Behandlung von verschiedenen kommunikationspolitischen Instrumenten und die Ableitung von Gestaltungsempfehlungen für diese Instrumente (z. B. Nieschlag/Dichtl/ Hörschgen 1997). Zusammenhänge zwischen den Markentechnik und der zugrundeliegenden Strategie sowie zwischen der Markentechnik und der von der Marke wahrzunehmenden Aufgaben geraten im Rahmen dieser Darstellungen typischerweise weitgehend in Vergessenheit. Wie noch zu zeigen sein wird, kann diese Lücke zwischen Funktionsvereinbarung einerseits und dem Ansprüchen von Nachfragernutzen geschlossen werden.

2.5.2 Empirische Untersuchungen

Zu realen Situationen, in denen Marken eine Rolle spielen, gibt es einige empirische Untersuchungen. Interessant für die Darstellung in den hier gegebenen Kontext sind vor allem solche empirischen Erhebungen, die sich mit der Frage beschäftigen, ob Marken bestimmte Funktionen erfüllen oder den Erfolg bestimmter Markenstrategien einschließlich der dazugehörigen Markentechnik testen. Von Interesse sind auch empirisch fundierte Gütertypologien. Andere Untersuchungen sind für die hier gewählte Perspektive nicht so bedeutsam, dass sie referiert werden müssten.

Es lassen sich vier Schwerpunkte von empirischen Untersuchungen ausmachen. Das sind die Untersuchung von Line Extensions, die Überprüfung der Relation zwischen Markierung und Qualität, die empirische Fundierung informationsökonomischer Gütereinteilungen sowie die Evaluation einzelner Strategien.

Man kann sich auf die Darstellung der wesentlichen Ergebnisse der empirischen Erhebungen beschränken, weil die Fülle der Details hier eher verwirrt. Der erste Bereich betrifft die empirische Überprüfung einzelner Strategien. Die empirische Überprüfung einzelner strategischen Vorgehensweisen in Verbindung mit einer von dem Untersuchenden als adäquate angesehenen Markentechnik hat gezeigt, dass es einige typischerweise erfolgreiche Strategien gibt (Gussek 1992, S. 276; Haedrich/Tomczak 1994, S. 941 f.): Die „aggressive Marktsegmentierungsstrategie", die „aggressive Differenzierungsstrategie" und die „aggressive Preisführerschaftsstrategie". Die aggressive Marktsegmentierungsstrategie ist durch einen offensiven Stil, die Abdeckung von Teilmärkten, eine Differenzierung und eine mögliche Absicherung durch Kooperationen gekennzeichnet. Bei der aggressiven Differenzierungsstrategie wird statt dessen eine Gesamtmarktabdeckung vorgenommen. Die aggressive Preisführerschaftsstrategie ist neben dem offensiven Strategie-Stil, Gesamtmarktabdeckung, Preisführerschaft und Absicherungen durch Kooperationen oder konfliktäres Verhalten gekennzeichnet. Alle Strategietypen sind aber nur in einem bestimmten wettbewerblichen Kontext sinnvoll (Gussek 1992, S. 277 ff.). Die Analyse dieses Kontextes ist jedoch nicht schwerpunktmäßig Gegenstand der empirischen Untersuchungen. Der Kontext wird weitgehend als gegeben hingenommen. Hierauf wird unter 2.6 noch zurückzukommen sein.

Von Bedeutung für diese Untersuchung sind dagegen die empirischen Untersuchungen zum „informationsökonomischen Dreieck" (z. B. Weiber/Adler 1995; Weiber/Adler 1995a; Adler 1996). Sie haben gezeigt, dass die Einteilung von Kaufentscheidungen in solche, in denen Austauch-, Erfahrungs- und Vertrauensqualitäten dominieren, empirisch bewährt ist.[8] Die Bezüge zu den Funktionen von Marken bleiben jedoch meist offen.

Es existieren zwei weitere Schwerpunkte für empirische Analysen, die für die in dieser Untersuchung verfolgten Fragestellungen relevant sind: Der eine Schwerpunkt betrifft die Frage nach dem Zusammenhang zwischen Markierung und Qualität, der andere Schwerpunkt beschäftigt sich mit der Umsetzung der „Line-Extensions" und der Markenbreite.

Bezüglich des Zusammenhangs zwischen Markierung und Qualität kann folgendes gesagt werden: Der in der Regel untersuchte Zusammenhang ist derjenige zwischen Werbekosten und dem Preis-Qualitätsverhältnis.[9] Es finden sich kritische Untersuchungen (Tellis/Fornell 1988, S. 66 ff.) ebenso wie Erhebungen, die mit einigen der oben dargestellten Aussagen zu den Markenfunktionen vereinbar sind (Kirmani 1990; Png/Reitman 1995; Heath/Chatterjee 1995; Stratmann 1999, S. 211 f. und S. 250). Andere Untersuchungen liefern keine weitgehend eindeutige Ergebnisse (z. B. Holbrook 1992). Tendenziell kann deshalb gesagt werden, dass der Zusammenhang zwischen Markierung und Qualität nicht so einhellig fundiert ist, dass er als quasi unwiderlegbar angesehen werden müsste. Es gibt zudem keine empirisch fundierten und

8 Darauf wird in dieser Arbeit unter 2.6 und im Kapitel 5 noch zurückzukommen sein.

9 Was darunter zu verstehen ist, wird von den Autoren der Untersuchungen nicht einheitlich definiert. Die definitorischen Unterschiede sind jedoch für die Tendenz der Ergebnisse nicht erheblich.

allgemeingültigen Aussagen über die näheren Umstände, die die Wettbewerbssituation der jeweiligen Marke betreffen.

Bei der Ausdehnung der Markenbreite[10] ergibt sich ein von Unklarheiten dominiertes Bild (Aaker 1990; Aaker/Keller 1990; Smith 1992; Smith/Park 1992; Sundie/ Brodie 1993). Es gibt kaum empirisch gehaltvolle Aussagen zu der Frage, wann genau eine Ausdehnung der Markenbreite sinnvoll ist. Ein wichtiges Ergebnis ist, dass die objektive Ähnlichkeit zwischen den unter einem Markendach vereinten Produkten nicht ausschlaggebend ist (Dawar 1993; Dawar/Anderson 1992; Erdem 1998).

Insgesamt können folgende Aussagen getroffen werden:

- Einzelne Strategien und deren Umsetzung im Einzelfall konnten empirisch belegt werden. Ein systematischer Bezug zum wettbewerblichen Kontext dieser Strategien wird jedoch nicht eindeutig belegt.
- Der Zusammenhang, dass Marken für Qualität stehen, kann nicht einhellig empirisch als gesichert gelten. Die näheren Umstände, unter denen dieser Zusammenhang belegbar ist, bleiben jedoch ungeklärt. Insbesondere wird nach informationsökonomischen Güterarten unterschieden, und die Wettbewerbsverhältnisse bleiben weitgehend unberücksichtigt.
- Die Ausdehnung der Markenbreite setzt nicht die (objektive) Ähnlichkeit der involvierten Produkte voraus. Ansonsten lasen sich in diesem Bereich keine tendenziellen Aussagen ableiten.
- Die Einteilung von Gütern in solche mit Such-, Erfahrungs- und Vertrauenseigenschaften hat sich als empirisch gehaltvoll erwiesen.

Es kann also gesagt werden, dass zwar eine Zahl von empirischen Untersuchungen vorliegt, es jedoch in vielen Fällen an Resultaten fehlt, die die Ableitung ganz allgemeiner Aussagen ermöglichen. Deshalb kann nicht davon gesprochen werden, dass die zu Zielen und Aufgaben von Marken getroffen werden, empirisch kaum widerlegbar fundiert sind.

2.6 Kritische Würdigung

Die vorangegangene Darstellung hat gezeigt, dass die wissenschaftliche Beschäftigung mit Marken eine lange Tradition in der Marketingwissenschaft hat. Es sind zahlreiche mögliche Funktionen von Marken herausgearbeitet worden, deren Kern hier kurz vorgestellt worden ist. Die Behandlung der Funktionen hat einen Eindruck von der Vielfalt der Aufgaben vermittelt, die Marken haben können. Auch die Existenz von Dienstleistungen hat Eingang in einzelne markenpolitische Erwägungen gefunden. Marken sind darüber hinaus in unternehmensstrategischer Perspektive gesehen worden. Es existieren zu markenpolitischen Strategien sowohl aufwendige empirische Untersuchungen als auch deduktive Ansätze. Die Fragen der Markentechnik werden

10 Unter Markenbreite soll dabei die Anzahl der Produkte verstanden werden, die unter einer Marke vereinigt werden.

oft eher unter rein praktischen Aspekten gesehen. Trotz dieser umfangreichen Beschäftigung der betriebswirtschaftlichen Literatur mit Fragen der Markenpolitik sind weitere Verfeinerungen und mögliche Verbesserungen der bestehenden Erkenntnisse jedoch nicht ausgeschlossen.

Es geht bei den Verbesserungsmöglichkeiten um die problematische Abgrenzung der Dienstleistung vom Sachgut und deren mögliche Konsequenzen für die Markierung, um die Abhängigkeit von Markenstrategien von den Wettbewerbsverhältnissen und informationsökonomischen Güterarten sowie um die Abgrenzung einiger Markenfunktionen. Offene Fragen gibt es auch im Zusammenhang mit der Markentechnik.

Die Trennung zwischen Sachgütern und Diensten bereitet sowohl in der Praxis als auch bei ihrer Behandlung in der wissenschaftlichen Literatur erhebliche Schwierigkeiten (z. B. Scheuch 1982; Engelhardt et al. 1993), ohne dass eine befriedigende Abgrenzung hätte erfolgen können (Engelhardt et al. 1993, S. 399 ff.). Dieses ungelöste Abgrenzungsproblem hat auch Konsequenzen für die Markierung bzw. die Markenpolitik, da die Unterscheidung zwischen Dienstleistungsmarke und „normalem Markenartikel", wie sie Teile der Literatur voraussetzen, eine trennscharfe Abgrenzung zwischen Sachgütern und Dienstleistungen impliziert. Kann diese Einteilung nicht nachvollziehbar erfolgen, ist auch die gesonderte Behandlung der Dienstleistungsmarke nicht gerechtfertigt.

Neuere Ansätze versuchen der Tatsache Rechnung zu tragen, dass Sachgüter und Dienstleistungen oft zusammen vermarktet werden, so dass auch theoretisch sinnvoll erscheinende Kriterien in bezug auf viele praktische Fälle versagen müssen (Engelhardt et al. 1993, S. 395-404). Um dem Versagen anderer Abgrenzungskriterien zu begegnen, werden die angebotenen Produkte insgesamt als komplexe Leistungsbündel angesehen. Maßgeblich für das Marketing sollen der Immaterialitätsgrad der Leistungsergebnisse und der Integrativitätsgrad der betrieblichen Prozesse sein (Engelhardt et al. 1993, S. 423). Diesem Ansatz können jedoch keine spezifisch markenpolitischen Handlungsempfehlungen entnommen werden; z. B. kann aus dem Immaterialitätsgrad des Leistungsergebnisses kaum unmittelbar auf die Sinnhaftigkeit einer bestimmten Markenpolitik geschlossen werden. Es ergeben sich also aus der Zuordnung von Produkten zu einzelnen Ausprägungen der Leistungsbündel keine typischen Handlungsempfehlungen im Bereich der Markenpolitik. Insofern bleiben markenpolitische Fragestellungen offen.

Die Behandlung der markenpolitischen Fragestellungen mit Hilfe einer informationsökonomischen Betrachtung kann etwas zur Lösung dieses Problems beitragen. Die Trennung zwischen Sachgütern und Diensten ist der Informationsökonomie fremd (Kaas 1995, S. 11 f.), so dass das Abgrenzungsproblem zwischen Dienstleistungen und Sachgütern nicht auftaucht. Zudem bietet die Informationsökonomie, wie im folgenden Kapitel noch zu zeigen sein wird, einige Erkenntnisse zur Marke, die eine prinzipiell einheitliche Behandlung von markierten Sachgütern und Dienstleistungsmarken ermöglicht.

Die Darstellung der Markenstrategien in der betriebswirtschaftlichen Literatur lassen ebenfalls einige Fragen offen. Die Strategien werden in der Literatur oft so dargestellt, dass die jeweiligen Wettbewerbsverhältnisse in den Hintergrund zu treten scheinen. Im Widerspruch dazu steht es, wenn im Bereich des strategischen Marketing die zentrale Bedeutung der Wettbewerbsverhältnisse betont wird (Porter 1997; Becker 1993; Nieschlag/Dichtl/ Hörschgen 1997).

Wenn Bezug auf die Wettbewerbsumgebung genommen wird (z. B. Haedrich/ Tomczak 1990), dann erfolgt dennoch keine Aufzählung konkreter Triebkräfte des Wettbewerbs, die auch unabhängig von markenpolitischen Fragestellungen zur Analyse der Unternehmenssituation herangezogen werden können, wie es bei der Porterschen Systematik der Triebkräfte des Wettbewerbs der Fall ist.

Die hier vorgenommene informationsökonomische Betrachtung der Marke verspricht in diesem Bereich zum Teil Abhilfe, weil die den einzelnen Funktionen zugrunde liegenden Modelle konkrete Wettbewerbsverhältnisse konstitutiv voraussetzen. In den Modellen, die den Funktionen zugrunde liegen, werden Modellmärkte einschließlich bestimmter Wettbewerbsbedingungen beschrieben. Das bedeutet, dass diese Wettbewerbsbedingungen ebenso tragend für die Modellergebnisse sind wie die Informationsverteilung. Deshalb können die Aufgaben einer Marke von vornherein in Abhängigkeit von den Wettbewerbsverhältnissen bestimmt werden.

Bei der Darstellung der Markentechnik fällt auf, dass zwar praktische Handlungsempfehlungen gegeben werden, diese aber oft nicht unmittelbar auf den Empfehlungen auf strategischer Ebene beruhen. Es wird zu zeigen sein, dass das bei informationsökonomisch fundiertem Vorgehen besser wird, da die Empfehlungen exakter formuliert werden können, weil im Rahmen von Modellen mit Nutzenfunktionen gearbeitet wird.

Empirischen Untersuchungen wie die in diesem Kapitel beispielhaft geschilderten liefern nur grobe Anhaltspunkte für einzelne Strategien, da bloße empirische Belege nicht geeignet sind, stringente Strategienempfehlungen unabhängig vom jeweiligen wettbewerblichen Kontext zu belegen. Insgesamt können sie nicht als hinreichender Beleg der Richtigkeit allgemeiner Aussagen interpretiert werden.

Ein weiterer Aspekt, der in vielen traditionellen Darstellungen kaum hinreichend berücksichtigt wird, ist die Abhängigkeit der Markenfunktionen von den informationsökonomischen Eigenschaften der markierten Güter. Die Unterscheidung in Austausch- und Kontraktgüter sowie die Einteilung in Such-, Erfahrungs- und Vertrauenseigenschaften von Gütern werden im Marketing bislang nur vereinzelt verfolgt (z. B. Kaas 1992, S. 31-39; Adler 1996), sie ist aber typisch für die Informationsökonomie. Deshalb können hier einige neue Erkenntnisse gewonnen werden, die die informationsökonomische Betrachtung voraussetzen, weil einzelne Funktionen nicht für alle Güterarten in gleichem Maße relevant sind, wie noch näher zu zeigen sein wird.

Die Beschreibung einzelner Funktionen der Marke, wie man sie in der Literatur findet, gibt ebenfalls Anlass zu Kritik:

Der Begriff „Garantiefunktion“ dürfte missverständlich sein; die Garantiefunktion wird unzureichend von der „echten“ vertraglichen Garantie abgegrenzt. Das ist jedoch auf der Basis des Spence'schen Schemas (Spence 1973) möglich, weil dort Signale u.a. nach den denkbaren Arten des Opportunismus auf Anbieterseite systematisiert werden. Aus dieser Systematik ergibt sich z. B., dass die Marke eben nicht mit einer vertraglichen Garantie quasi-identisch ist, obwohl die Bezeichnung das nahe legt.

Empirische Belege deuten zwar auf einen möglichen positiven Zusammenhang zwischen Markierung und Qualität hin, die Nähe zu einer „Garantiefunktion“ kann daraus jedoch nicht unmittelbar abgeleitet werden. In den angeführten Untersuchungen wird darauf verzichtet, diese Abgrenzung in die Betrachtung miteinzubeziehen.

Die Identifizierungsfunktion beschreibt zwar die Möglichkeit zur Wiedererkennung (Gries 1987, S. 413; Becker 1992, S. 98 f.), aber der Beziehung zu den Suchkosten der Nachfrager und deren Nutzen wird kaum Beachtung geschenkt.

Die Ermöglichung von Werbung wird zwar als Aufgabe des Markenartikels bezeichnet, auf die Erkenntnisse des Spence'schen Signalling-Schemas bezüglich der verschiedenen Spielarten des Opportunismus (Spence 1973) wird aber kaum Bezug genommen.

Bei den Aufgaben, die der Markenartikel im Bereich der Distribution hat, verzichten die Funktionsbeschreibungen auf Erkenntnisse, wie sie die Prinzipal-Agenten-Theorie ermöglicht. Diese Erkenntnisse beziehen sich z. B. darauf, wo mögliche Obergrenzen für den Wert von sog. Pull-Strategien liegen. Die Beschreibung der Funktionen der Marke in der Distribution kann also mit Hilfe einer informationsökonomischen Betrachtung verfeinert werden.

Das Aufrechterhalten des Preisniveaus für ein Produkt hat Beziehungen zur Suchkostenreduzierung, die im Modell von Diamond (1971) mitbehandelt werden, die aber in der ansonsten üblichen Darstellung dieser Aufgabe des Markenartikels kaum angesprochen werden. Es ist also auch in diesem Bereich mit Hilfe der informationsökonomischen Betrachtung möglich, für markenpolitische Fragestellungen neue Erkenntnisse zu gewinnen.

Die Wiederverkaufsfunktion des Markenartikels spricht aus einer mikroökonomischen Sicht ein Schulbeispiel der Adverse Selection an, da es sich um die Vermittlung von Qualitätsinformationen auf Sekundärmärkten handelt, die keinen prinzipiell anderen Gesetzmäßigkeiten folgt als auf Primärmärkten (Akerlof 1970, S. 489). Der möglichen interdepenten Entwicklung von Primär- und Sekundärmärkten wird jedoch in der betriebswirtschaftlichen Literatur kaum Aufmerksamkeit geschenkt.

Das Setzen sozialer Signale und die emotionale Differenzierung werden in einigen Darstellungen stark in den Vordergrund gestellt. Wie noch zu zeigen sein wird, lassen sich derartige Effekte durch den Verlauf der Nutzenfunktionen der Nachfrager in den einzelnen Modellen berücksichtigen.

Die Beziehungen zwischen allen einzelnen Funktionen von Marken lassen sich nur schlecht abschätzen, weil sehr viele verschiedene Aufgaben der Marke aufgeführt werden.

Eine informationsökonomische Betrachtung ermöglicht es hingegen, diese Beziehungen mit zu untersuchen, weil es möglich ist, mit erheblich weniger verschiedenen Funktionen auszukommen. Es erfolgt eine Art von Komplexitätsreduzierung.

Schließlich ermöglicht es die informationsökonomische Betrachtung auch zu zeigen, dass die Funktionen der Marke entgegen einigen Darstellungen in der Literatur (z. B. Becker 1992; Koppelmann 1994) nicht nur für einzelne Beteiligte existieren. Es gibt auch die Möglichkeit, dass alle Beteiligten von der Existenz der Marke profitieren.

Die folgende Aufzählung gibt noch einmal einen Überblick über die zentralen Ansatzpunkte für Verbesserungen:

Zentrale Bereiche der Kritik:

- Unzureichende Einbeziehung von informationsökonomischen Güterarten und Transaktionstypen
- Abspaltung der Dienstleistungsmarke
- Beschreibung und Abgrenzung einiger Markenfunktionen
- Zu verstärkende Einbeziehung der Wettbewerbsverhältnisse

3 Informationsökonomische Betrachtung der Marke

3.1 Überblick

Im folgenden Kapitel soll ein Überblick über die Möglichkeiten gegeben werden, die die Informationsökonomie bietet, um die Marke zu analysieren. Dazu werden zuerst Schlüsselbegriffe definiert. Diese begrifflichen Eingrenzungen gelten auch für die weiteren Kapitel der Untersuchung.

Anschließend folgt eine Beschreibung der drei aus informationsökonomischer Sicht denkbaren Grundfunktionen. Die Marke ermöglicht, wie noch im einzelnen zu zeigen sein wird, die Identifikation, die Differenzierung und die Markteinführung. Bei der Ermöglichung der Identifizierung muss in die Suchkostenreduzierung und die mögliche Identifikation im Sortiment eines Absatzagenten unterschieden werden. Die Differenzierungsmöglichkeiten, die Marken bieten können, sind vielfältiger. Die Marke wird als Signalling-Instrument eingeordnet, das sich dazu eignet, Moral-Hazard-Verhalten des Anbieters und das Vorkommen von Adverse Selection auf Märkten zu verhindern. Zudem ermöglicht die Differenzierung mit Hilfe von Marken eine risikoorientierte Marktsegmentierung. Eine weitere grundlegende Funktion ist die Ermöglichung der Markteinführung durch Marken. Die Grundmodelle sind dabei so formuliert, dass gezeigt wird, was Marken bewirken können. Im Umkehrschluss kann abgeleitet werden, wann eine Markierung verzichtbar sein kann.

Im weiteren Verlauf soll die Frage beantwortet werden, wie die einzelnen Funktionen der Marke zusammenwirken. Daran schließt sich ein Vergleich mit verwandten Instrumenten an, der zeigen soll, dass die vorgestellten Funktionen markenspezifisch sind. Das heißt, dass die Funktionen in der beschriebenen Form nur von Marken erfüllt werden können.

Das Kapitel schließt mit einem Fazit und mit einem Exkurs, der einige im zweiten Kapitel aufgeführten Ansätze für Verfeinerungen wieder aufgreift. Dabei wird sich zeigen, dass die angestrebten Verbesserungen bestehender Aussagen durch eine informationsökonomische Betrachtungsweise erreicht werden können.

3.2 Definition von Schlüsselbegriffen

Die theoretischen Schlüsselbegriffe dieses Kapitels sollen zunächst eingegrenzt werden.

Wichtigster Begriff ist der der Informationsökonomie. Es handelt sich dabei um eine Forschungsrichtung der Wirtschaftswissenschaft, die Fragestellungen untersucht, die auftreten, wenn Informationen unter den Marktteilnehmern asymmetrisch verteilt sind (Adler 1996, S. 11; Bayón 1997, S. 16). Man versteht darunter also einen Zweig der volkswirtschaftlichen, mikroökonomischen Theorie, der sich mit der Analyse des Marktgeschehens bei Unsicherheit und asymmetrisch verteilten Informationen unter den Marktteilnehmern befasst. Die Marktteilnehmer haben weder vollkommene Voraussicht über die Zukunft, noch haben sie vollkommene Informationen über den Markt.

Die Informationsökonomie beschäftigt sich vor allem mit den Prämissen und Konsequenzen der Marktunsicherheit, die sich daraus ergeben, dass Anbieter keine vollständigen Informationen über die Bedürfnisse und Zukunftserwartungen, die Präferenzen und Restriktionen der Nachfrager haben. Die Nachfrager haben keine vollständigen Informationen über Produkte und Qualitäten der existierenden Produkte.

Im Bereich der Betriebswirtschaftslehre wird die Informationsökonomie erst seit einigen Jahren adaptiert (Kaas 1995a). Ihre Bedeutung im Bereich des Marketing liegt darin, dass Marketing als Bewältigung von Informations- und Unsicherheitsproblemen aufgefasst werden kann (Kaas 1995a, S. 973).

In dieser Untersuchung wird ebenfalls auf die Prinzipal-Agent-Theorie zurückgegriffen. Dieses Vorgehen ist mit der vorgestellten Sichtweise der Informationsökonomie vereinbar, weil die grundlegende Annahme der Informationsasymmetrie sich auch in der Prinzipal-Agent-Theorie findet.[11] Sie ist auch bei der Prinzipal-Agent-Theorie von entscheidender Bedeutung. Die Prinzipal-Agent-Theorie beschäftigt sich mit vertraglichen oder vertragsähnlichen Beziehungen zwischen zwei oder mehr Beteiligten, innerhalb derer Entscheidungen der einen Partei (des Agenten) nicht nur den eigenen, sondern auch den Nutzen eines anderen Beteiligten (des Prinzipals) beeinflussen (Ross 1973, S. 134; Pratt/Zeckhauser 1985, S. 17).

Einen Prinzipal kann man also als ein Wirtschaftssubjekt definieren, das nicht selbst handelt, sondern durch seinen Beauftragten, der ihm in Bezug auf relevante Informationen überlegen ist.

Ein Agent ist ein Wirtschaftssubjekt, das im Auftrag eines anderen Wirtschaftssubjektes, des Prinzipals, handelt. Es ist dem Prinzipal überlegen, weil es mehr relevante Informationen besitzt. Zwischen Prinzipal und Agent besteht ein Interessengegensatz, der jedoch nicht den Charakter eines Nullsummenspiels hat.

Im Kern bauen die theoretischen Aussagen, die zu dieser Beziehung getroffen werden können, auf folgenden Annahmen auf:

1. Prinzipal und Agent werden als rational handelnde, „eigennützige" Wirtschaftssubjekte betrachtet, die die Maximierung ihres eigenen Nutzens anstreben (Pratt/Zeckhauser 1985, S. 2 und S. 14 f.; Münchow 1995, S. 182; Terberger 1995, S. 30).
2. Es besteht ein Informationsvorsprung des Agenten gegenüber dem Prinzipal (Arrow 1985, S. 37; Münchow 1995, S. 183), also Informationsasymmetrie (Sewing 1994, S. 67).
3. Es besteht Unsicherheit über zukünftige Ereignisse, die Einfluss auf das von dem Agenten erzielbare Handlungsergebnis haben können (Arrow 1985, S. 37; Münchow 1995, S. 183).
4. Beide Parteien verhalten sich opportunistisch, d. h. sie verfolgen ihre eigenen Ziele unter Zuhilfenahme von List und Tücke, und sie nehmen dabei in Kauf, ihren Vertragspartner zu schädigen (Williamson 1990, S. 34, 74).

11 Das ist in Abschnitt 1.1 bereits begründet worden.

Unter den genannten Annahmen wird der Agent seinen Informationsvorsprung nutzen, indem er eigennützig und mit möglichen Schäden für den Prinzipal seine persönlichen Ziele verfolgt (Fischer 1995, S. 320).

3.3 Funktionen

3.3.1 Identifikationsermöglichung

In hochentwickelten Volkswirtschaften gibt es sowohl homogene oder quasihomogene Güter als auch heterogene Güter (Tirole 1995, S. 611 ff.). Wenn Güter heterogen sind, sind Suchkosten relevant, die sich aus der Verschiedenartigkeit der Güter und dem Wissensnachteil der Nachfrager ergeben, weil die Nachfrager dann nach für sie geeigneten Gütern suchen müssen. Bei verschiedenen Preisen für ein Gut können Suchaktivitäten der Nachfrager auch bei homogenen Gütern auftreten, wenn das Gut mit dem günstigsten Preis gesucht werden soll (Stigler 1961; Butters 1977).

Solche Suchaktivitäten verursachen Kosten, wenn die Informationsdefizite nicht durch die kostenlose Abgabe von Informationen beseitigt wird. Dabei sind jedoch Opportunitätskosten der Nachfrager zu berücksichtigen, insbesondere auch die beim Aufnehmen von Informationen verwendete Zeit (Nelson 1974, S. 745; Kaas 1990a, S. 493 f.). Deshalb kann im allgemeinen von positiven Suchkosten ausgegangen werden. Also kann die Möglichkeit, ein bestimmtes Gut identifizieren zu können, ökonomisch für den Nachfrager interessant sein, d. h. für Nachfrager einen positiven ökonomischen Wert besitzen.

Die in diesem Abschnitt untersuchten Funktionen lassen sich sowohl auf heterogene als auch homogene bzw. quasi-homogene Güter beziehen. Die Reduzierung von Suchkosten kann bei heterogenen Gütern durch die kostenpflichtige Suche nach einer geeigneten von mehreren existierenden Qualitäten relevant werden. Die Bedeutung von Suchkosten liegt jedoch auch in der kostenpflichtigen Suche nach dem geringsten Preis eines qualitativ homogenen Gutes.

Aus der hier untersuchten Perspektive soll die Identifikation bzw. die Möglichkeit dazu demjenigen, der sie anbietet, einen Wettbewerbsvorteil verschaffen. Darauf wird im vierten und fünften Kapitel zurückzukommen sein.

Das ist in der Form der Reduzierung von Suchkosten denkbar sowie durch die Schaffung von Erfahrungsgütern. Da die Erfahrungsqualität ihren Wert unter anderem aus hohen Suchkosten erhält,[12] sind beide Aspekte unter ansonsten gleichen Umständen gegenläufig. Entweder die Suchkosten werden reduziert, oder der Wert der Erfahrungsqualität steigt mit der Höhe der Suchkosten.

Eine Sonderstellung nimmt die Identifikation im Sortiment eines Absatz-Agenten ein. Ein Wettbewerbsvorteil kann hier dadurch entstehen, dass ein Absatz-Agent, der auch von Konkurrenten mit ansonsten vergleichbarem Leistungsangebot beliefert wird, gezwungen wird, ein bestimmtes Gut anzubieten, weil der Endnachfrager ein be-

12 Man kann den Wert der Erfahrung als Barwert ersparter Suchkosten ermitteln (Nelson 1970, S. 315).

stimmtes (wieder-)erkennbares Gut erwirbt oder zu erwerben wünscht. Das entspricht zum Teil der bekannten Pull-Strategie. Unterschiede ergeben sich jedoch in einigen Details.[13]

Ein Wettbewerbsvorteil kann hieraus entstehen, das ist aber nicht notwendigerweise der Fall. Ein Wettbewerbsvorteil entsteht dann, wenn die Identifikation durch einen Anbieter besser ermöglicht wird als durch andere Anbieter. Außerdem ist Voraussetzung, dass die Ermöglichung der Identifikation für die Nachfrager relevant ist. Trotz der genannten Einschränkungen lassen sich prinzipal-agent Modelle in diesem Zusammenhang nutzen, insbesondere im Hinblick auf die Bestimmung von Preis- und Kostenobergrenzen für diese Art des Vorgehens.

3.3.1.1 Suchkostenreduzierung

Wenn ein Wirtschaftssubjekt nach geeigneten Gütern suchen muss und ihm dafür Kosten entstehen, dann ist es für einen Nachfrager interessant, diese Kosten zu reduzieren. Deshalb argumentieren die meisten Modelle der sog. Suchtheorie mit Optimierungsansätzen aus der Sicht des Nachfragers (Stigler 1961; McMillan/Rothschild 1994). Hier soll jedoch weder nur die Perspektive des Nachfragers noch ausschließlich die Perspektive des Anbieters berücksichtigt werden. Deshalb wird auf diese Modelle im folgenden nicht weiter eingegangen. Lösungen, bei denen die anfallenden Suchkosten dem Nachfrager in voller Höhe angelastet werden, kommen als Lösungen für den Nachfrager nur eingeschränkt in Betracht; er ist dann zwischen der Suchkostenreduzierung durch den Anbieter und der eigenen kostenpflichtigen Suche indifferent. Das gilt jedoch nur, sofern der Nachfrager selbst suchen kann. Der Sache nach entspricht das dem Kriterium der Pareto-Effizienz. Das Kriterium besagt, dass ein effizientes Marktergebnis dann vorliegt, wenn der Nutzen einer Seite nur noch auf Kosten des Nutzens mindestens eines anderen Beteiligten gesteigert werden kann. Die (dogmenhistorischen) Wurzeln dieses Kriteriums in der Neoklassik stehen der Eignung, ein Marktergebnis zu beurteilen, nicht wirklich entgegen (Lockwood 1987, S. 810). Zwar werden die neoklassischen Ergebnisse in der Realität kaum je erreicht, gerade beim Setzen realistischerer Prämissen besteht aber die Gefahr andersartiger Verschwendung. Ein typisches Beispiel ist die überhöhte Investition in Signalling. Deshalb behält das Pareto-Kriterium seine Bedeutung als Vergleichsmaßstab zu den idealen neoklassischen Ergebnissen (Lockwood 1987, S. 812).

Im Originalmodell von Diamond (1971) kann es passieren, dass die Suchkosten dem Nachfrager in voller Höhe angelastet werden. Es sind jedoch, in Abhängigkeit von verschiedenen Prämissen, auch andere Ergebnisse denkbar. Da das Originalmodell hier nicht exakt passt, ist es für die Zwecke dieser Untersuchung weiterentwickelt worden.

Das hier vorgestellte Modell ist also eine Variation des Modells von Diamond (1971). Dieses Modell, das die Grundlage der Untersuchung bildet, soll zunächst vorgestellt und dann variiert werden. Zuerst ist der Fall von $\partial x/\partial p < 0$ zu erörtern, wie er im Originalmodell vorgesehen ist. Anschließend wird der umgekehrte Fall des positiven Preis-Mengen-Zusammenhangs erörtert.

---

13 Siehe hierzu im einzelnen Kap. 3.3.1.2.

Zunächst sollen die Prämissen des Originalmodells dargestellt werden.[14]

(i) Es gibt weder Austritts- noch Zutrittsbarrieren für Nachfrager, es bestehen aber Barrieren für die Anbieter. Beim Hinzutreten eines weiteren anbietenden Unternehmens müssten die Marktanteile modelliert werden. Sind die Anteile aller Anbieter gleich, sinkt der Anteil der bisherigen Unternehmen von (x*p)/m auf (x*p)/(m+1). Die Umsätze werden dann nur unter mehr Unternehmen aufgeteilt, sie sinken aber insgesamt nicht.

(ii) Die Verkäufer setzen die Preise nach dem „take-it-or-leave-it" Prinzip fest. Es finden keine Preisverhandlungen statt. Eine Preissetzung durch einen Dritten, wie z. B. einen Auktionator, ist im Modell nicht vorgesehen. Es erfolgt also eine Preisanpassung in dem Sinne, dass die Nachfrager sich den Preisvorgaben der Anbieter anpassen. Die Nachfrager setzen sich dazu ein persönliches Limit, das sie in der Periode T_1 nicht überschreiten wollen. Kommen sie in T_1 nicht zum Zuge, ändern sie den Preis, den sie für sich selbst als Obergrenze angenommen haben. Es wird angenommen, es gebe einen cut-off-price p_c in jeder Periode, zu dem maximal gekauft wird. Deshalb finden in jeder Periode Transaktionen statt. Die Anzahl der betrachteten Perioden ist endlich.

(iii) Anbieter verhalten sich gewinnmaximierend. Es liegt Preisanpassung vor, und die Anbieter haben selbst keine Suchkosten. Die Anbieter werden also ihren Gewinn maximieren, indem sie die Differenz aus Umsatz abzüglich ihrer Kosten maximieren. Dabei ergibt sich der Umsatz aus der abgesetzten Menge, die mit dem jeweiligen Preis und der Nachfragermenge, die auf die einzelnen Nachfrager entfällt, gewichtet wird. Sowohl die abgesetzte Menge als auch die Anzahl der Nachfrager ist negativ mit dem Preis verknüpft.

Die im Modell vorausgesetzte Preisanpassung findet ihren Niederschlag dadurch, dass die Anbieter eine bestimmte Menge festsetzen. Damit liegen auch die Gesamtkosten fest, weil so auch die variablen Kosten determiniert sind. Diese Regel ändert sich bei konstanten und gegebenen Kosten und bei Grenzkosten von Null nicht. Die Anbieter unterscheiden sich nicht bezüglich ihrer Preiswürdigkeit im allgemeinen, und sie können auch nicht nach einer allgemeinen Preiswürdigkeit beurteilt werden.[15]

(iv) Die Nachfrager verhalten sich nutzenmaximierend. Die Gesamtnachfrage im Modell und die Präferenzen sind exogen. Alle Nachfrager verfügen über identische Präferenzen. Die Nachfrager müssen nach einem Gut suchen. Die Suchschritte heißen z bzw. z_i. Die Nachfrager sind vor dem ersten Suchschritt, also am Beginn von T_1, schlechter informiert als die Anbieter. Die Informationsasymmetrie bezieht sich auf den Preis und kann in einer endlichen Zahl von Suchschritten abgebaut werden. Eine Umkehrung der Informationsasymetrie

14 Die im folgenden verwendeten Symbole können dem Symbolverzeichnis entnommen werden.

15 Das damit ausgeschlossene Phänomen „price reputation" spielt im verwendeten Modelltyp keine Rolle (Diamond 1987, S. 278). Das bei Nachfragern beobachtbare Verhalten, Anbieter insgesamt nach ihrer Preiswürdigkeit zu beurteilen, erfordert jedoch ebenfalls eine anfängliche Suche zu positiven Kosten, wie sie hier angenommen wird. Deswegen soll hiervon abstrahiert werden.

soll nicht möglich sein. Es liegt ein einmaliger Kauf vor, bezogen auf eine Periode T. Eine Suche über mehrere Perioden ist zulässig, auch ohne dass ein einzelner kauft. Jeder Suchschritt ist kostenpflichtig, und er ist stärker nutzenmindernd als der vorhergehende. Die Nachfrager dürfen sich mehrfach an denselben Anbieter wenden, sie können also Erfahrungen aus früheren Perioden nicht auf einen Anbieter insgesamt beziehen. Eine Kommunikation der Nachfrager untereinander findet nicht statt. Ein privater carry-over der Information ist im Modell bewusst ausgenommen, da so im Extremfall die Informationsübermittlung zwischen Anbieter und Nachfrager überflüssig werden kann. Sinn dieser Abstraktion ist es nicht, das Vorkommen solcher Informationskanäle zu leugnen. Sie sind jedoch nicht allein maßgeblich, insbesondere können sie versagen, wenn andere Nachfrager auch nicht über hinreichendes Wissen verfügen, um inhaltlich zutreffende Auskünfte geben zu können, die die Suche überflüssig machen oder verkürzen können.

Transaktionsnutzen liegt nicht vor. Die Annahme, dass die Nachfrager ihren Nutzen durch Suchen erhöhen können, ist nicht auszuschließen. Dann wäre jedoch eine Suchkostenreduzierung durch Marken sinnwidrig. Für derartige Fälle lässt sich zeigen, dass der Preis über alle Grenzen wächst, bis er von der Budgetrestriktion des Nachfragers begrenzt wird. Im Ergebnis liegt deshalb kein anderer Fall vor als beim noch zu behandelnden positiven Preis-Mengen-Zusammenhang. Die zu maximierende Nutzenfunktion der Nachfrager kann dem Anhang entnommen werden.

Budgetrestriktionen werden im Grundmodell zunächst nicht betrachtet. Endogene Variable des Modells sind p und z_i, das heißt der Preis, der sich „auf Dauer" bildet, und die Anzahl der Suchschritte. Hier interessiert vor allem p. Aus der Anzahl der Suchschritte könnte man eine Tendenzaussage ableiten, wie lange ein Anpassungsprozeß dauert. Eine Herleitung der konkreten Dauer des Anpassungsprozesses ist in diesem Modell nicht möglich.

Exogene Variable sind der Anbietermarktanteil m, die Anzahl der Nachfrager n, die umgesetzte Menge x, der Nachfragernutzen u und der cut-off-price p_c.

Aus den genannten Basisannahmen kann man folgenden Anpassungsprozeß ableiten:[16]

Ein Nachfrager begibt sich auf die Suche nach einem bestimmten Gut. Die Suche verursacht Kosten. Die Suche selbst bringt keinen Nutzen, da Transaktionsnutzen nicht vorliegt. Der Nachfrager ist nicht gezwungen, dieses Gut zu erwerben, und die Begrenztheit seines Budgets spielt keine Rolle.

Er gibt sich für seinen Kauf einen Preis p_c vor, zu dem er maximal kaufen will.

Da ihm alle Anbieter Güterangebote zu fixen, d. h. nicht verhandelbaren Preisen vorgeben, hat er bei jedem Anbieter nur die Wahl, ja oder nein zu sagen. Findet er nur Angebote mit $p \rangle p_c$, kauft er erst in einer späteren Periode, nachdem er seine Preisvorstellungen angepasst hat. Für den Fall von $p \langle p_c$ gilt anderes. Da p_c ein Höchstpreis ist, käme sofort eine Transaktion zustande. Ein großer Differenzbetrag zwischen p und p_c dürfte dennoch in der Regel nicht entstehen. Da die Anbieter Gewinnmaximierung

16 Eine formale Ableitung findet sich mit anderer Symbolik bei Diamond (1971, S. 164 f.)

betreiben, werden sie versuchen, möglichst „nahe“ an p_c heranzukommen bzw. möglichst viele Nachfrager zum Kauf zu bringen. Da Folgekäufe im Grundmodell ausbleiben, betreiben die Unternehmer nur kurzfristige Gewinnmaximierung, und sie werden p möglichst hoch ansetzen. Deshalb wäre $p < p_c$ eher selten.[17] Allerdings könnte bei starker Preiselastizität der Nachfrage eine spürbare Divergenz durchaus auftreten. Zudem sähe sich der Nachfrager in der Folgeperiode einem höheren Anbieterpreis gegenüber, wenn der anfängliche Preis suboptimal festgesetzt worden wäre. Da nicht verhandelt wird und sich der Nachfrager in der dritten Periode bezüglich seines Preises p_c anpasst, steigt der Preis wieder in Richtung auf das Gewinnmaximum des Anbieters, bis dessen Optimum erreicht wird.

Die ökonomischen Vorteile der Suchkostenreduzierung werden auf diese Art und Weise nicht weitergeleitet, sie verbleiben auf Dauer beim Anbieter.

Ein numerisches Beispiel verdeutlicht das Geschehen im Modell. Ein Nachfrager gibt sich vor, ein Gut habe die Preisobergrenze von 100 GE, die eigenen Suchkosten betragen 20 GE, insgesamt liegt also seine Obergrenze bei 120 GE.

Einen Anbieter kostet das Gut 95 GE. Die suche bewertet er mit 10 GE, deshalb beträgt seine Preisuntergrenze bei kostenorientierter Preissetzung 105 GE. Bei 2 Anbietern mit identischer Kostenlage ist sie für beide gleich.

Würde zu 105 angeboten, käme sofort eine Transaktion zustande, es steht aber nicht fest, mit welchem Anbieter, wenn mehrere Anbieter am Markt sind.

Betreibt der Anbieter Gewinnmaximierung, so steigt der Preis, wie schnell auch immer, auf 120 GE an, da der Anbieter sonst aus seiner Sicht „zu billig“ anbieten würde. Bei mehreren identischen Anbietern steht nicht fest, mit welchem Anbieter die Transaktion zustande kommt.

Das Beispiel zeigt darüber hinausgehend noch zwei weitere wichtige Aspekte:

(1) Der Anbieter kann vor allem seinen bestehenden Wissensvorsprung nutzen, der ihm keine zusätzlichen Kosten verursacht. Lägen die Kosten der Informationsgewinnung des Anbieters[18] über denen des Nachfragers, wäre das Angebot, Suchkosten zu reduzieren, mit dem Ziel der Gewinnmaximierung nicht kompatibel. Liegen seine eigenen Suchkosten auf dem Niveau des Nachfragers, ergibt sich aus der Suchkostenproblematik kein spezifisches Ergebnis. Der Nachfrager hätte dann die Wahl zwischen den Kosten durch die eigene Suche und den gleichhohen Kosten der Suche, die ihm der Anbieter durch seine Preissetzung abverlangt. Ausgenommen hiervon ist nur der Fall, dass eine Subventionierung im Bereich des Anbieters erfolgt.

Für mehrere kostengünstige Anbieter gilt das erst recht, da hier nur der kostengünstigste Anbieter einen Vorteil hat. Deshalb spiegeln verschiedene Preise bzw. die Verteilung eines Preises für ein gegebenes Gut die Suchkosten wieder (Diamond 1987, S. 277).

(2) Die fehlende Weiterleitung der Kostenvorteile macht die Reduzierung der Suchkosten für den Nachfrager schnell uninteressant, da Transaktionsnutzen annahmege-

---

17 Das entspricht einer antizipierten Nachfragerreaktion.

18 Sie können modellmäßig vereinfachend mit seinen „Suchkosten“ gleichgesetzt werden. Ein Beispiel für diese Kosten sind Kosten, die bei der Produktentwicklung darauf entfallen, sich Wissen über das eigene Produkt anzueignen.

mäß ausgeschlossen worden ist. Ein rationaler Nachfrager interessiert sich deshalb nicht dauerhaft für die Suchkostenreduzierung eines Anbieters, wenn er selbst suchen kann.

Die Variation der tragenden Prämissen des Modells zeigt, worauf die Suchkostenreduzierung im Kern beruht. Das Handelsverfahren ist eine der Schlüsselstellen des Modells. Nur wenn die Verkäufer die Preise einseitig festsetzen, bleibt die Anpassung auf der Seite der Nachfrager. Das lässt sich auch umkehren. Setzen die Nachfrager die Preise fest, sinken die Preise auf ein Minimum, weil sich nun die Anbieter anpassen müssen (McMillan/Rothschild 1994, S. 907). Das bedeutet, dass zwar das Handelsverfahren bedeutsam ist für die Höhe der Preise, aber in beiden Fällen bildet sich ein einheitlicher Preis, so dass ein Wettbewerbsvorteil für einen der Beteiligten nicht länger vorliegt als die Suche dauert bzw. gedauert hätte, wenn der Nachfrager selbst gesucht hätte. Der Wettbewerbsvorteil ist um so weniger dauerhaft, je weniger Suchschritte erforderlich sind, um den Einheitspreis zu erreichen. Je größer der Informationszuwachs der Nachfrager bei einem Suchschritt, desto schneller verringert sich der Wettbewerbsvorteil.

Aus der Bedeutung des Preissetzungsverfahrens kann auch unmittelbar darauf geschlossen werden, dass das Vorliegen von Preisanpassung im Modell eine tragende Prämisse ist. Bei einem anderen Nachfragerverhalten wäre ein „Herantasten" der Nachfrager an den gegebenen Preis nicht möglich. Die dem Nachfragerverhalten zugrundeliegende Abwägung zwischen weiterer kostenpflichtiger Suche und der Höhe des durch die Anbieter vorgegebenen Preises wäre nicht mehr erfasst.

Wenn Butters (1977) in einem anderen Modell zeigt, dass sich bei bestehenden Suchkosten kein einheitlicher Preis bildet, steht das den hier getroffenen Aussagen nicht entgegen, weil er annimmt, dass Werbung verschiedenes Preiswissen bei verschiedenen Nachfragern erzeugt (Butters 1977, S. 482; Diamond 1987, S. 278). Zudem hat das Modell von Butters einen entscheidenden Nachteil. Die Verteilung der Preise hängt von Parametern ab wie z. B. einem Gewinnzuschlag, einer angenommen Preisobergrenze u.ä., deren Schätzung in einem realen Fall aus der a-priori-Perspektive kaum möglich ist. Deswegen kann ein Unternehmen aus dem Butters-Modell für sein eigenes Verhalten nichts ableiten.

Bedeutsam für das Verständnis des modellierten Suchprozesses sind auch die folgenden Variationen (Diamond 1971, S. 165 ff.):

Ein zweiter Nachfragertypus tritt auf, der Erfahrungen bezüglich des Preises mitbringt, ohne anfänglich gesucht zu haben. Dadurch ergibt sich eine Beschleunigung im Anpassungsprozeß hin auf p, der für die Anbieter gewinnmaximal ist, aber keine Veränderung des gewinnmaximalen Preises selbst. Korrekt dürfte die Interpretation sein, dass diese Nachfrager sich ein realistischeres p_c vorgeben. Das ähnelt den Resultaten von Butters (1977), der nicht ausschließt, dass der Preis auf das Gewinnmaximum für die Unternehmen ansteigt, sondern nur, dass sich ein einheitlicher Preis bildet. Da Werbung auch im Modell von Butters Kosten verursacht, gibt es keine allgemeingültige Antwort auf die Frage, wo ein höherer Gewinn erzielt wird. Ähnliche Resultate lassen sich durch den Erwerb von Preis-Wissen erzielen. Ein solcher Fall liegt vor, wenn sich Nachfrager einen „price-guide" beschaffen (Diamond 1987, S. 278).[19]

Schlüsselbedeutung hat auch der in jeder Periode konstante Anteil der Nachfrager, die einen Anbieter aufsuchen. Der für die Anbieter gewinnmaximierende Preis wird dann nicht erreicht, wenn die beteiligten Anbieter (kurzfristige) Gewinnmaximierung betreiben, sondern Gewinnerwartungen erst bei zukünftigen Wiederholungskäufen realisiert werden. Die Verlagerung der Gewinne in spätere Perioden entspricht dabei einer Subventionierung von Verlusten in der Gegenwart durch zukünftige Gewinne. Eine Gewinnfunktion $G(x_i;p_i)$ wäre dann nicht mehr unverändert darzustellen. Es wäre ein Absolutbetrag von G zu subtrahieren, der den diskontierten späteren Gewinnen entspricht.

Bei Änderung der Gewinnfunktion können multiple Gleichgewichte auftreten, wenn man von der Konvexitätsannahme bezüglich der Zielfunktion des Anbieters abrückt (Diamond 1971, S. 166). Plastisch kann man sich das so vorstellen, dass der Graph der Gewinnfunktion nicht mehr nach außen gebogen ist, sondern „Wellen" aufweist. Ursachen dafür können verschiedene Preiselastizitäten in verschiedenen Bereichen sein.

Entfällt die Konvexitätsannahme, wird der Preis p aus dem Basismodell möglicherweise nicht mehr erreicht, weil das Setzen eines (einzigen) gewinnmaximierenden Preises durch die Anbieter nicht mehr möglich ist. Es kann dann passieren, dass p_c die Preisobergrenze angibt. Wenn die Anbieter einen Preis festsetzen, der nur ein lokales Maximum ihrer Gewinne liefert, dann hängt es von der Wahl des p_c durch die Nachfrager ab, welcher Preis entsteht. Bestehen mehrere lokale Maxima, sind auch mehrere Preise denkbar.

Ein weiteres numerisches Beispiel macht das deutlich: Wenn ein Anbieter Preise von 5 GE oder 8 GE festsetzen könnte, weil beide Preise ein (jeweils lokales) Gewinnmaximum liefern, soll er 5 GE wählen, um durch den niedrigen Preis Käufer anzulocken. Das setzt voraus, dass der Anbieter Kosten von weniger als 5 GE hat, wenn er nicht auf Kompensationen angewiesen sein will. Wenn sich die Nachfrager 7 GE als Preisobergrenze vorgeben, wird zu 5 GE verkauft. Es erfolgt *keine* Steigerung auf 8 GE.

Das Beispiel zeigt erneut, dass die Kostensituation von besonderer Bedeutung ist. Nur bei „geringen" eigenen Kosten kann der Anbieter zu 5 GE ein Gut anbieten, wenn er nicht auf Ausgleiche durch Folgekäufe oder andere Produkte angewiesen sein will.

Essentiell für die Ergebnisse des Basismodells ist aber auch eine konstante Preiselastizität der Nachfrage im gesamten Bereich, also eine einheitliche Preis-Absatz-Funktion. Davon kann allenfalls in „kleineren" Bereichen ausgegangen werden. Das bedeutet, dass der beschriebene Anpassungsprozess nur zutrifft, wenn die anfänglichen Preise nicht besonders „weit" auseinander liegen. So liegt zwischen allen für den Anpassungsprozess relevanten Preisen nur ein kleines Intervall, für das man eine solche Elastizität annehmen kann.

Nicht überschätzt werden sollte hingegen die Bedeutung der Homogenitätsprämisse. Das Modell untersucht die Entwicklung der Preise, wenn eine Suchkostenreduzierung eingesetzt wird. Aus den Ergebnissen kann man schließen, dass im Basismodell

19 Zu berücksichtigen wären allerdings die Beschaffungskosten.

die Suchkostenreduzierung *als solche* keinen Wettbewerbsvorteil auf Dauer bieten kann. Insbesondere liegen beim Fehlen von Zutrittsbarrieren keine relevanten Wettbewerbsvorteile irgendeines anbietenden Unternehmens vor, wenn andere bislang in diesem Markt nicht tätige Unternehmen ebenfalls suchen können. Die feste Zahl von Anbietern ist also für die Ergebnisse wichtig.

Es lassen sich Bezüge zu informationsökonomischen Gütertypologien herstellen, auf die im fünften Kapitel der Untersuchung ausführlich eingegangen werden wird.

Nicht behandelt ist in dem Modell der Fall der Kommunikation der Nachfrager untereinander. Diamond (1987, S. 278) erwähnt den Fall der „word of mouth propaganda". Aus der hier vertretenen Sicht hieße das im Fall der Suchkostenreduzierung, dass die Nachfrager untereinander Informationen austauschen, die die Suche verkürzen, ohne dass ihnen hierfür Kosten in Rechnung gestellt würden. Im Extremfall wäre die Suche überflüssig. Eine separate Behandlung dieser Frage erscheint nicht geboten, weil die möglichen Ergebnisse auf der Hand liegen. Außerdem handelt es sich um einen Spezialfall der Zutrittsbarrieren auf einem Markt für Informationen: Bestehen Zutrittsbarrieren, so können andere Nachfrager keine relevanten Informationen liefern, denn sonst würden sie zu Anbietern dieser Informationen. Von den eigentlichen Anbietern müsste dann nur noch das Gut selbst gekauft werden. Nach dem Handelsverfahren, das im Basismodell vorgesehen ist, müssten die Käufer dann trotzdem irgendwann ihren Preis p_c auf den für die Anbieter gewinnmaximierenden Preis p steigern.

Damit sind die tragenden Prämissen aufgedeckt. Dies sind neben der Informationsverteilung die Barrieren, das Preissetzungsverfahren, die Kosten der Suche für Anbieter und Nachfrager,[20] die Preiselastizitäten, die (hier als exogen betrachteten) Präferenzen, das Auftreten von Wiederkäufen, das hier durch die Behandlung der experience quality angesprochen werden wird,[21] die Variation der Preise durch die Anbieter im Zeitablauf (McMillan/Morgan 1988).

Im Ausgangsmodell nicht vorgesehen ist der Fall, dass die Preissteigerungen die nachgefragte Menge nicht senken, sondern steigern.

Zu variieren ist die Gewinnfunktion G (p) in ihrer konkreten Gestalt. Hier gilt also $\partial x / \partial p \rangle 0$. Auf diese Art ist es ebenfalls möglich, heterogene Güter in das Modell einzuführen. Dahinter kann sich folgender Zusammenhang verbergen: Die (uninformierten) Nachfrager können den Preis als Indikator für die Qualität nutzen. Da der Nachfragernutzen mit der Qualität steigt, steigert ein höherer Preis tendenziell auch den Nutzen (Diamond 1987, S. 276 f.). Zugleich kann dann der Fall vorliegen, dass der Nachfrager sich a-priori nicht anders informieren kann.

Im allgemeinen können auch andere Effekte existieren, bei denen ein positiver Zusammenhang zwischen Preis und Menge besteht. Eine wichtige Möglichkeit ist der sogenannte Veblen-Effekt, bei dem der Preis die Nachfrage aus Prestigegründen steigert, weil er selbst Argument der Nutzenfunktion ist (z. B. Bagwell/Bernheim 1996, S. 349). Die Nutzung des Preises als Qualitätsindikator ist ebenfalls von Bedeutung, weil

---

20 Neuere Modelle (Nachweise bei McMillan/Rothschild 1994, S. 912) behandeln auch verschiedenartige Suchverfahren der Nachfrager. Diese führen zwar zu anders strukturierten Kosten bei den Nachfragern, die Modellergebnisse ändern sich dadurch jedoch nicht grundsätzlich, da die Suche stets kostenpflichtig und nutzenmindernd ist.

21 Eine vertiefte Erörterung erfolgt im fünften Kapitel.

auch durch den von Nachfragern vermuteten Preis-Qualitäts-Zusammenhang steigende Preise zu steigenden nachgefragten Mengen führen können. Der Fall, dass der Preis Angebot und Nachfrage in gleicher Weise steigert, soll aus der Betrachtung ausgeschlossen werden. Andernfalls könnte es passieren, dass das Modell unlösbar würde. Zudem ist es unwahrscheinlich, dass in einer realen Situation eine Konstellation vorliegt, in der die bei beiden partiellen Differentialquotienten genau gleich sind. Wegen der Preissteigerungstendenz müssen im Fall des positiven Preis-Mengen-Zusammenhangs Budgetrestriktionen der Nachfrager beachtet werden.[22]

Bleibt es bei der Annahme aus dem Basismodell zur Suchkostenreduzierung, dass der Markt für neue Anbieter abgeschottet ist, kann der sog. Schmalensee-Effekt nicht auftreten, d. h. es treten keine Imitatoren am Markt auf, deren Leistungsangebote hohe Preise und geringe Qualität verbinden (Schmalensee 1978).

Das Marktgeschehen kann man sich dann folgendermaßen vorstellen:

Ein Nachfrager gibt sich einen Preis p_c vor, zu dem er mindestens kaufen will. Die Güterangebote sind ihm von den Anbietern vorgegeben. Findet er nur Angebote unterhalb von p_c, die ihm dann einen vergleichsweise geringen Nutzen bringen, verschiebt er seinen Kauf in eine spätere Periode, nachdem er seine Vorstellungen angepasst hat.

Wenn der vorgefundene Preis p über p_c liegt, wird ein Kauf erfolgen, wenn p mit dem Budget des Nachfragers noch vereinbar ist.

Da die Anbieter Gewinnmaximierung betreiben, werden sie versuchen, ein möglichst hohes p vorzugeben. Kennen sie den höchstmöglichen Preis, den der Nachfrager zahlen kann, würde p sofort auf diesen Höchstpreis festgesetzt.

Damit ist der Fall $\partial u/\partial p \rangle \partial x/\partial p$ abgehandelt. Im umgekehrten Fall würde sich ein Preis „irgendwo" zwischen p_c und dem Höchstpreis bilden, der mit der Budgetrestriktion des Nachfragers vereinbar ist.

Die Beschreibung des Marktgeschehens zeigt, dass in diesem Fall die Suchkostenreduzierung als Wettbewerbsvorteil erheblich interessanter ist, wenn ein gewinnmaximierender Anbieter sie als Wettbewerbsvorteil nutzen will.

Die Bedeutung der anderen tragenden Prämissen, die dem Standardmodell zugrunde liegen, wird dadurch nicht geschmälert. Sie bleiben unverändert entscheidend.

3.3.1.2 Identifikation im Sortiment eines Absatzagenten

Der Absatz von Gütern erfolgt oft indirekt, also mit Hilfe von Absatzmittlern (Gutenberg 1955, S. 117). Das kann aus der Perspektive von herstellenden Unternehmen insbesondere der Handel sein, es finden sich aber auch Beispiele für die Distribution von Diensten durch Absatzmittler. Im Bereich des Tourismus werden Reisedienstleistungen über Reisebüros distribuiert. Das kann auch für die Distribution von anderen Transportdienstleistungen beobachtet werden. Sowohl in der Praxis als auch in der wirtschaftswissenschaftlichen Literatur wird davon ausgegangen, dass die Marke das zentrale Instrument ist, um zur Macht dieser Absatzmittler, insbesondere der Macht des Handels ein Gegengewicht zu schaffen (Böger 1990, S. 106 ff.). Die folgende Darstellung soll sich auf Aspekte in diesem Zusammenhang konzentrieren. Dazu sollen

22 Eine formale Darstellung dieser Konstellation kann dem Anhang entnommen werden.

relevante Teile der Prinzipal-Agent-Theorie dargestellt werden, die dann unmittelbar auf die Markierung bezogen werden.

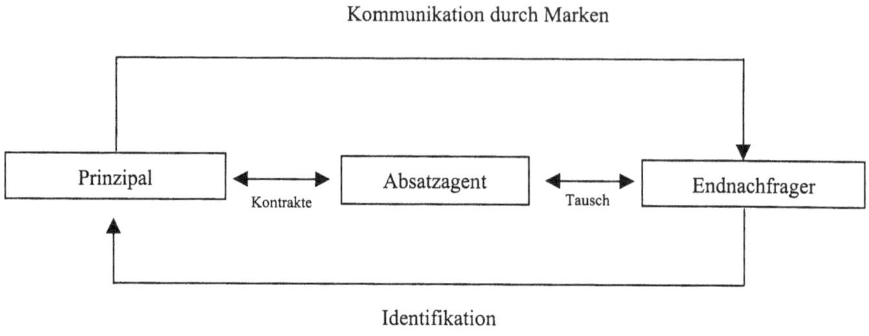

Abb. 10: Beziehungen zwischen Prinzipal, Absatzagent und Endnachfrager
Quelle: Eigene Darstellung

Die Grundsatzannahmen der Prinzipal-Agent-Theorie sind bereits dargestellt worden.[23]

Unter den genannten Annahmen wird der Agent seinen Informationsvorsprung nutzen, indem er eigennützig und mit möglichen Schäden für den Prinzipal seine persönlichen Ziele verfolgt (Fischer 1995, S. 320).

Die Aussagen der Prinzipal-Agent-Theorie sind nicht auf bestimmte Beziehungen oder vertragliche Vereinbarungen beschränkt. Sie können deshalb auch auf die Beziehung zwischen Herstellern und ihren Absatzmittlern bezogen werden, jedoch nicht uneingeschränkt. Auf den ersten Blick liegt es nahe, dem Hersteller die Rolle des Prinzipals und dem Absatzmittler die Rolle des Agenten zuzuweisen. Hersteller und Absatzmittler verfolgen als rational handelnde Wirtschaftssubjekte konträre Ziele und Interessen: Beide agieren nach dem erwerbswirtschaftlichen Prinzip. Gewinnoptimierung steht im Vordergrund. Daraus können erhebliche Konflikte bei der Bestimmung des Anteils an der Vertriebsspanne eines Produktes für das jeweilige Unternehmen entstehen. Zur Abdeckung der Kosten für die übernommenen absatzwirtschaftlichen Funktionen und zur Erzielung eines Beitrages zum Unternehmensgewinn kann eine Vertriebsspanne herangezogen werden, die zwischen den beiden Parteien aufgeteilt werden muss. Der Kampf um den Anteil hieran kann im Verhältnis zwischen Hersteller und Handel das Kernproblem sein. Das gilt um so mehr, je weniger sich Preiserhöhungen gegenüber den Endnachfragern durchsetzen lassen, so dass eine Nullsummenproblematik entsteht (Irrgang 1989, S. 7 ff.).

Unsicherheit über zukünftige Ereignisse, die Einfluss auf das vom Absatzmittler erzielbare Ergebnis haben oder haben können, können ebenfalls beobachtet werden. So

23 Siehe Abschnitt 3.2.

sind allumfassende Prognosen über die zukünftige (End-)nachfrage nur in einem begrenzten Rahmen möglich.

Die Informationsasymmetrie zu Lasten des Prinzipals ist eine weitere Voraussetzung. Sie kann sich, je nach Lage des Einzelfalls aus verschiedenen Aspekten ergeben. Die Einführung der Scannertechnologie im Handel verschafft diesem einen Informationsvorsprung, weil die genaue Kenntnis der Abverkaufsdaten durch diese Technologie ausgenutzt werden kann (Hallier 1995, S. 104). Es können Wirkungszusammenhänge exakter durch den Handel analysiert werden. Dazu kommt ein Informationsvorsprung bezüglich der Aktivitäten konkurrierender Hersteller. Insgesamt kann eine Konzentration der „Informationsmacht" beim Handel festgestellt werden (Litzinger 1995, S. 273, 276).

Ein Informationsvorsprung kann sich auch bei der Zurechnung von Kosten des Absatzmittlers auf die abgesetzten Produkte ergeben. Hat er überwiegend fixe Kosten, so kann durch die Wahl eines Gemeinkostenschlüssels bei Verhandlungen mit dem herstellenden Prinzipal eine Situation vorgetäuscht werden, die nicht vorliegt. Insbesondere ist es möglich, damit in heiklen Verhandlungsgesprächen legitimierende „hohe" Kosten vorzutäuschen, um die eigene Position zu verbessern. Zugleich ist das ein Beispiel für möglichen Opportunismus. Dieses opportunistische Verhalten kann auch zahlreiche andere konkrete Formen annehmen. Zahlreiche Beispiele lassen sich im Bereich zwischen Hersteller und Handel finden. Ein wichtiges Beispiel ist das Bevorratungsverhalten des Handels bei Sonderpreisaktionen. Der Handel kann sich mit Ware zu Aktionspreisen bevorraten, und die Ware anschließend zum Normalpreis verkaufen. Auch eine Weitergabe an andere Händler oder in andere Regionen ist möglich (Litzinger 1995, S. 273). Täuscht ein Händler bei den Verhandlungen über den Umfang der von ihm erbrachten Leistungen und erhält deswegen Rabatte, kann sich der Hersteller dagegen nur schlecht wehren (Arbeitskreis 1995, S. 190 f.). Der Hersteller kann über den Umfang seiner Leistungen ebenfalls täuschen, muss aber mit schnelleren Sanktionen rechnen, da der Handel entsprechende Täuschungen schneller aufdecken kann (Litzinger 1995, S. 274).

Die wesentliche Einschränkung der vorstehenden Überlegungen bezieht sich auf die betroffene Güterart. Für Kontraktgüter müssen deutliche Einschränkungen bei der Geltung der getroffenen Aussagen gemacht werden. Unter Kontraktgütern versteht man solche Güter, für deren effizienten Tausch man einen Vertrag benötigt, der zukünftige Leistungen verspricht, weil eine Partei eine spezifische Investition vornimmt, deren Erfolg auch vom Verhalten des Tauschpartners abhängt (Macneil 1978, S. 865; Alchian/Woodward 1988, S. 70 f.; Williamson 1990, S. 78 ff.; Schade/Schott 1991; Schade/Schott 1993). Werden dem Endnachfrager Kontraktgüter angeboten, ist es möglich, dass ein Handelsunternehmen die Leistung spezifiziert und die Ausführung an das Herstellerunternehmen deligiert. Dann würde der „Absatzmittler" Handel zum Prinzipal und der Hersteller zum Agenten (Kaas 1992a). Die Dinge lägen also genau umgekehrt zu der vorher geschilderten Lage. Deshalb kann diese Konstellation nicht mit erfasst werden. Damit soll jedoch keine allgemeine Aussage dazu getroffen werden, ob es nicht auch die Möglichkeit im Bereich des Kontraktgütermarketing gibt, dass der Hersteller Prinzipal sein kann. Es geht nur um eine Schwerpunktsetzung innerhalb einzelner Güterkategorien, auf die noch zurückzukommen sein wird.[24]

Insgesamt kann davon ausgegangen werden, dass die Grundannahmen der Prinzipal-Agent-Theorie in zahlreichen Fällen des indirekten Absatzes erfüllt sind. Dadurch entsteht eine Verhaltensunsicherheit, die in zwei Gruppen von Opportunismus eingeteilt werden kann, nämlich hidden information und hidden action (Arrow 1985, S. 38).

Von hidden information wird gesprochen, wenn der Agent Informationen über den Umfang seiner Handlungsmöglichkeiten und deren Risiken vor dem Prinzipal verbirgt (Arrow 1985, S. 38). Der Unterfall der hidden intention liegt vor, wenn der Prinzipal das Verhalten des Agenten im nachhinein beobachten kann, zum Zeitpunkt der Entscheidungsfindung anders als der Agent nicht weiß, wie sich dieser verhalten wird (Sewing 1994, S. 67). Eine weitere Konstellation im Rahmen der hidden information wird hidden characteristics genannt. Dabei ist der Agent zum Zeitpunkt des Vertragsschlusses besser über Eigenschaften seiner Person informiert, die den Wert seiner Leistung für den Prinzipal beeinflussen. Eine Veränderung dieser Merkmale nach Vertragsschluss ist nicht möglich (Spreman 1990, S. 566). Die beiden Fälle der hidden information entsprechen der Adverse Selection (Arrow 1985), die später noch zu behandeln ist. Es handelt sich in dem hier vorliegenden Untersuchungszusammenhang schwerpunktmäßig um ein Problem der Kommunikation von Qualität durch entsprechende Signale, die eine Differenzierung ermöglichen. Die Funktionen greifen hier insofern einander, als sie sich ergänzen.

Von hidden action spricht man, wenn der Agent nach Abschluss des Vertrages gezielt Maßnahmen ergreift, die ihm selbst zu Lasten des Vertragspartners einen Vorteil bringen (Kaas 1992, S. 24). Der Prinzipal ist jedoch nicht in der Lage, dieses Verhalten des Agenten zu beobachten oder zu beurteilen (Kaas 1992a; Fischer 1995, S. 320). Typische Verhaltensweisen des Handels gegenüber Herstellern wie das Bevorratungsverhalten bei Sonderpreisaktionen lassen sich als hidden action erfassen (Litzinger 1995, S. 273).

Zwar verursacht jede der genannten Typen spezifische Verluste für die Beteiligten, allerdings kann nicht ganz allgemein gesagt werden, welcher Typ von Opportunismus in dem Verhältnis zwischen Hersteller und Absatzagent vorliegen könnte. Dies ist eine Frage des Einzelfalls. Andernfalls könnte der Opportunismus vorhergesehen werden, und es wäre möglich, das gesamte Problem von vornherein zu vermeiden. Da eine reibungslose Kooperation (first-best-design) wegen der Verhaltensannahmen und Interessengegensätze kaum erreichbar ist, wird eine second-best-Lösung angestrebt, die die Verluste der Beteiligten im Vergleich zum Ideal verringert (Wenger/Terberger 1988, S. 507 f.).

Eine andere Systematik geht auf Jensen und Meckling (1976) zurück. Die Kosten einer Prinzipal-Agenten-Beziehung, die „agency costs“, sind zu minimieren. Sie lassen sich danach in die Kategorien Monitoring-Kosten, Bonding-Kosten und Residualverlust einteilen.

Monitoring-Kosten sind Aufwendungen, die auf Seiten des Prinzipals bei der Überwachung des Agentenverhaltens anfallen. Durch ihren Einsatz soll der Agent da-

24 Eine vertiefte Diskussion erfolgt unter 5.3.

zu veranlasst werden, sein beobachtbares Verhalten aus Furcht vor Sanktionen im Sinne des Prinzipals einzusetzen. Diese Gruppe dürfte für die Frage der Markierung weniger wichtig sein, da es sich dabei nicht um ein Instrument der Überwachung von beobachtbaren Aktivitäten handelt.

Bonding-Kosten sind Aufwendungen, die auf Seiten des Agenten durch dessen freiwillige Selbstbeschränkungen bei Entscheidungen entstehen. Diese Kosten fallen an, wenn der Agent in die Prinzipal-Agent Beziehung einwilligt und dabei auf einen Teil seines möglichen Handlungsspielraums verzichtet. Indirekt werden die Bonding-Kosten dem Prinzipal aufgebürdet, da sonst der Agent nicht in die Prinzipal-Agent-Beziehung einwilligen würde. Investiert also ein herstellender Prinzipal in eine Marke, kann er das so markierte Produkt dem Absatzmittler (Agenten) „aufnötigen" und diesen Agenten dazu bewegen, auf opportunistisches Verhalten zu verzichten, weil andernfalls die Versorgung mit dem Markenartikel abgebrochen wird. Die Kosten dafür trägt in Gestalt der Werbeaufwendungen der Hersteller.

Der Residualverlust stellt die in Geldeinheiten ausgedrückte Nutzeneinbuße des Prinzipals dar, die daraus resultiert, dass der Agent nicht diejenige Aktion wählt, die den erwarteten Nutzen des Prinzipals bei ansonsten optimaler Kontrolle maximiert hätte.

Monitoring- und Bonding-Kosten sind die Folge der Bemühungen, den Residualverlust zu minimieren (Schneider 1987, S. 483), also sind dies auch die Kosten der Markierung.

Die beiden hier vorgestellten Einteilungen der Verluste, die eine Prinzipal-Agent-Beziehung bringen kann, haben den Nachteil, dass eine allgemeingültige Zuordnung von realen Fallgruppen nicht möglich bzw. nicht intendiert ist. Eine solche Zuordnung muss der Untersuchung von Einzelfällen vorbehalten bleiben. Deswegen sind diese Einteilungen relevant, ohne dass unmittelbar ganz allgemeine Aussagen an dieser Stelle abgeleitet werden könnten.

Zugleich muss einem möglichen Missverständnis vorgebeugt werden: Die Marke ist nur ein Bestandteil eines umfassenden Anreizsystems zwischen Prinzipal und Absatzagent.

Die grundlegende Prinzipal-Agenten-Theorie hat einige Erweiterungen erfahren, von denen die meisten für die Untersuchung nicht von Bedeutung sind. Das gilt nicht für die Einbeziehung der Lernfähigkeit des Prinzipals, die Existenz mehrerer Agenten und die Wiederholung gleichartiger Transaktionen zwischen identischen Beteiligten. Die folgende Aufzählung gibt einen Überblick über hier relevante Erweiterungen der Prinzipal-Agent-Theorie:

- Lernfähigkeit des Prinzipals
- Existenz verschiedener Agenten
- Wiederholung von Transaktionen

Alle drei genannten Erweiterungen können zu einer Verringerung des Residualverlustes führen. Bei der Wiederholung gleichartiger Transaktionen mit identischen Partnern besteht die Möglichkeit, dass der Prinzipal derselben Täuschung nicht noch einmal erliegt. Die Informationsasymmetrie verringert sich dann, und der Residualverlust sinkt.

Bei der Existenz mehrerer Agenten muss danach unterschieden werden, ob sich die Agenten gleichartig oder verschieden voneinander verhalten.

Bei gleichartigem Verhalten liegt keine fundamentale Veränderung gegenüber dem Grundmodell vor, weil die Prämissen unverändert gelten. Die Agenten, die ja selbst auch Unternehmen sind, verhalten sich gleich oder sehr ähnlich. Das ist auch ohne ausdrückliche Absprachen möglich. Allgemein kann ein solches Parallelverhalten von Unternehmen vor allem bei engen Oligopolen, bei homogenen Gütern und in späten Marktphasen beobachtet werden (Wied-Nebbeling 1994, S. 183 ff.). In Einzelfällen kommt es auch in anderen Konstellationen vor. In einigen Bereichen gibt es ein hohes Maß an Konzentration im Handel. Ein Beispiel dafür ist der Lebensmitteleinzelhandel (Zentes 1996; Olbrich 1998). Ein solch hohes Maß der Handelskonzentration führt dann tendenziell dazu, dass ein Prinzipal-Agent-Problem in seiner Grundform vorliegt. Das steigert die Bedeutung der Marke, weil sie ein Instrument ist, das es ermöglicht, eine Gegenmachtposition aufzubauen.

Verhalten sich die Agenten verschiedenartig, sind andere Konsequenzen zu erwarten. Ist der Prinzipal in der Lage, die Agenten zu „entfernen", die den größten Verlust zu verantworten haben, nähert er sich der first-best-Lösung. Die Bedeutung der Marke sinkt dann. Ist er dazu nicht in der Lage, bleibt die Bedeutung der Marke erhalten. Ist der Prinzipal in der Lage, durch Erfahrungen mit Agenten für den Umgang mit anderen Agenten zu lernen, sinkt die Informationsasymmetrie, und der Residualverlust sinkt. Dann sinkt auch die Wichtigkeit der Marke.

Die Lernfähigkeit des Prinzipals ist also in Verbindung mit den anderen beiden Änderungen von Bedeutung. Die Geschwindigkeit des Lernens ist dabei ebenfalls ausschlaggebend. Je schneller der Prinzipal lernt, um so leichter lässt sich die Informationsasymmetrie abbauen, und um so weniger wichtig ist die Marke.

Die folgende Tabelle gibt einen Überblick über die relevanten Erweiterungen der Prinzipal-Agent-Theorie und deren Auswirkungen auf die Markenfunktion „Identifikation im Sortiment eines Absatzagenten".

Erweiterungen der Prinzipal-Agent-Theorie	**Auswirkungen auf die Markenfunktion „Identifikation im Sortiment eines Absatzagenten"**
Existenz verschiedener Agenten	Bei verschiedenartigem Verhalten der Agenten kann die Marke weniger wichtig werden.
Lernfähigkeit des Prinzipals	Die Marke wird weniger wichtig.
Wiederholung von Transaktionen	Die Marke wird weniger wichtig, wenn der Prinzipal lernfähig ist.

Tab. 4: Auswirkungen erweiterter Prinzipal-Agent-Theorien im Rahmen der Markenfunktion „Identifikation im Sortiment des Absatzagenten"
Quelle: Eigene Darstellung

Für die Markenpolitik bleibt die Erkenntnis, dass die Investition in das Markenkapital unter dem Aspekt dieser Markenfunktion nicht höher sein sollte als der drohende Verlust durch den Opportunismus des Absatzmittlers. Wie hoch dieser drohende Verlust ist, ist eine Frage des Einzelfalls. Das ist insofern neu, als die Ermöglichung von Pull-Strategien als Gegengewicht zur Handelsmacht in der Regel zwar als eine Aufgabe von Marken dargestellt wird (z. B. Gries 1987, S. 412), eine Betrachtung der wertmäßigen Obergrenze unterbleibt aber. Diese Obergrenze ist um so niedriger, um so mehr andere Möglichkeiten zum Abbau der Informationsasymmetrie genutzt werden. Die Übermacht des Agenten sinkt dann, und sie muss nicht allein mit der Möglichkeit bekämpft werden, das Produkt in dessen Sortiment wiedererkennen zu können.

3.3.2 Ermöglichung einer Differenzierung

3.3.2.1 Einordnung der Marke als Signalling-Instrument

Der Begriff des Signalling geht auf Spence (1973) zurück. Er versteht darunter eine von mehreren Arten der Informationsübertragung durch die besser informierte Marktseite an die schlechter informierte Seite. Im Unterschied dazu stehen die Indices, die ebenfalls eine Möglichkeit der Informationsübertragung von der besser informierten zur schlechter informierten Seite sind. Dabei handelt es sich um ein beobachtbares, nicht beeinflussbares Attribut eines Individuums (Spence 1973, S. 357). Für die Marke trifft das nicht zu, da sie Gegenstand der Gestaltung durch Anbieter ist.

Die Signale dagegen sind beobachtbare Merkmale eines Individuums, die von diesem manipulierbar sind (Spence 1973). Sie eignen sich nur bedingt dazu, eine Trennung zwischen guten und schlechten Qualitäten zu ermöglichen. Dazu müssen die Kosten des Signals negativ mit der Leistung korreliert sein, da nur so die Imitation nicht lohnt (Spence 1976, S. 592; Hauser 1979, S. 742). Auf diese Art ist es günstiger für die Anbieter guter Qualität, die Güte ihrer Produkte zu signalisieren. Nicht alle Signale erfüllen jedoch diese Aufgabe uneingeschränkt. Da falsches Signalling, also das Setzen von Fehlsignalen, eine Verschlechterung für das Funktionieren des Marktes bringt (Wernerfelt 1988, S. 459), muss dies ausgeschlossen werden. Signale werden deshalb weiter in diskriminationsfähige und nicht diskriminationsfähige Signale einteilen. Die diskriminationsfähigen Signale ermöglichen eine qualitätsorientierte Trennung. Die nicht diskriminationsfähigen Signale ermöglichen sie nur von Fall zu Fall, sie lassen keine eindeutige Unterscheidung von seriösen und opportunistischen Anbietern zu. Sind die Signalkosten für alle Anbieter gleich hoch, so kann der Gebrauch unabhängig von der Produktqualität erfolgen (Müller 1994, S. 90). Anhaltspunkte für diese Situation sind im Fall der Marke jedoch nicht erkennbar. Eine Beispiel für ein nicht diskriminationsfähiges Signal ist der Preis, wenn er als Qualitätsindikator gebraucht wird (Klein/Leffler 1981, S. 618; Wolinsky 1983, S. 648).

Die diskriminationsfähigen Signale können weiter in contingent contracts und exogenously costly signals unterschieden werden. Bei den contingent contracts fallen die Kosten des Signals erst nach dem Leistungsaustausch an, und sie hängen von der Reaktion des Signalempfängers ab. Im Fall der exogenously costly signals dagegen fallen die Kosten des Signals für den Anbieter beim Erwerb des Produkts durch den Käufer an (Müller 1994, S. 86). Hier wird von Teilen der Literatur die Reputation eingeordnet, verstanden als der gute Ruf eines Anbieters (Ringbek 1986, S. 7 ff.).

Die folgende Abbildung gibt einen Überblick über begriffliche Grundlagen der Informationsübertragung von der besser informierten Marktseite aus:

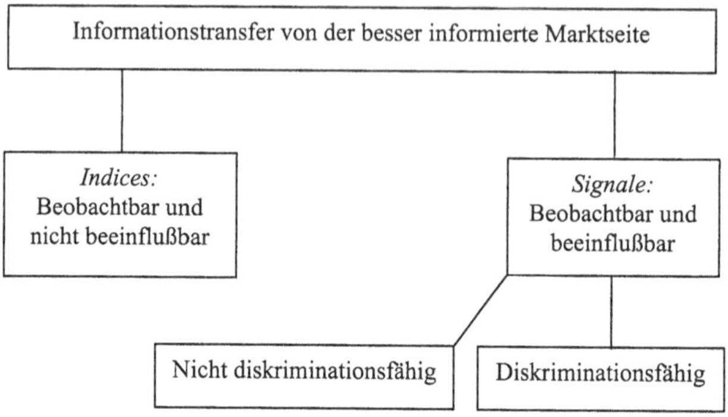

Abb. 11: Grundlagen von Informationsübertragungen von der besser informierten Marktseite
Quelle: Eigene Darstellung

Zwei Beschränkungen stammen aus dem Bereich der Mathematik entsprungenen Spieltheorie, sie lassen sich jedoch inhaltlich auch ohne deren komplexe Methodik darstellen. Die erste Einschränkung ist erforderlich, um ein zur Differenzierung sinnvolles Signalling zu ermöglichen. Signalling kann zum Marktzusammenbruch führen, wenn die Produktivität in die Signalinvestition höher ist als die Produktivität der Investitionen in die Produktqualität.[25] Die Anbieter investieren dann bei bestehender Budgetrestriktion mindestens teilweise in die Signale statt in die Qualität. Dadurch würde die Diskriminationsfähigkeit wieder aufgehoben (Nöldecke 1992).

Die zweite Einschränkung betrifft die dynamische Betrachtung des Reputationsphänomens. Bei Vorliegen eines unendlichen Planungshorizonts kann ein anbietendes Unternehmen danach unter bestimmten Bedingungen[26] eine Qualitätsreputation durch spezifische Investitionen aufbauen (Shapiro 1983, S. 662 f.). Der Planungszeitraum kann in Perioden zerlegt werden, und die Investition geht der Reputation zeitlich voraus. Ein Abbau der Reputation erfolgt jedoch niemals, weil sie stets in der Folgeperiode benötigt wird (v. Ungern-Sternberg/v. Weizsäcker 1981, S. 622). Diese Überlegung ist für einen zeitlich begrenzten Planungshorizont jedoch nicht gültig (Kreps/Wilson 1982; Milgrom/Roberts 1982). Liegt ein endlicher Planungshorizont vor, kann durch eine Rückwärtsinduktion gezeigt werden, dass eine Reputation niemals hätte aufgebaut werden dürfen. In der letzen Periode liegt die Qualität dann fest. Da die Reputation in der letzten Periode deshalb nicht mehr gebraucht wird, hätte sie in der vorletzten Periode nicht bestehen müssen. Das wirkt auf die noch weiter zurückliegenden Perioden zurück, in denen die Reputation nicht hätte bestehen müssen, weil die Qualität insgesamt durch die Qualitätsausprägung in der letzten Periode bestimmt wird. Der Aufbau

25 Gemeint sind die Grenzproduktivitäten.
26 Sie werden genauer in den beiden folgenden Abschnitten dargelegt werden.

einer Reputation wäre demnach insgesamt sinnlos (Kreps/Wilson 1982; Tirole 1995, S. 715).[27]

Für Signalling durch Reputation wäre demnach beim endlichem Planungshorizont kein Raum, weil die Ausprägung in der letzten Periode schon festläge.

Die theoretische Konsistenz der Argumentation einschließlich der Möglichkeit zum mathematischen Nachweis darf jedoch nicht zu dem Trugschluss führen, dass ein derartiges Verhalten nennenswerte deskriptive Relevanz besitzt. Allenfalls mathematisch geschulte Entscheider neigen zu der Denkweise, die zur Rückwärtsinduktion führt (Selten 1978, S.147-153). Deshalb kann davon ausgegangen werden, dass ein entsprechendes Verhalten nicht relevant ist und die Reputation so behandelt wird, als läge ein unendlich langer Planungshorizont vor.

Es kann also davon ausgegangen werden, dass die Marke im allgemeinen ein Signalling-Instrument ist, das eine Differenzierung ermöglichen kann. Man kann drei Unterfunktionen zur Ermöglichung der Differenzierung ableiten. Das sind die Bekämpfung von anbieterseitigem Moral-Hazard-Verhalten, die Bekämpfung von Adverse Selection und die risikoorientierte Marktsegmentierung.

3.3.2.2 Bekämpfung von Moral Hazard

Eine Möglichkeit zur Differenzierung durch Marken besteht darin, Moral-Hazard-Verhalten des Anbieters in einer für den Nachfrager glaubhaften Weise zu verhindern. Der Begriff, der eigentlich aus dem Bereich der Versicherung stammt, bezeichnet ein im Sinne der Prinzipal-Agent-Theorie opportunistisches Verhalten eines Vertragspartners nach Vertragsschluss. Die Darstellung der bereits behandelten Grundlagen der Prinzipal-Agent-Theorie braucht hier nicht noch einmal zu erfolgen. Im Fall der Versicherung fehlt dem Versicherungsnehmer nach Vertragsschluss das Interesse, den Schadenseintritt zu verhüten oder den Schaden zu begrenzen (Schneider 1995, S. 317). Im Sinne der Prinzipal-Agenten-Theorie ist der Versicherungsnehmer der Agent, der nach Vertragsschluss über einen Informationsvorsprung im Vergleich zum Versicherer (Prinzipal) hat.

Eine Übertragung auf die allgemeine Beziehung zwischen Anbieter und Nachfrager kann auf zwei Arten erfolgen, je nach dem, auf welcher Seite ein Informationsvorsprung vorliegt. Die folgende Abbildung 12 bietet einen Überblick über diese Einteilung und ihre Konsequenzen für das Entstehen einer Selbstbindung.

Man kann annehmen, dass der Konsument einen Informationsvorsprung hat. Dann müsste der Nachfrager seinen Vorsprung dazu ausnutzen, sich zu bereichern. Dazu bietet die Markenpolitik des Anbieters jedoch kein geeignetes Instrumentarium, weil sie nicht vom Nachfrager in diesem Sinne gesteuert werden kann.[28] Deshalb ist diese Möglichkeit hier nicht interessant. Außerdem gibt es einige Zweifel, ob diese Situation von nennenswerter Relevanz ist (Arnoldt 1996, S. 147).

---

27 Ein vergleichbarer Effekt kann sich ergeben, wenn es sich um einen a-priori unbestimmten Planungshorizont handelt.

28 Eine andere Frage wäre es, ob nicht andere produktpolitische Maßnahmen durch den Anbieter ergriffen werden können, um einem solchen Verhalten vorzubeugen.

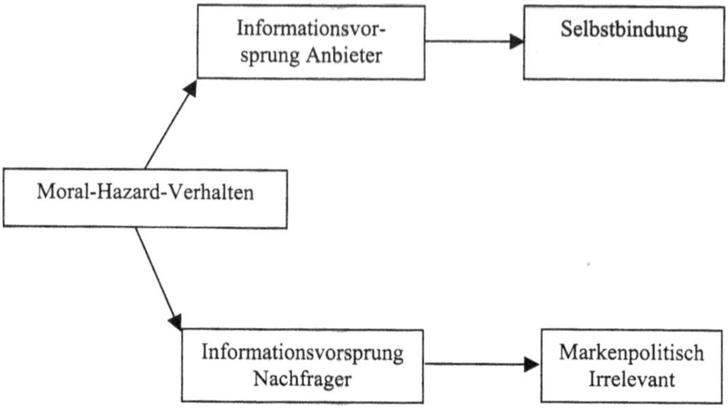

Abb. 12: Relevanz von Moral-Hazard-Fällen
Quelle: Eigene Darstellung

Der zweite Fall ist die Situation, in der der Anbieter auch nach dem Kauf über einen Informationsvorsprung im Vergleich zum Nachfrager verfügt. Der Anbieter müsste das zu seinem Vorteil nutzen können. Wenn der Nachfrager von der Existenz einer solchen Interessenlage vor Vertragsschluss weiß, wird er sein Verhalten entsprechend ausrichten. Es ist möglich, dass der Nachfrager wegen dieser möglichen Gefahren einen geringeren Preis entrichten will oder dass er eine geringere Menge nachfragt. Im Extremfall kann es passieren, dass die Nachfrage auf Null sinkt. Im Fall von bestehenden Fixkosten kann das schnell zu großen Verlusten für den Anbieter führen.

Die Markenpolitik bietet dem Anbieter eines Produktes hier eine Möglichkeit, eine glaubwürdige Selbstbindung einzugehen.[29] Ein Teil der Selbstbindung entsteht durch die Werbeaufwendungen des Anbieters. Sie wären verloren, wenn sich das erworbene Produkt nach dem Kauf als minderwertig herausstellen würde (Klein/Leffler 1981). Gleichzeitig wird durch die Kommunikationspolitik ein Qualitätsversprechen abgegeben, das durch die Marke mit dem Produkt verbunden wird. Durch die Kommunikation dieses Versprechens in Verbindung mit den ansonsten verlorenen Kosten können Marken einen Schutz gegen ein solches Anbieterverhalten sein. Dadurch ist es Nachfragern möglich, auch solche Güter zu erwerben, die auch nach dem eigentlichen Kauf noch ein Bindung an den Anbieter bedingen. Andernfalls wäre das ohne Gefahren für den Nachfrager nur in Fällen möglich, in denen er die Qualität vor dem Kauf komplett beurteilen könnte.

Eine Differenzierung im Vergleich zur Konkurrenz setzt allerdings die bereits erwähnten Beziehungen zwischen den Kosten des Signalling, d. h. der Markierung, und den Kosten für die Bereitstellung entsprechender Qualität voraus. Auch die anderen

29 Auch der potentielle „Hazardur" kann hieran ein Interesse haben, da sonst u. U. der gesamte Kontakt nicht zustande kommt

bereits erwähnten Bedingungen bezüglich der Diskriminationsfähigkeit von Signalen müssen erfüllt sein. Im allgemeinen kann davon ausgegangen werden, dass Marken diskriminationsfähig sind.[30] Die Bekämpfung von Moral Hazard-Verhalten als informationsökonomische Markenfunktion ist vor allem relevant, wenn es um Leistungsversprechen geht, bei denen der Nutzen des Nachfragers vom zukünftigen Verhalten des Anbieters abhängt.[31] Die Marke soll hier Anbieter mit zu erwartendem zukünftigen opportunistischen Verhalten von anderen Anbietern trennen helfen.

Die Existenz der Marke kann dann beide Seiten begünstigen. Die Nachfrageseite wird durch die dauerhafte Möglichkeit zum Erwerb qualitativ hochwertiger Produkte begünstigt, der Anbieter kann bestehende Märkte für sich erhalten.

3.3.2.3 Verhinderung von Adverse Selection

Das Phänomen Adverse Selection, was auf Deutsch etwa als Negativauslese übersetzt werden kann, ist Gegenstand verschiedener Darstellungen in der Literatur gewesen. Es finden sich klassische Modellansätze ebenso wie die Bezugnahme auf die Prinzipal-Agenten-Theorie (Richter/Furubotn 1996, S. 165). Die Darstellung mit Hilfe der Prinzipal-Agent-Theorie bringt jedoch trotz methodisch erhöhtem Aufwand keine neue Erkenntnisse. Im Gegenteil gehen die aus „konventionellen" mikroökonomischen Modellen stammenden Erkenntnisse über die Abhängigkeit von den Wettbewerbsverhältnissen verloren, weil die rein kontrakttheoretische Seite betont wird. Deshalb erfolgt hier zunächst eine modellmässige Behandlung des Phänomens. Das Modell ist als eine Weiterentwicklung der Modelle von Akerlof (1970), Wilson (1980) und Kim (1986) gedacht. Damit geht ein spürbare Vereinfachung ohne inhaltliche Verluste einher.[32]

Das Modell ist so angelegt, dass Adverse Selection vorliegt. Das bedeutet, dass im Ausgangsmodell *kein Signalling* betrieben wird.

Dieses Ausgangsmodell kann man folgendermaßen beschreiben:[33]

(i) Gehandelt wird eine Gütermenge x, zu Preisen p. Es gibt verschiedene Qualitäten q, die Durchschnittsqualität wird mit q^a bezeichnet. Die Marktteilnehmer haben Budgetrestriktionen b_s bzw. b_d einzuhalten. Es liegen Suchkosten vor, die mit c_s bezeichnet werden.

(ii) Das Ziel des Anbieters ist die Gewinnmaximierung. Sein Gewinn ergibt sich aus der Differenz von Umsatz und Kosten. Die umgesetzte Menge ist negativ mit der durchschnittlichen Qualität korreliert, der erzielbare Preis ist positiv korreliert. Ein Grund hierfür ist die fehlende Kommunikation zwischen den Marktpartnern. Die Nachfrager wären zwar bereit, einen höheren Preis für eine höhere Qualität zu entrichten, aber da sie gute nicht von schlechter Qualität unterscheiden können und nur die Durchschnittsqualität kennen, wollen sie keine hohen Preise

30 Das ist im vorhergehenden Abschnitt 3.3.2.1 bereits ausgeführt worden.

31 Auf die Relevanz einzelner Markenfunktionen für Kontraktgüter wird unter 5.3 eingegangen werden.

32 Eine mathematische Darstellung findet sich im Anhang.

33 Den verwendeten Symbole entsprechen denen des allgemeinen Symbolverzeichnisses.

bieten. Sinkt die Durchschnittsqualität, sinkt deshalb auch die abgesetzte Menge. Die Durchschnittsqualität wird hier als gewogenes arithmetisches Mittel aus guter und schlechter Qualität definiert. Das ist im Vergleich zu einigen empirischen Arbeiten, die mit komplexeren Verteilungen arbeiten (Rose 1993, besonders S. 564), eine Vereinfachung. Diese Vereinfachung ist jedoch für die hier verfolgten Zwecke ausreichend. Es ist auch auf diese Art möglich zu zeigen, welche Auswirkungen ein gestiegener Anteil an höherer Qualität hat.
Die Anbieter setzen die Preise fest, sie akzeptieren dann die nachgefragte Menge. Darüber hinaus angebotene Mengen werden nicht verkauft.
Die vom Umsatz abhängigen Kosten steigen mit der angebotenen Menge, und sie steigen mit der angebotenen Durchschnittsqualität. Es wird also vorausgesetzt, dass die Produktion höherer Qualität auch höhere Kosten verursacht. Zudem müssen die Kosten in ihrer Summe höchstens gleich der Budgetrestriktion auf der Anbieterseite sein.
Aus den Zusammenhängen zwischen absetzbarer Menge und Durchschnittsqualität einerseits und Kosten und Durchschnittsqualität andererseits folgt zugleich, dass die Änderung der Durchschnittsqualität zwei verschiedene Auswirkungen hat. Ihre Steigerung verursacht erhöhte Kosten, und sie steigert die absetzbare Menge.
Eine weitere wichtige Annahme ist ein Informationsvorsprung des Anbieters bezüglich der Güterqualität gegenüber Nachfragern.
Das Gesamtangebot ergibt sich als die Summe der Umsätze aller Anbieter. Die Zahl der Anbieter soll fest sein. Diese Annahme entspricht dem Bestehen von für die Anbieter unüberwindlichen Zutritts- und Austrittsbarrieren.

(iii) Die Nachfrager wollen ihren Nutzen maximieren. Das soll unter der Bedingung geschehen, dass das Budget des jeweiligen Nachfragers nicht überschritten wird. Sein Nutzen steigt mit der Durchschnittsqualität der erworbenen Produkte, und er sinkt mit den Suchkosten zum Abbau seines Informationsnachteils sowie mit dem für das Produkt zu entrichtenden Preis. Der Nachfrager ist jedoch nicht gezwungen, ein Produkt der betroffenen Kategorie zu erwerben.[34]
Die Gesamtnachfrage ergibt sich als Summe der Umsätze, die auf die jeweiligen Nachfrager entfallen. Die Anzahl der Nachfrager ist eine endogene Größe, sie bildet sich also im Rahmen des Modells. Die Nachfrager haben also die Möglichkeit, dem Markt fernzubleiben.

Das Modell liefert als ein Ergebnis, dass es ein Marktversagen bis hin zum völligen Verschwinden des Marktes geben kann. Das Marktgeschehen in diesem Grundmodell kann man sich an Hand des Schulbeispiels Gebrauchtwagenmarkt folgendermaßen vorstellen (Finsinger 1991, S.179):

Angeboten werden tendenziell reparaturanfällige Wagen, deren Anfälligkeit in bezug auf einen einzelnen Wagen nur dem Verkäufer bekannt ist. Der Wagen wird nur verkauft, wenn das immer noch günstiger ist als die hohen Reparaturkosten zu tragen.

34 Sein Nutzen ist auch ohne Erwerb eines Produktes positiv.

Das aber bedeutet, dass zu jedem Preis eine Qualität gehandelt wird, bei der der Käufer kein Geschäft machen kann. Diese schlechten Qualitäten wirken preissenkend, da kein Käufer bereit ist, ein derartig schlechtes Geschäft zu machen. Die Preissenkungstendenz wiederum lässt in einem weiteren Schritt diejenigen Anbieter am Markt auftreten, die wegen besonders hoher Reparaturkosten besonders billig, aber auch besonders schlecht sind. Der kumulative Abwärtstrend kann sich dann fortsetzen, bis der Markt verschwunden ist.

Diesem Phänomen, das nicht im Interesse beider Seiten liegt, kann durch eine Signalling-Aktivität des Anbieters begegnet werden. Daneben gibt es noch andere Möglichkeiten, wie es trotz mindestens anfänglicher Informationsasymmetrie nicht zu Adverse Selection kommen muss. Diese Möglichkeiten werden im Anschluss an die Modifikation durch das Signalling vorgestellt werden.

Der Gewinn des Anbieters wird dann um die Signalling-Kosten geschmälert. Die dafür anfallenden Grenzkosten müssen jedoch geringer sein als diejenigen für die Produktion höherer Qualität, weil andernfalls die Investition in das Signal lohnender wäre als die Investition in die zu signalisierende Qualität. Die oben geforderte Diskriminationsfähigkeit wäre dann aufgehoben.

Die Marke bietet hierzu in Verbindung mit der für das markierte Produkt betriebenen Kommunikationspolitik eine Möglichkeit. Der Kerngedanke ist derjenige, dass die hier verwendeten Budgets eine Art von Geisel für den Nachfrager darstellen (Klein/Leffler 1981). Sie wären verloren, wenn trotz des Signals schlechte Qualität angeboten würde. Dieser drohende Verlust kann es für den Anbieter uninteressant machen, schlechte Qualität anzubieten. Tritt der Verlust jedoch ein, hat der Anbieter einen Schaden, dem kein Vorteil beim Nachfrager entspricht.

Eine weitere Möglichkeit zum Abbau von Informationsasymmetrie bietet die self-selection, bei der die schlechter informierte Seite der besser informierten Marktseite Wahlmöglichkeiten vorgibt (Rothschild/Stiglitz 1976, S. 631). Trifft die besser informierte Marktseite ihre Wahl, so gibt sie dadurch der schlechter informierten Marktseite „verdeckte" Informationen (Adler 1996, S. 47 f.) Das entspricht der Einordnung der Qualität von Produkten in eine Kategorie, die vom Nachfrager angeboten wird. Dadurch kann die mögliche Schwankung der Qualität eingegrenzt werden, weil die jeweilige Kategorie Ober- und Untergrenzen angibt.

Das Screening läuft grundlegend anders ab. Dabei handelt es sich um die systematischen Aktivitäten von Nachfragern, die darauf gerichtet sind, die zu ihren Lasten bestehende Informationsasymmetrie abzubauen (Stiglitz 1975, S. 283). Dazu müssen Nachfrager jedoch in der Lage sein, die Eigenschaften des Produktes vor dem Kauf zu beurteilen. Ansonsten wäre die Informationsbeschaffung sinnlos

Einfluss haben auch andere Größen des Basismodells. Je größer die Informationsdefizite der Nachfrager und je höher die Austrittsbarrieren für Anbieter sind, um so relevanter sind Adverse Selection und Signalling. Je größer der Anteil angebotener guter Qualitäten oder je höher die Qualität überhaupt ist, desto geringer ist die Adverse Selection-Gefahr und die Bedeutung der Marke als Qualitätssignal. Je niedriger die Budgets der Anbieter sind, desto weniger kann in Signalling investiert werden. Je niedriger die Nachfragerbudgets sind, desto mehr sind die Nachfrager auf Signale des Anbieters angewiesen. Bei Verwechselungsgefahr zwischen guten und schlechten Qualitäten führen kleine Mengen von schlechten Qualitäten aber zu einer überproportionalen Gefährdung des Marktes, weil der Abwärtstrend der Negativauslese bereits durch eine Verwechselung ausgelöst werden kann (Rose 1993).

Weitere wesentliche Ergänzungen gehen auf Wilson (1980) und Kim (1986) zurück. Die dort nachgewiesenen Gleichgewichte entsprechen einem Ausgleich von Angebot und Nachfrage. Sie zeigen Konstellationen auf, in denen Adverse Selection auch ohne Signalling nicht entsteht.[35]

In einem in der deutschsprachigen Literatur so gut wie völlig unbeachteten Modell hat Wilson (1980) durch eine Erweiterung von Akerlofs Modell gezeigt, dass auch eine Abhängigkeit des Adverse Selection-Phänomens vom Preissetzungsverfahren besteht. Dabei werden drei Fälle unterschieden, die verschiedenen Preissetzungenverfahren entsprechen.

Fall 1: Auktionator setzt die Preise fest.

Die zentralen Annahmen lauten:
* fehlende Zutritts- und Austrittsbarrieren
* Mengenanpassung auf beiden Seiten
* Identische Nutzenfunktionen für alle Anbieter und alle Nachfrager
* Risikoneutralität (Erwartungswertprinzip) der Käufer in bezug auf die Qualität in Verbindung mit dem Preis als Qualitätsindikator
* Der Auktionator ist selbst nicht informiert, er kann insbesondere nicht gute von schlechten Qualitäten unterscheiden.

In diesem Fall besteht die Möglichkeit eines walrasianischen Gleichgewichts oder multipler Gleichgewichte, je nach Verlauf der AD- und AS-Kurven. Wenn die Substitutionselastizität zwischen Nutzen und Preisleistungsverhältnis im gesamten Bereich gleich wäre, ergäbe sich eine streng monoton fallende AD-Kurve und ein einzelnes Gleichgewicht. Ist die Elastizität in verschiedenen Bereichen anders geartet, entstehen multiple Gleichgewichte. Jedes Gleichgewicht, das einen höheren Preis hat als ein anderes, ist nach dem Pareto-Kriterium dem „Niedrigpreis-Gleichgewicht" überlegen.

Die folgende Grafik zeigt die Möglichkeit verschiedener Gleichgewichte:

35 Je nach Lage des Einzelfalls kann sie unter anderen Aspekten interessant sein, d. h., um andere Markenfunktionen wahrzunehmen.

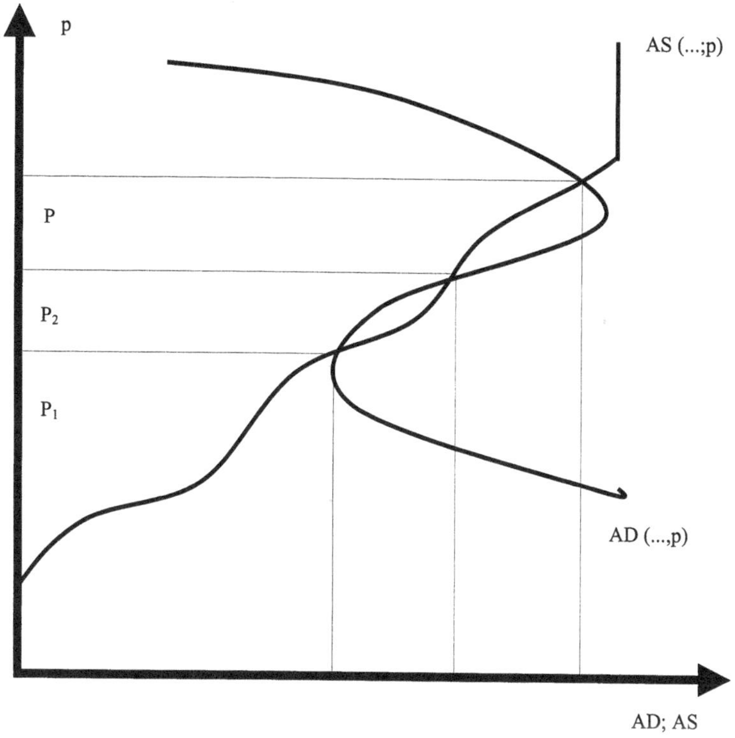

Abb. 13: Multiple Gleichgewichte bei Adverse Selection
Quelle: Eigene Darstellung in Anlehnung an Wilson 1980, S. 114

<u>Fall 2:</u> Käufer setzen den Preis ohne die Möglichkeit nachträglicher Änderung

Die Annahmen lauten jetzt (soweit nicht wie Fall 1):
* Anbieter können ihre Suchkosten vernachlässigen.
* Überangebote werden durch Zufall abgebaut.

Wenn die Käufer die Menge der realisierbaren Preise und die zu einem Preis gehörige Durchschnittsqualität korrekt antizipieren, gibt es ein einziges Gleichgewicht. Unter diesen Umständen gibt es für jeden Käufer einen optimalen Preis.

Die Gleichgewichtsbedingungen lauten:
- Zu jedem Preis, zu dem eine Transaktion stattfindet, muss die von den Käufern erwartete Qualität mit der objektiven Qualität übereinstimmen. Liegt das nicht vor, ist das Gleichgewicht instabil gegenüber Experimenten bei der Preissetzung.
- Ab einem bestimmten Preis muss das Überangebot nicht negativ sein. („cut-off-price“)

Solange kein Käufer zu einem (unnötig) hohen Preis kauft, ergibt sich kein anderes Gleichgewicht als im Fall 1 (Auktionator). Dessen konkrete Gestalt hängt von der Nutzenfunktion der Käufer ab. Der formale Nachweis über Singularität des Gleichgewichts findet sich im unpublizierten Anhang von Wilson (1980).

Fall 3: Verkäufer setzen den Preis

Die Annahmen lauten jetzt folgendermaßen:
Die Verkäufer rufen den Preis aus, oder sie bleiben dem Markt fern. Die Käufer entscheiden dann, ob und zu welchem Preis sie kaufen wollen.

Bei Überangebot ist die Wahrscheinlichkeit, das Gut zu verkaufen bei gegebenem Preis gleich dem Verhältnis von Nachfrage zu Angebot.

Die Durchschnittsqualität im Gleichgewicht ist hier nicht unabhängig von den Preisen, zu denen die Käufer zu kaufen wünschen. Also gibt es kein singuläres Gleichgewicht (Wilson 1980, S. 116).

Es werden zwei Extremfälle unterschieden:

(1) Es gibt ein Ein-Preis-Gleichgewicht, wenn alle denselben Preis ausrufen und die Erwartungen keiner Seite enttäuscht werden, d. h. bei korrekter Erwartungsbildung; es liegt ein „sellers'equilibrium" vor. Wenn Erwartungen gebildet werden, die sich auf Preise außerhalb der genannten Menge beziehen, gibt es multiple Gleichgewichte.

(2) Verkäufer rufen für verschiedene Qualitäten verschiedene Preise aus. Es liegt dann ein „discriminating sellers'equilibrium" vor.

Die Erwartungsbildung entscheidet also, aber der Gleichgewichtsfall ist schwer realisierbar.

Aus Fall 3 und Fall 2 ergibt sich nach Wilson bei Adverse Selection eine Neigung, Preisanpassungen statt Mengenanpassung vorzunehmen, weil sich so ein Gleichgewicht herstellen lässt. Damit dürfte eine dauerhafte Entwicklung gemeint sein, da die Preise ja „gesetzt" werden.

Bei Fall 3 gibt es die Besonderheit, dass im sellers equilibrium der Preis nicht mehr als Qualitätsindikator benutzt werden kann, wenn für verschiedene Preise eine einzige Qualität vorliegen kann. Eine Übersicht gibt die folgende Tabelle:

	Auktionator	**Käufer**	**Verkäufer**
Gleichgewicht	1 oder mehr [(a)]	1[(b)]	0 oder 1 oder mehr[(c)]
Stabilität	durch Auktionator	keine	keine
Legende: (a):Je nach Elastizitäten; (b): nur bei zweiseitiger korrekter Erwartungsbildung (c):Im sellers'equilibrium 1 Gleichgewicht möglich; nur im distinct sellers'equilibrium mehrere Gleichgewichte möglich, abhängig von Dichtefunktion von Anbietern und Nachfragern. Die fehlende Stabilität wird nicht explizit von Wilson erörtert.			

Tab. 5: Gleichgewichte bei Adverse Selection auf „Auktionsmärkten"
Quelle: Eigene Darstellung

Zu diesem Modell sind einige Anmerkungen angebracht:

Die im Modell fehlenden Zutritts- und Austrittsbarrieren sind eine analytische Vereinfachung, die die Aussagen des Modells nicht tangiert. Insbesondere kann man sich auch in den problematischen Fällen 2 und 3 ein Gleichgewicht vorstellen, wenn Austrittsbarrieren bestehen. Zutrittsbarrieren für Nachfrager würden deren Kosten erhöhen, weil die Überwindung der Barrieren Kosten verursacht. Der Nutzen der Nachfrager würde also sinken. Bei gegebener Preisbereitschaft eines Nachfragers könnte er einen geringeren Preis für ein Gut entrichten. Das würde die Preis-Qualitäts-Relation verschlechtern. Im Fall, dass der Auktionator die Preise festsetzt, ist dennoch ein Gleichgewicht möglich, bei zweiseitig korrekter Erwartungsbildung ist ein Gleichgewicht denkbar, wenn die Käufer den Preis festsetzen. Wegen der Zutrittskosten ergibt sich jedoch ceteris paribus ein niedrigerer Preis, der in der Erwartungsbildung der Anbieter korrekt vorweggenommen sein muss. Setzen die Verkäufer den Preis fest, sind Gleichgewichte auf niedrigerem Preis/Qualitätsniveau möglich. Die Kosten der Nachfrager, die den von ihnen akzeptierten Preis senken, führen zu diesem Ergebnis.

Zutrittsbarrieren für Anbieter bewirken dagegen eine höhere angebotene Qualität, wenn der Auktionator oder die Verkäufer die Preise für verschiedene Qualitäten in verschiedener Höhe festsetzen. Wenn die Käufer die Preise festsetzen oder wenn alle Verkäufer denselben Preis ausrufen, entscheidet die Erwartungsbildung über das Vorliegen eines Markträumungsgleichgewichts. Wenn Verkäufer einen relativ hohen Preis für relativ hohe Qualität festsetzen, führt das nur dann zum Gleichgewicht, wenn die Käufer das in ihrer Erwartungsbildung vorweggenommen haben.

Die Modellierung der Nutzenfunktionen steht nur scheinbar im Widerspruch zur Marketingwissenschaft. Ursprung dieses Unterschiedes dürfte die Auffassung sein, die Präferenzen seien exogen. Daneben dürfte es eher eine Selbstverständlichkeit sein, dass verschiedene Nutzenfunktionen zu verschiedenartigen Gleichgewichten führen. Dennoch zeigt das Modell, dass auch bei einer gegebenen Nutzenfunktion ein Gleichgewicht oder mehrere Gleichgewichte denkbar sind.

Die Tendenz weg von der Mengenanpassung droht das Modell nur scheinbar auf den Kopf zu stellen. Für die sonst auch von Akerlof übernommenen Annahmen ergibt sich eine deutliche Komplizierung. Das gilt insbesondere, wenn man die Tendenz zur Preisanpassung mit der Annahme, höhere Qualität sei teuerer, zu verbinden versucht. Einen Ausweg bietet die Aufteilung in eine kurz- und eine langfristige Betrachtung. Die ausgeprägte Tendenz zum Preisverfall entspricht eher einer länger andauernden Entwicklung, während die sinkenden Mengen eher einem kurzfristigen Ergebnis entsprechen. Das ist auch mit dem „Setzen“ der Preise als Prämisse vereinbar, weil das Setzen verschiedener Preise auch möglich ist, wenn die Preise nur geringfügig differieren.

Wilson nimmt an, für die Verkäufer sei in Fall 2 eine kostenlose Suche möglich, nicht jedoch in Fall 3. Das schränkt die Geltung der Aussagen des Modells deutlich ein.

Schmalensee (1978) hat auf den Effekt hingewiesen, dass ein unehrlicher Anbieter dann kurzfristig höhere Gewinne macht, wenn er eine schlechte Qualität verteuert und die Konsumenten den Preis als Qualitätsindikator nutzen. Das ist hier bei der Behandlung von Zutrittsbarrieren für Anbieter bereits erörtert worden. Die Ergebnisse des

Originalmodells von Wilson müssen unter diesem Umständen modifiziert werden. Sie werden jedoch nicht fundamental verändert. Die gefundenen Ergebnisse müssen also lediglich relativiert werden.

Der uninformierte Auktionator des Modells hat in der Realität nur wenige unmittelbare Entsprechungen. Zur Interpretation bieten sich verschiedene Möglichkeiten an, die einander jedoch nicht ausschließen.

Die erste Möglichkeit bezieht sich auf die Ausdehnung auf informierte Auktionatoren. Kann ein uninformierte Auktionator ein Gleichgewicht herstellen, kann das ein informierter Auktionator erst recht.

Die zweite Möglichkeit ist die Interpretation, dass allgemein eine Marktinstitution vorliegen muss, die Angebot und Nachfrage so zusammenführt, als läge eine Auktion vor. Es besteht die Möglichkeit, dass Handelsunternehmen sich einem Auktionator vergleichbar verhalten. Wenn sie in der eigenen Beschaffung den Preis als Qualitätsindikator verwenden und in der betroffenen Produktkategorie nur einen einheitlichen Preis vom Nachfrager verlangen, kann so ein einheitliches Markträumungsgleichgewicht hergestellt werden, wenn dieser Preis mit den Präferenzen des Nachfragers vereinbar ist. Damit soll jedoch keine allgemeine Aussage verbunden werden, dass Handelsunternehmen sich immer entsprechend einem Auktionator verhalten müssen. Die aufgezeigte Interpretationsmöglichkeit besteht jedoch, *wenn* sie sich entsprechend verhalten.

Eine weitere wichtige Ergänzung geht auf Kim (1986) zurück. Er hat dem Akerlof-Modell ein abweichendes Modell zur Seite gestellt, das aber nur zum Teil zu anderen Ergebnissen führt.

Kims Modell bezieht sich im Original speziell auf den Gebrauchtwagenmarkt. Dort besteht die Möglichkeit des Rollentausches, d. h. jeder der Marktteilnehmer kann sowohl Käufer als auch Verkäufer sein. Im Gegensatz zu Akerlof liegen endogene Qualitäten vor, und zwar mit der Begründung, dass der Erhaltungszustand eines Wagen seinem Besitzer keineswegs vorgegeben sei. Das Modell unterscheidet zwischen zwei Perioden, d. h. während des betrachteten Zeitraums sind Transaktionen der Teilnehmer möglich. Austrittsbarrieren für die als Nachfrager handelnden Wirtschaftssubjekte bestehen nicht, d. h. es ist möglich, dem Markt fernzubleiben.

Kim stellt folgende Gleichgewichtsbedingungen auf:

(*) korrekte Erwartungen über die Durchschnittsqualität der gehandelten Gebrauchtwagen
(*) neoklassische Markträumungsbedingung

In Ergänzung dazu nimmt er eine Fallunterscheidung vor, die erst zu konkreten Ergebnissen führt:

<u>Fall 1:</u> Der Nutzen ist für die meisten Beteiligten am höchsten, wenn Neukauf und Verkauf in Periode 2 erfolgen. Mittlerer Nutzen liegt vor bei Neukauf und Halten bis zum Ende. Die geringste Steigerung erfährt der Nutzen der meisten Beteiligten bei Gebrauchtwagenkauf und Verkauf in Periode 2.

Wenn die erstgenannte Variante dominiert, kann auch hier die Durchschnittsqualität der gehandelten Wagen höher sein als die der nicht gehandelten Exemplare.

Es liegt ein singuläres Gleichgewicht vor. Wenn der Gebrauchtwagenpreis steigt, ist es sinnvoller, Wagen zu verkaufen. Das senkt die Durchschnittsqualität, während gleichzeitig das Wagenangebot steigt. Derselbe Effekt aber lässt die Nachfrage wieder sinken. Das gilt nur, wenn verschieden strukturierte Präferenzen vorhanden sind, da sonst die Unterscheidung der verschiedenen Nutzenniveaus für verschiedene Handlungsmöglichkeiten nicht greift.

<u>Fall 2:</u> Die meisten Marktteilnehmer versprechen sich den höchsten Nutzen vom Neuwagenkauf und halten den Wagen bis zum Ende. Das ist besser für sie als anfänglicher Neukauf und Verkauf als Gebrauchtwagen.

Hier kann Adverse Selection vorliegen. Durch den (kostenlosen) Rollentausch können multiple Gleichgewichte entstehen. Das bedeutet, dass verschiedene Preise und Mengen zu verschiedenen möglichen Marktausgleichskonstellationen führen können, so dass keine Adverse Selection vorliegt.

Die Interpretation des Modells bereitet insofern erhebliche Schwierigkeiten als die Modellvoraussetzungen recht eng formuliert sind. Im einzelnen geht es um folgende Begrenzungen:

Das gewählte Beispiel suggeriert ein reines Sekundärmarktmodell. Das dürfte eine Überinterpretation sein, da der „kostenlose Rollentausch“ kein Spezifikum von Sekundärmärkten ist. Die Nachfrager müssten jedoch, allgemein gesagt, vor eine Abwägung nach dem „use-or-sell“-Prinzip gestellt werden. Das kann jedenfalls nicht als absoluter Regelfall unterstellt werden. Der Anwendungsbereich des Modells ist durch diese Annahme eher eng begrenzt.

In der Realität kann man nur begrenzt davon ausgehen, dass die Präferenzen der Wirtschaftssubjekte längerfristig völlig konstant sind. Da der Nutzen der meisten Subjekte eine entscheidende Größe ist, müssen sie im Zeitablauf konstant sein, bzw. die Präferenzordnung und die Verteilung dürfen sich kaum verschieben.

Der Fall Neukauf und Verkauf als Gebrauchtwagen sollen in der Realität dominieren. Diese Aussage mag für den Spezialfall des Marktes für PKWs in den U.S.A. zutreffen, sie kann jedoch keine Allgemeingültigkeit beanspruchen.

Die den Anbietern nicht vorgegebene Qualität entspricht zwar der Realität eher als deren Exogenisierung, aber im gewählten Beispiel eines Sekundärmarktes ist die Prämisse nicht ohne Probleme. Selbst wenn man davon ausgeht, dass die Modellprämissen in der Realität nur annähernd erfüllt sind, wird immerhin noch unterstellt, dass die Erhaltungsinvestitionen noch merklichen Einfluss auf den Erhaltungszustands des Wagens haben. Auch das ist keine Aussage, die verallgemeinert werden kann.

Insgesamt dürfte dem Modell nur begrenzte Bedeutung für die Beurteilung eines allgemeinen Falles von Adverse Selection zukommen. Wichtig bleibt, dass die Informationsverteilung allein nicht zur Adverse Selection führt. Man kann das Modell auch so auffassen, dass die Verhinderung von Adverse Selection auf einem Sekundärmarkt nicht nur von Marken u.ä. Effekten, die vom Primärmarkt stammen, verhindert werden muss, sondern dass hierfür auch andere Umstände verantwortlich sind. Diese anderen

Umstände sind insbesondere die Wettbewerbsverhältnisse auf dem Sekundärmarkt, die sich aus der Möglichkeit des „kostenlosen Rollentausches“ ergeben.[36] Das hat zur Konsequenz, dass Hersteller nicht länger dafür verantwortlich gemacht werden können, wenn sich tatsächlich ein Sekundärmarkt als „Zitronenmarkt“ herausstellt. Ein Hersteller hätte dann eine Art von Entschuldigung. Im konkreten Fall des Autoherstellers könnte er auf die Nutzenfunktionen der Beteiligten oder auf die (unterlassene) Instandhaltung verweisen.

Für die Markenpolitik bleiben trotz der getroffenen Einschränkungen relevante Aspekte. Der erste relevante Aspekt ist, dass die beschriebenen Sekundärmarktprobleme, dort wo sie relevant sind, auch Rückwirkungen auf den Primärmarkt haben können, mag das auch eine Ausnahme sein. Diese Rückwirkungen gilt es aus der Perspektive des Anbieters am Primärmarkt zu verhindern.

Die zweite wichtige Folgerung ist, dass weitere Voraussetzungen aufgezeigt werden, unter denen Adverse Selection auch ohne Signalling nicht oder nicht in einem Maße vorliegt, das den Markt zum Zusammenbruch bringt.

Auch Spieltheoretiker haben sich mit dem Adverse Selection Problem befasst.[37] Dabei sind einige Verfeinerungen aufgetreten, die Hellwig (1987) zusammengefasst hat.

Gleichgewichte ergeben sich dann erst, wenn ein Spiel mehrfach gespielt wird bzw. in mehrere Phasen unterteilt wird. Entscheidend ist, dass je nach dem Typ des Spiels ein Gleichgewicht vorliegt oder nicht. Von Bedeutung ist die Unterscheidung auch für die Frage nach der Existenz eines stabilen Anpassungsmechanismus.

Folgende Typen können unterschieden werden:

Spieltyp	Besonderheiten	Gleichgewichte
2-Phasen-Spiel:	keine	Reine Strategien bringen kein Gleichgewicht, wenn „gute“ Risiken stark vertreten sind
3-Phasen-Spiel	keine	Mischvertrag, bei dem die guten die schlechten Risiken subventionieren, fehlende Stabilität
3-Phasen-Spiel	Informierte Subjekte handeln zuerst	Ein optimaler Vertrag, der die Menge aller Verträge teilt; Stabilitätsprobleme

Tab. 6: Spieltheoretische Herleitungen von Gleichgewichten bei Adverse Selection
Quelle: Eigene Darstellung

Die zugrunde liegenden Beispiele aus dem kreditwirtschaftlichen Bereich sind nicht ohne Einschränkung übertragbar. Überlegungen zu entsprechenden Übertragungen fehlen im allgemeinen. Das gilt erst recht für Übertragungen, die für das Marketing passend erscheinen würden.

Kritikpunkte sind vor allem die fehlende a-priori Informationsmöglichkeit über den Spieltyp und die fehlende Konstanz der relevanten Größen (Hellwig 1987, S. 325). Von diesem Standpunkt aus liegt der Schluss nahe, die Erkenntnisse der Spieltheorie

36 Letztlich handelt es sich um freien Zu- und Austritt für Anbieter zum Sekundärmarkt.

37 Auf die Methodik der Spieltheorie wird hier verzichtet, da sie hier als eigene Forschungsrichtung angesehen wird.

außer Ansatz zu lassen, wenn es sich um einen anonymen Massenmarkt handelt, wie das bei Konsumgütern der Fall ist. Dennoch wäre ein solches Vorgehen nicht sinnvoll, weil die Tendenz zur Instabilität und Unsicherheit auch auf anonymen Massenmärkten nicht ausgeschlossen werden kann. Die spieltheoretischen Modelle ermöglichen lediglich keine allgemeine Aussage dazu, welche Stabilitätsprobleme das im Detail sind. Eine weitere wichtige Erkenntnis liegt darin, dass eine Wiederholung identischer Transaktionen nicht zur Verhinderung von Adverse Selection führen muss. Für die Markenpolitik bedeutet das, dass auch bei der Wiederholung von Transaktionen die Marke ihre Bedeutung nicht verlieren muss.

3.3.2.4 Risikoorientierte Marktsegmentierung

Auf der Basis der beiden anderen informationsökonomischen Funktionen der Marke, eine Differenzierung zu ermöglichen, kann auch eine Aufteilung von Märkten vorgenommen werden. Grundlage dafür können das Risiko und das Maß der Informationsasymmetrie sein.

Unter Risiko als Synonym für Risikosituation wird in der Entscheidungstheorie eine Entscheidungssituation verstanden, in der die Handlungsalternativen durch eine Wahrscheinlichkeitsverteilung alternativ möglicher Ergebnisse gekennzeichnet sind (Bitz 1992; Kahle 1998, S.118). Diese Definition ist für den hier verfolgten Zweck zu konkretisieren. Im Zusammenhang mit der Möglichkeit zur qualitativen Differenzierung ist vor allem die Gefahr der qualitativen Abweichung von der Erwartung der Nachfrager relevant.

Deshalb soll unter Risiko hier die Möglichkeit verstanden werden, dass ein Wirtschaftssubjekt gegen seinen Willen ein Produkt in einer schlechteren als der gewünschten Qualität erwirbt. Stellt man sich eine Verteilungsfunktion für die Qualitäten eines Produktes vor, dann spiegelt sich das Risiko in den Streuungsparametern der entsprechenden Verteilungsfunktion wieder.

Verschiedene Nachfragergruppen haben oft verschiedenen Einstellungen zu dem Risiko, ein Gut in einer geringeren als der gewünschten Qualität zu erwerben. Im allgemeinen sind dazu verschiedene Risikoeinstellungen denkbar, die aus der Entscheidungstheorie bekannt sind. Das sind Risikoaversion, Risikoneutralität und Risikofreude. Im erstgenannten Fall werden Risiken, die sich durch die Streuung der erwarteten Ergebnisverteilung ausdrücken lassen, nur eingegangen, wenn ein höherer Nutzen davon erwartet wird. Im Fall der Risikoneutralität zählt das Risiko für die Entscheidung nicht, d. h. dass sich der Entscheider nur nach dem Schwerpunkt der zu erwartenden Verteilung, nicht aber nach ihrer Streuung richtet. Unter Risikofreude versteht man eine Steigerung des Nutzens gerade durch die Risikoverstärkung (Bitz 1992a).

Aus der Verschiedenartigkeit der Risikoeinstellungen kann sich eine Möglichkeit zur Segmentierung von Märkten ergeben, verstanden als Aufteilung eines Marktes, die sich nach dem verschieden ausgeprägten Nutzen der Nachfrager richtet.

Die Suchkosten sollen für alle Nachfrager gleich hoch und positiv sein. Die Gruppen unterscheiden sich aber bezüglich ihrer Risiko-Nutzen-Funktionen. Denkbar sind verschiedene Maße von Risikoscheu oder Risikoneutralität und Risikoscheu. Außerdem kann Risikofreude relevant sein. Für zwei Segmente lassen sich dabei folgende Möglichkeiten unterscheiden:

Risikoeinstellung des ersten Segments:	Risikoeinstellung des zweiten Segments:		
	Risikoscheu	Risikofreude	Risikoneutralität
Risikoscheu		(1)	(2)
Risikofreude	(1)		(3)
Risikoneutralität	(2)	(3)	
Legende: Die Zahlen bezeichnen die drei denkbaren Kombinationen von Marktsegmenten im Fall von zwei zu bildenden Segmenten.			

Tab. 7: Grundtypen risikoorientierter Marktsegmentierung
Quelle: Eigene Darstellung

Die Diagonale der Matrix bleibt frei, weil sie zwei Gruppen mit identischer Risiko-Nutzen-Funktion beschreiben würde. Eine Segmentierung wäre dann gegenstandslos, weil nur ein Bereich mit einheitlicher Risikoeinstellung vorliegt.

Voraussetzung für eine sinnvolle Segmentierung ist die Konstanz der zugrundeliegenden Einstellungen der Nachfrager im Zeitablauf. Das kann den Anwendungsbereich begrenzen.

Konkret kann die Segmentierung folgendermaßen aussehen: Wenn die Voraussetzungen an die zu erwartende Stabilität erfüllt sind, können die jeweiligen Segmente mit verschiedenen Marken abgedeckt werden. Im Fall (1) der obigen Tabelle kann eine Marke für risikoscheue und eine Marke für risikofreudige Nachfrage geführt werden. Im Fall (2) gäbe es eine Marke für risikoscheue Nachfrager und eine Marke für risikoneutrale Nachfrager. Im Fall (3) könnten zwei Marken etabliert werden, von denen sich die eine an risikoneutrale und die andere für risikofreudige Nachfrager richtet. Konstellationen mit mehr als zwei Segmenten lassen sich auf den 2-Gruppen-Fall zurückführen.

Eine weitere Möglichkeit zur Segmentierung ergibt sich aus dem Ausmaß der Informationsasymmetrie. Die Ungleichverteilung der Informationen kann das Risiko des Erwerbers ebenfalls steigern. Das ist bei beliebigen Risikoeinstellungen denkbar. Es ist, wenn diese Ungleichverteilung des Wissens nicht im Zeitablauf durch relevante Nachkauferfahrungen ausgeglichen werden kann, möglich, auch auf dieser speziellen Art des Risikos eine Segmentierung aufzubauen. Das setzt jedoch voraus, dass das Ausmaß der Informationsasymmetrie erfasst werden kann und im Zeitablauf stabil ist.

Wie viele Gruppen gebildet werden können, hängt davon ab, welchen Informationsstand einzelne Nachfragergruppen haben. Dabei sind vor allem zwei Grundkonstellationen interessant. In der ersten Variante werden zwei Gruppen gebildet, eine mit hohem und eine weitere mit niedrigem Informationsstand. In der zweite Variante wird noch ein dritte Gruppe unterschieden, die einen mittleren Informationsstand hat. Je nach der konkreten Möglichkeit zur Bildung von Nachfragergruppen ergeben sich unterschiedliche Segmentierungsvarianten.

3.3.3 Ermöglichung der Markteinführung

Eine weitere Aufgabe von Marken kann es sein, die Markteinführung zu ermöglichen. Das im Bereich der Informationsökonomie grundlegende Modell stammt von Schmalensee (1982).

(i) Ein gewinnmaximierender Anbieter will ein neues Produkt anbieten, das Erfahrungsqualität hat. Unter Erfahrungsqualität versteht man eine Qualität, die Nachfrager erst nach dem Kauf beurteilen können (Nelson 1970, S. 315).[38] Der Zutritt zu diesem neuen Markt ist anfänglich frei. Das angebotene Produkt wird markiert, und zwar mit einer Marke, die sich auf einem anderen Produkt bereits bewährt hat. Das andere Produkt muss also aus der Sicht von Nachfragern eine gute Qualität haben. Die Marke muss eine Dachmarke sein.[39] Die Ähnlichkeit zwischen dem neuen und dem alten, d. h. dem bereits markierten und als gut bekannten Produkt wird nicht betrachtet.[40] Der Anbieter setzt die Menge fest.

(ii) Der nutzenmaximierende risikoscheue Nachfrager kennt die Qualität des alten Produktes. Er ist nicht zum Kauf eines Produktes aus der neuen Kategorie gezwungen. Suchkosten und hohe Preise senken den Nutzen des Nachfragers. Er kann die angebotene Menge abnehmen.

Der Anbieter kann unter diesen Umständen für sein Produkt einen höheren Preis erzielen als bei unmarkierten Produkten oder bei späterem Markteintritt. Der Nachfrager kann deshalb einen höheren Preis für das Produkt entrichten, weil er sich so Suchkosten erspart. Für folgende Anbieter entsteht also eine Barriere, die jedoch instabil ist. Gründe für die fehlende Stabilität der Barriere sind anderweitige Informationsmöglichkeiten des Nachfragers, insbesondere durch informierende Händler. Erfolgt über andere „Kanäle" eine Informationsversorgung, ist die Markierung für den Nachfrager ad hoc wertlos, und die Entrichtung eines höheren Preises wäre sinnlos. Sie bleibt jedoch sinnvoll, wenn z. B. der Handel sein Wissen nicht weitergibt. Diese Möglichkeit macht einen potentiellen Machtfaktor des Handels bei der Neuprodukteinführung deutlich.

Der Anbieter riskiert durch die gemeinsame Markierung des neuen mit einem alten Produkt die bestehende Reputation (Wernerfelt 1988, S. 458), er trägt u. U. enorme schlecht kalkulierbare Risiken. Die Risiken kann er bei der Produkteinführung nur bedingt abschätzen. Schon deshalb ist eine Abwägung von Chancen und Risiken nur eingeschränkt möglich.

Schmalensee ging es mit seinem Modell u. a. um die Erkenntnis, dass die möglichen Vorteile von Pionierstrategien nicht allein auf Werbeaussagen und Irrationalität beruhen. Es kommt vielmehr auf die von ihm analysierte ökonomische Basis an (Schmalensee 1982, S. 360).

Daneben kann man noch weitere Erkenntnisse aus Weiterentwicklungen dieses Modells gewinnen. Von Bedeutung sind die angenommene Möglichkeit der Übertragung von Qualitätsinformationen von einem Produkt auf andere durch Marken und die Anzahl dieser Möglichkeiten hierzu in Abhängigkeit von der Markenbreite. Die mögliche Subventionierung schlechter Qualitäten durch gute Qualitäten kann ebenfalls relevant sein.

38 Hierauf wird im fünften Kapitel noch näher eingegangen werden.

39 Die Unterteilung von Marken nach der Anzahl gleichartig markierter Produkte wird unten noch aufgegriffen werden.

40 Das ist mit der empirischen Käuferverhaltensforschung vereinbar. Siehe dazu weiter unten.

Im Modell wird angenommen, dass die Übertragung möglich ist. Dass die objektive Ähnlichkeit der betroffenen Produkte kein geeigneter Maßstab ist, ist im Ergebnis mit empirischen Befunden der Käuferverhaltensforschung vereinbar. Maßgeblich ist vor allem der Bekanntheitsgrad, der durch kostenintensive Kommunikationspolitik aufgebaut worden ist (z. B. Dawar 1993).

Die Anzahl der Möglichkeiten der Informationsübertragung lässt sich berechnen, wenn man die Anzahl der gleichartig markierten Produkte (Markenbreite) berücksichtigt. Mit Hilfe der Berechnung kann gezeigt werden, dass die Chancen und Risiken der Informationsübertragung in Abhängigkeit von der Zahl der markierten Produkte sehr schnell anwachsen können. Insbesondere gibt es keine „optimale" Anzahl gleichartig markierter Produkte. Es gibt dabei zwei Möglichkeiten der Informationsübertragung: Eine Übertragung vom alten zum neuen Produkt und die Möglichkeit der Rückübertragung.

Wenn β die Anzahl der Produkte unter einem Markendach bezeichnet, gibt es eine Verbindung γ zwischen diesen Produkten, die jeweils zwei Richtungen haben kann.[41]

Anhand des folgenden numerischen Beispiels kann man sich das klarmachen.

Produkte (β)	1	2	3	4	5	6
Verbindungen (γ)	0	1	2	3	4	5
Transfers	0	2	6	12	20	30

Tab. 8: Beispiel für Produktanzahl und Imagetransfers bei Marken
Quelle: Eigene Darstellung

Es gilt:

$$(\beta\text{-}1) + (\beta\text{-}2) + (\beta\text{-}3) + ... + 2 + 1 = \gamma$$

Mit Einführung der Hilfsvariable $\tau = \beta\text{-}1$ ergibt sich:

$$\tau + (\tau\text{-}1) + (\tau\text{-}2) + ... + 1 = \gamma$$

In Verbindung mit der Formel über endliche Reihen folgt daraus:

$$\tau * \beta * 0{,}5 = \gamma$$

Da k wegen der Möglichkeit der Rückübertragung der Information nur die Hälfte der Informationsübertragungen angibt, ist die Anzahl der Informationsübertragungen mit 2γ anzusetzen.

Dann kann man durch Einsetzen folgenden Ausdruck erhalten:

$$2\gamma = \tau * \beta = (\beta\text{-}1) * \beta = \beta^2 - \beta$$

Die Ergebnisse der Formel stimmen mit den Beispielen aus der Tabelle überein. Bei 6 Produkten ergeben sich deshalb bereits 30 Möglichkeiten der Informationsübertragung, bei 10 Produkten wären es bereits 90 Möglichkeiten.

41 Die verwendeten Symbole entsprechen denen des Symbolverzeichnisses.

Der dritte wichtige Aspekt bei der gemeinsamen Markierung mehrerer Produkte ist die mögliche Subventionierung schlechter Qualitäten durch gute Qualitäten. Wenn nicht alle gleichartig markierten Produkte ein vergleichbares Qualitätsniveau aufweisen, besteht die Möglichkeit, dass ein Subventionierungseffekt dadurch entsteht, dass verschiedene Qualitätsniveaus unter einem Markendach vereinigt werden. Durch die schnell wachsende Anzahl der Übertragungsmöglichkeiten kann eine solche Situation zumindest bei einer größeren Markenbreite kaum völlig ausgeschlossen werden. Die Gefahr steigt deutlich an, wenn bei grundlegenden Innovationen „Kinderkrankheiten" auftreten. In diesem Fall ermöglicht zwar die „alte" Marke die Markteinführung, sie kann dadurch jedoch auch „zerstört" werden. Durch die Vergrößerung der Anzahl der gleichartig markierten Produkte sinkt jedoch die Intensität des Qualitätssignals, weil das kommunikationspolitische Budget, besonders die kostenintensive Endverbraucherwerbung auf mehr Produkte aufgeteilt wird. Pro Produkt bleibt dann ein geringerer Betrag als „Geisel" übrig.

Insgesamt kann also gesagt werden, dass die Ermöglichung der Markeinführung nur unter den genannten Bedingungen und Einschränkungen mit Hilfe von Marken sinnvoll ist. Besonders wichtig ist die Beachtung der möglichen Risiken.

3.3.4 Zusammentreffen von Funktionen

Bislang sind die Aufgaben der Marke aus informationsökonomischer Sicht lediglich einzeln beschrieben worden. Auf die Frage nach dem Zusammenwirken ist nicht eingegangen worden. Denkbar sind drei Grundkonstellationen:

Funktionen können sich gegenseitig begünstigen, sie können einander behindern bzw. einander ausschließen, und sie können unabhängig voneinander sein.

Ganz allgemeine Aussagen über spezifische Begünstigungen oder Ausschlüsse sind jedoch nur beschränkt möglich. Es muss im allgemeinen davon ausgegangen werden, dass die Funktionen voneinander unabhängig sind.

Logisch schließen vor allem Moral-Hazard-Bekämpfung und Bekämpfung von Adverse Selection einander aus. Die erste Funktion bezieht sich auf Kontraktgüter, die zweite auf Austauschgüter. Eine Überschneidung ist daher ausgeschlossen. Suchkostenreduzierung und Signalling sind tendenziell gegenläufig, weil es, wie die Funktionenbeschreibungen gezeigt haben, zwei verschiedenartige Möglichkeiten zum Abbau von Informationsasymmetrie sind.

Allgemeingültige begünstigende Beziehungen zwischen verschiedenen Aufgabenbereichen der Marke lassen sich nur in Einzelfällen ermitteln. Erfüllt eine Marke die Signallingfunktion gut, dann kann das die Ermöglichung der Markteinführung begünstigen. Die Bekämpfung des anbieterseitigen Moral-Hazard-Verhaltens und die Möglichkeit zur Identifikation im Sortiment eines Absatzagenten weisen nur insofern eine Nähe zueinander auf, als eine kontrakttheoretische Betrachtungsweise verwendet wird.

Weitere Abhängigkeiten der einzelnen informationsökonomischen Funktionen der Marke voneinander werden durch die gewählte Systematik verhindert, denn die Katalogisierung der Funktionen ist auf Unabhängigkeit der einzelnen Funktionen voneinander angelegt.

3.4 Vergleich mit verwandten Instrumenten

Es gibt einige Marketinginstrumente, die eine gewisse Nähe zu Marken haben. Die Nähe entsteht vor allem dadurch, dass diese Instrumente ebenfalls im Zusammenhang mit der Qualitätspolitik stehen.

Es handelt sich um die Garantie (Kotler/Bliemel 1992, S. 940), das Image (Meffert 1994, S. 134), die reinen Werbeausgaben (Vahrenkamp 1991, besonders S. 60 ff.). Güte- und Prüfsiegel (Sattler 1991) oder die Zertifizierung nach DIN ISO 9000 (Weisenfeld-Schenk 1997) gehören ebenfalls in den Kreis der Instrumente, die eine Nähe zu Marken haben können.

Bereits die Auffassung der Marke als Mittel zur Ermöglichung einer Differenzierung kann zeigen, dass diese Instrumente jeweils auch andere Komponenten beinhalten. In der Literatur werden vertragliche Garantien des Anbieters als ein Beispiel für contingent contracts angesehen, bei denen die Kosten des Signals erst nach dem Leistungsaustausch anfallen und von der Reaktion des Signalempfängers abhängen (Spreman 1988, S. 614; Arnoldt 1996, S. 149).

Auch die anderen Marketinginstrumente, die hier aufgezählt worden sind, lassen sich anhand der drei Kriterien Risikogruppentrennung, Erstkaufbeschränkung und Haftungsausschluss von den Funktionen der Marke abgrenzen.

Die Risikogruppentrennung bezeichnet die Bildung von Nachfragergruppen mit verschiedener Risikobereitschaft. Die Marke kann bei einer solcher Trennung hilfreich sein.[42] Auch verschiedene Images für verschiedene Nachfragegruppen lasen sich denken. Bei Garantien ist das allenfalls dadurch möglich, dass für ein Produkt Garantien verschiedenen Umfangs gegeben werden. Die Risikogruppentrennung kommt dagegen für die anderen genannten Instrumente nicht in Betracht, weil Werbebudgets, Prüfsiegel und DIN-Zertifizierungen allen Nachfragern gegenüber einheitlich verwendet werden können.

Eine Beschränkung der Wirkung auf Transaktionen am Primärmarkt (Erstkäufe) kann man sich als weiteres Kriterium denken. Möglich ist das nur bei vertraglichen Garantien, in allen anderen Fällen ist eine solche Beschränkung nicht haltbar, weil sich die Wirkungen der verwandten Instrumente gleichermaßen auf Primär- und Sekundärmarkt beziehen.

Ein Ausschluss der rechtlichen Verantwortlichkeit liegt zwar bei Werbebudgets und Image, DIN-Zertifizierung und Prüfsiegeln vor, im Fall der Marke ist er jedoch nur formal möglich, weil elementare Aufgaben der Marke sonst behindert würden, insbesondere die Ermöglichung der Differenzierung und der Markteinführung.

Die folgende Tabelle 9 gibt eine abschließende Übersicht.

Darüber hinaus fehlt es den anderen genannten Instrumenten an der Vielfalt der Funktionen, wie sie hier im einzelnen aufgeführt worden sind. Das heißt, dass *alle* Funktionen der hiesigen Systematik nur von der Marke erfüllt werden können.

42 Das ist unter 3.3.2.4 ausführlich dargelegt worden.

	Risikogruppen-trennung	Erstkauf-beschränkung	Haftungsausschluss
Marke	möglich	nein	formal möglich
Garantie	möglich	möglich	unmöglich
Werbebudget	nein	nein	ja
Image	möglich	nein	ja
Prüfsiegel	nein	nein	begrenzt
DIN-Zertifizierung	nein	nein	ja

Tab. 9: Markenähnliche Instrumente und die relevanten Unterschiede zur Marke
Quelle: Eigene Darstellung

3.5 Fazit

Die informationsökonomische Betrachtung der Marke hat gezeigt, dass die Marke auch aus der hier gewählten Perspektive vielfältige Funktionen haben kann.

Hauptfunktionen sind die Ermöglichung von Identifikation, Differenzierung und Markteinführung. Diese Aufgaben lassen sich weiter unterteilen. Die Ermöglichung der Identifikation kann man in die mögliche Reduzierung von Suchkosten und die Identifikation im Sortiment eines Absatzagenten unterteilen. Die Ermöglichung der Differenzierung kann Moral-Hazard-Verhalten des Anbieters und Adverse Selection verhindern und zusätzlich Möglichkeiten zur Marktsegmentierung eröffnen. Die Ermöglichung der Differenzierung setzt voraus, dass die Marke als Signalling-Instrument eingeordnet werden kann. Das ist nur unter den allgemeinen Bedingungen des Signalling möglich. Insbesondere sind Marktgleichgewichte auch bei bestehender Informationsasymmetrie möglich. Es ist gezeigt worden, dass andere Parameter zur Adverse Selection ebenso beitragen wie die Informationsasymmetrie. Die Informationsverteilung ist also nicht allein maßgeblich, wenn es darum geht, die Sinnhaftigkeit einer Markierung zu beurteilen, die Adverse Selection verhindern soll. Eine weitere zentrale Aufgabe von Marken aus informationsökonomischer Sicht ist die Möglichkeit, Markteinführungen von Produkten zu ermöglichen. Dies ist jedoch nur unter einschränkenden Voraussetzungen möglich. Insbesondere ist es erforderlich, dass Nachfrager das bereits am Markt etablierte Produkt nach dessen Kauf in qualitativer Hinsicht beurteilen können.

Die abschließende Aufzählung gibt einen Überblick über die Funktionen der Marke aus informationsökonomischer Sicht:

- Identifikationsermöglichung
  - Suchkostenreduzierung
  - Identifikation im Sortiment eines Absatzagenten
- Ermöglichung einer Differenzierung
  - Bekämpfung von Moral Hazard
  - Verhinderung von Adverse Selection
  - Risikoorientierte Marktsegmentierung
- Ermöglichung der Markteinführung

3.6 Exkurs: Wiederaufgreifen der Kritik

Zugleich können mit der in diesem Kapitel vorgestellten Betrachtungsweise der Marke Ergänzungen vorgenommen werden, die sich im Vergleich zur traditionellen Sichtweise ergeben haben.

Die problematische Trennung zwischen Sachgütern und Diensten entfällt völlig, die Unterscheidung wird aufgegeben. Das ist möglich, weil es aus informationsökonomischer Sicht hierauf nicht ankommt. Dennoch können vielfältige mögliche Aufgaben von Marken abgeleitet werden.

Die eher geringe Beachtung der Wettbewerbsverhältnisse und ihrer möglichen Auswirkungen auf die Aufgaben von Marken gehören zu den ergänzungsfähigen Punkten in den traditionellen Darstellungen. In den vorangehenden Beschreibungen von informationsökonomischen Markenfunktionen ist an einigen Stellen bereits angeklungen, dass von einer solchen Unabhängigkeit in der Regel nicht gesprochen werden kann. Auf die genaueren Zusammenhänge soll im folgenden vierten Kapitel eingegangen werden.

In der Informationsökonomie hat die Einteilung in Kontraktgüter, Austauschgüter und Geschäftsbeziehungen sowie die Aufspaltung der Gütereigenschaften in Such-, Erfahrungs- und Vertrauensqualität starke Beachtung gefunden. Diese Aspekte lassen sich mit den dargestellten Aufgaben von Marken verknüpfen, mit den traditionellen Darstellungen jedoch nicht. Eine genauere Analyse dieser Aspekte folgt im fünften Kapitel.

Die Beschreibung und Abgrenzung einzelner Markenfunktionen kann schließlich ebenfalls mit Hilfe der informationsökonomischen Betrachtung in Details verfeinert werden. Besonders wichtig ist dabei die Modifikation der Garantiefunktion. Eine Garantie im vertraglichen Sinne liegt nicht annähernd vor. Ebenso wenig lässt sich die Aussage aufrechterhalten, dass Marken eine separate Wiederverkaufsfunktion hätten. Sie bieten eine von mehreren Möglichkeiten, einen Adverse Selection-Prozess zu bekämpfen. Eine fundamental verschiedene Funktion für Sekundärmärkte existiert nicht. Zugleich ist es möglich, wertmäßige Obergrenzen in bezug auf einzelne Funktionen der Marke anzugeben, wenn entsprechendes Datenmaterial vorliegt. Solche Obergrenzen kann man mit Hilfe der formalisierten Modelle des Marktversagens berechnen.

Mit Hilfe einer präzisen Beschreibung der einzelnen Markenfunktionen ist es außerdem möglich, auch Konstellationen zu untersuchen, in denen eindeutige Erkenntnisse leichter gewonnen werden können, wenn eine konkrete Beschreibung der von der Marke zu erfüllenden Funktion vorliegt. Das ist nicht bei allen Funktionen aus dem traditionellen Funktionenkanon der Fall.

Die Markentechnik lässt sich mit Hilfe der Informationsökonomie nur mittelbar stützen. Immerhin kann aber eine Verbindung zwischen allgemeinen Aufgaben der Marke und dem in den einzelnen Funktionen der Marke angesprochenen Nutzen der Nachfrager gezogen werden. Durch eine Markentechnik, die den Nutzen der Nachfrager berücksichtigt, kann eine Verbindung zu konkreten Funktionen von Marken hergestellt werden.

4 Wettbewerbssituation des Unternehmens und informationsökonomische Funktionen der Marke

4.1 Überblick

Im folgenden Abschnitt der Untersuchung soll der Frage nach den möglichen Zusammenhängen zwischen der informationsökonomischen Betrachtung der Marke und den Wettbewerbskräften und Unternehmensstrategien nachgegangen werden. Die Relevanz der Zusammenhänge ergibt sich aus der Intention der Untersuchung, die Funktionen von Marken in Ergänzung zu Darstellungen in der traditionellen betriebswirtschaftlichen Literatur als wettbewerbsabhängig zu sehen. Das ist zum Teil schon dadurch geschehen, dass einzelnen Funktionen konkrete Modelle zugeordnet werden. Es ist dargelegt worden, dass die Modellergebnisse nicht allein von der Informationsverteilung abhängen, sondern auch von den Wettbewerbsverhältnissen auf den jeweiligen Modellmärkten. Das folgende Kapitel soll darüber hinaus gehen, in dem auch Bezüge zu Marktformen, Triebkräften des Wettbewerbs und der möglichen Erzielung von Wettbewerbsvorteilen hergestellt werden sollen. Auf diese Art soll geklärt werden, welche Möglichkeiten ein anbietendes Unternehmen hat, die Markenfunktionen für sich so zu nutzen, dass die Erfüllung der Funktionen für das Unternehmen selbst vorteilhaft ist.

Zu diesem Zweck wird zuerst gezeigt, dass Wettbewerbskräfte in bezug auf die informationsökonomische Betrachtung der Marke relevant sind. Im Anschluss daran wird der Zusammenhang zwischen den informationsökonomischen Funktionen der Marke und möglichen Marktformen aufgezeigt. Das geschieht zuerst in einer statischen Betrachtung, das heißt unter Zuhilfenahme der aus der Markt- und Preistheorie bekannten Marktformenschemata. Anschließend wird der Versuch unternommen, eine Beziehung zwischen der Dynamik der Märkte und den Aufgaben der Marke aus informationsökonomischer Sicht herzustellen.

Im weiteren Verlauf der Untersuchung werden mögliche Zusammenhänge zwischen den Triebkräften des Wettbewerbs und den Aufgaben von Marken aufgezeigt. Basis der angestellten Erwägungen ist die Einteilung von Porter (1986; 1997), die zu einer weit verbreiteten Grundlage der Literatur zum strategischen Marketing geworden ist. Die Auswahl erfolgt, da Porter nicht nur Handlungsempfehlungen gibt, sondern durch seine Bezugnahme auf fundamentale ökonomische Größen die Möglichkeit eröffnet, Bezüge zur mikroökonomisch geprägten Marktmodellen herzustellen. Zudem ist es mit Hilfe der Branchen- und Konkurrentenanalyse auch möglich, entsprechende modellgestützte Aussagen in Handlungsempfehlungen für reale Situationen umzuwandeln.

Darauf aufbauend geht die Untersuchung auf die Beziehungen zwischen Strategietypen und den Aufgaben von Marken aus informationsökonomischer Sicht ein. Neben der Beschäftigung mit der Strategie der Differenzierung erfolgt auch eine Auseinandersetzung mit der Kostenführerschaft und ihren strategischen markenpolitischen Aspekten.

Anschließend wird ein Prüfschema vorgestellt, das es ermöglichen soll, die gewonnenen Erkenntnisse auf reale Fälle anzuwenden und konkrete Handlungsempfehlungen auszusprechen.

Das vierte Kapitel endet mit einem Fazit, das seine wesentlichen Aspekte zusammenfasst.

4.2 Relevanz der informationsökonomischen Markenfunktionen in bezug auf die Wettbewerbskräfte

Das vorhergehende Kapitel hat gezeigt, welche Funktionen Marken aus informationsökonomischer Sicht haben können. Dabei sind die Funktionen an Hand von Modellen beschrieben worden. In zwei Fällen ist dies mit Hilfe kontrakttheoretischer Erwägungen erfolgt. Die beiden Fälle sind die Bekämpfung des Moral-Hazard-Verhaltens und die Identifikation im Sortiment eines Absatzagenten. Die Auswahl dieser Darstellungsform könnte es nahe legen, eine Unabhängigkeit von den Wettbewerbskräften zu vermuten. Davon kann jedoch im allgemeinen nicht ausgegangen werden, wie noch im einzelnen zu zeigen sein wird. Die vertragstheoretische Betrachtung hat lediglich den Sinn, einen anderen Schwerpunkt zu setzen, und zwar einen Schwerpunkt auf die Effizienz der Beziehung zwischen den Beteiligten. Die Verträge, deren Effizienz durch die Existenz von Marken verbessert wird, kommen nicht unabhängig von den Wettbewerbskräften zustande. Die Wettbewerbskräfte können den Zugang des Prinzipals zu Informationen beeinflussen, die Anzahl der Agenten und auch das Lerntempo des Prinzipals.

Ansonsten liegen den Funktionen jeweils konkrete Marktmodelle zugrunde, die insbesondere auch die zum Marktgeschehen gehörenden Wettbewerbskräfte mindestens mittelbar mit beschrieben haben. Das ist in der Wahl der Preisfestsetzungsverfahren, der Anzahl der Marktteilnehmer, dem Bestehen von Barrieren und weiteren Bestandteilen der Modelle wiederzufinden. Die Vorgehensweise ist gewählt worden, um die informationsökonomische Betrachtung der Marke nicht auf Informationsasymmetrien zu beschränken, weil die Wettbewerbskräfte neben der Informationsverteilung für Marktergebnisse ebenso relevant sind.

Man kann das am Beispiel des Schmalensee-Effekts verdeutlichen. Er beschreibt das Auftreten von markierten Gütern minderer Qualität auf einem Markt für heterogene Güter, zu dem freier Zugang herrscht (Schmalensee 1978, S. 485). Ein Signalling in dem oben beschriebenen qualitätserhaltenden Sinn ist dann nicht mehr möglich, weil kein diskriminationsfähiges Signal mehr vorläge. Die Kosten, die die Signalling-Aktivitäten verursachen, stellen selbst bereits ein Barriere für potentielle Anbieter dar. Eine Markierung von Produkten wäre unter dem Aspekt der Differenzierung nicht geboten. Deshalb sind die Triebkräfte des Wettbewerbs relevant, die zu Zutrittsbarrieren zu diesem Markt führen.

4.3 Marktform

4.3.1 Statische Betrachtung

Die statische Betrachtung von Märkten liefert das morphologische Marktformenschema, das aus der Mikroökonomik bekannt ist. Es bietet eine Aufteilung der Marktstruktur in neun Fälle, je nach der Zahl der Anbieter und Nachfrager (Wied-Nebbeling 1994, S. 6). Die folgende Tabelle gibt dazu eine Übersicht.

Nachfrager **Anbieter**	**1 großer Nachfrager**	**wenige mittlere Nachfrager**	**viele kleine Nachfrager**
ein großer	bilaterales Monopol	Beschränktes Monopol	Monopol
wenige mittlere	beschränktes Monopson	bilaterales Oligopol	Oligopol
viele kleine	Monopson	Oligopson	Polypol

Tab. 10: Morphologisches Marktformenschema
Quelle: Wied-Nebbeling 1994, S. 14

Die informationsökonomischen Funktionen der Marke lassen nicht in allen Fällen zwingende Beziehungen zu diesem Schema erkennen, in einigen Fällen ist jedoch möglich, die folgenden Bezüge herzustellen.

Die Suchkostenreduzierung nimmt, so wie sie hier modelliert worden ist, keinen expliziten Bezug auf das traditionelle morphologische Marktformenschema. Dennoch lassen sich Querbezüge herstellen. Die Preissetzung durch die Anbieter nach dem „take it or leave it"-Prinzip kann als Ausdruck für eine gewisse Marktmacht der Anbieter interpretiert werden Das deutet darauf hin, dass die Anbieterzahl eher klein ist, während die Nachfragerzahl eher groß sein dürfte. So kann unter anderem eine Übermacht zustande kommen. Bei kleineren Stückzahlen auf der Nachfrageseite hätte man eher von individuellen Verhandlungen ausgehen müssen. Diese Art des „bargaining" würde jedoch zu anderen Ergebnissen führen, weil die sukzessive Anpassung an den vom Anbieter gesetzten Preis konstitutiv dafür ist, dass die Suchkosten bzw. ihr ökonomisches Äquivalent auf den Anbieter umverteilt werden.

Bei der Identifikation im Sortiment eines Absatzagenten muss unterschieden werden, welchen Markt man betrachtet. Die Analyse kann sich auf die Beziehung zum Absatzagenten, auf die Beziehung des Absatzagenten zum Endnachfrager oder auf die (gedachten) Verhältnisse zwischen Anbieter und Endnachfrager beziehen. Gegenstand des Interesses ist vor allem die Beziehung zwischen Hersteller und Absatzagent, weil die Anreiz- bzw. Gegenmachtwirkung, die von der Marke ausgeht, hier wirken soll. Zudem können aus der Beziehung zwischen Anbieter und Absatzagent keine Schlüsse gezogen werden, die eine tendenzielle Aussage zur Zahl der Nachfrager betreffen.

Die Identifikation im Sortiment eines Absatzagenten ist vor allem interessant, wenn nur ein Absatzagent existiert, der nicht ersetzt werden kann. Bei wenigen Agenten ergibt sich dann ein identisches Problem, wenn sich alle Agenten gleich verhalten. Mit der Anzahl der Agenten sinkt die Bedeutsamkeit des Problems, weil der Prinzipal den Agenten auswählen kann, der ihm die geringsten Einbußen verursacht. Das gilt jedoch dann nicht, wenn sich verschiedene existierende Agenten gleich verhalten, so dass keine echte Auswahlmöglichkeit vorliegt.

Die Anzahl der Prinzipale kann ebenfalls von Bedeutung sein, weil sie ein Ausweichen des Agenten auf andere Prinzipale oder die Drohung mit einem solchen Ausweichen ermöglicht. Das Ausweichen ist für den Agenten nur sinnvoll, wenn sich die Prinzipale erheblich verschieden voneinander verhalten. Durch die Möglichkeit, sich den Prinzipal auszuwählen, sinkt der Einfluss des einzelnen Prinzipals. Eine größere Anzahl von Prinzipalen verlangt also in stärkerem Maße nach einem Gegenmachtinstrument. Das macht die Marke aus informationsökonomischer Sicht wichtiger als in einer Situation mit nur einem Prinzipal.

Die Moral-Hazard-Bekämpfung zielt vor allem auf Kontraktgüter ab.[43] Da diese Güter in der Regel keinen hohen Standardisierungsgrad aufweisen, werden sie sich nur in Ausnahmefällen auf Märkten finden, bei denen polypolistische Konkurrenz herrscht. Die Bedeutung der Moral-Hazard-Bekämpfung ist auch mit der Zahl der Anbieter verbunden. Existiert nur ein Anbieter, ist für diesen Anbieter die Versuchung groß, Moral-Hazard-Verhalten zu zeigen, weil die Nachfrager nicht auf andere Anbieter ausweichen können. Die Nachfrager können, wenn sie das zukünftige Verhalten des Anbieter fürchten, jedoch dem Markt fernbleiben, sofern ihnen das möglich ist. Für diesen Fall, in dem auch der Anbieter Interesse an Glaubwürdigkeit hat, ist die Marke ebenfalls ein mögliches Mittel zur Verhinderung von anbieterseitigem Moral-Hazard-Verhalten. Der Schwerpunkt dieser Funktion liegt deshalb eher im Bereich von höchstens mittelgroßen Marktteilnehmern auf beiden Seiten.

Die Verhinderung von Adverse Selection impliziert tendenziell andere Marktstrukturen. Das Ausgangsbeispiel des Gebrauchtwagenmarktes (Akerlof 1970, S. 508) gibt einen Fall wieder, in dem viele kleine Nachfrager zu finden sind. Die Anbieter sind maximal von mittlerer Größe.[44] Die Übertragung auf alle anderen denkbaren Adverse Selection Fälle wäre jedoch nicht zwingend. Dennoch kann tendenziell gesagt werden, dass kleine Marktteilnehmerzahlen auf beiden Seiten mit Adverse Selection kaum kompatibel sind, weil die Informationsasymmetrie in solchen Konstellationen gerade durch die Anonymität bedingt wird. Tendenziell lassen sich Aussagen von Kim (1986) in dieselbe Richtung interpretieren. Wenn der Zustand des Gutes vom Anbieter beeinflusst werden kann, dann bietet die Anonymität eines Marktes mit vielen Anbietern und Nachfragern einen größeren Spielraum für Opportunismus. Bei kleinerem Zahlen der Beteiligten müsste man davon ausgehen, dass opportunistisches Anbieterverhalten durch persönliche Kenntnis für die Nachfrager vorhersehbar wäre. Deswegen wäre dann für Signalling durch Marken ein geringerer Bedarf.

Auch Wilsons Erwägungen zum Auktionator (Wilson 1980, S. 112) deuten implizit darauf hin, dass zumindest die Nachfragerzahl groß sein muss. Andernfalls bestünde an der Errichtung eines Auktionsmarktes kein Interesse. Zudem hat er gezeigt, dass die einseitige Preisfestsetzung ebenfalls zu Gleichgewichten führen kann (Wilson 1980, S.

---

43 Darauf wird im fünften Kapitel noch zurückzukommen sein.

44 Ein Beispiel für mittelgroße Anbieter können größere Händler sein.

115). Das bedeutet wiederum, dass Marktformen, bei denen einseitige Macht auf Nachfragerseite vorliegt, tendenziell in geringerem Maße der Gefahr von Adverse Selection ausgesetzt sind. Das Bedürfnis für Marken, die dieses Phänomen verhindern, ist also vor allem bei einer atomistischen Nachfragerstruktur zu vermuten.

Allgemein kann deshalb gesagt werden, dass auf Märkten mit höchstens mittelgroßen Anbieterzahlen und vielen kleinen Nachfragern der Bedarf für die Bekämpfung von Adverse Selection durch Marken tendenziell am größten ist. Die Marke kann dann ein Signal sein, das opportunistische von ehrlichen Anbietern trennt.

Die risikoorientierte Marktsegmentierung passt sich nicht ohne weiteres in das Marktformenschema ein, weil die Segmentierung die Einordnung in das Schema beeinflusst. Es kann nur ganz allgemein gesagt werden, dass die Segmentierung vor allem dann interessant ist, wenn insgesamt eine hinreichende Anzahl von Nachfragern existiert, so dass für einzelne Segmente eine ausreichende Größe zu erwarten ist. Diese allgemeine Anforderung an die Segmentierung ist jedoch kein Spezifikum, das sich aus der informationsökonomischen Betrachtung der Marke ergibt.

Die Erleichterung der Markteinführung lässt sich ebenfalls nur mit Einschränkungen auf das Marktformenschema beziehen. Es müssen zwei Märkte unterschieden werden: Der Markt für das bereits markierte Produkt und derjenige für das neu eingeführte Produkt. Exakte Aussagen über den Markt des bereits markierten Produktes können aus dem Modell nicht abgeleitet werden. Das von Schmalensee (1982, S. 350) gewählte Beispiel der Rasierklinge deutet jedoch auf Märkte hin, in denen einige wenige große Anbieter vielen kleinen Nachfragern gegenüberstehen. Die Allgemeingültigkeit dieser Aussage kann aus dem Modell jedoch nicht abgeleitet werden, weil das Beispiel als Erfahrungsgut ausgewählt worden ist, nicht wegen des speziellen Marktes für Rasierklingen und dessen Marktform.

Implizit setzt Schmalensee (1982) jedoch voraus, dass die Nachfrager der beiden Märkte mindestens zum Teil identisch sind, weil sonst die Übertragung der positiven Erfahrung auf Mund-zu-Mund-Propaganda beschränkt wäre.

Auf der Angebotsseite entsteht durch den Vorteil, den die Markierung bieten kann, ein (Quasi-)Monopol, wenn dieser Informationsvorteil nicht zerstört wird.[45]

Anzahl und Größe der Nachfrager werden durch das Modell nicht explizit bestimmt. Stringente Aussagen, die über die Teilidentität der beiden Nachfragergruppen hinausgehen, sind nicht möglich.

Am Beispiel deregulierter Märkte für Telekommunikationsdienste können Ergebnisse dieses Abschnitts belegt werden. So lange wie die staatliche Regulierung bestand, hatten die Anbieter dieser Dienste ein Monopol, das Marketingaktivitäten entbehrlich machte (Weimann 1996, S. 358). Auch nach der in diesem Abschnitt durchgeführten Analyse wäre eine Markierung für solche Dienste auf die Funktion der Suchkostenreduzierung beschränkt, wenn eine staatliche Regulierung vorliegt. Es liegt im Sinne des verwendeten Marktformenschemas ein Angebotsmonopol vor, das andere Funktionen der Marke nicht als sinnvoll erscheinen lässt. Dem Nachfrager wird es durch die Markierung der Dienste lediglich ermöglicht, den einzigen Anbieter überhaupt zu identifizieren. Da keine Absatzagenten mit eigenen Sortimenten existieren,

45 Schmalensee (1982, S.364) hat auf diese Gefahr ausdrücklich hingewiesen.

sondern alle Leistungen direkt distribuiert worden sind, ist auch für diese Markenfunktion kein Raum. Für die Ermöglichung der Differenzierung besteht naturgemäß kein Bedarf. Für die Ermöglichung der Markteinführung durch Marken fehlt für den einzigen Anbieter das Interesse, da die Konsequenzen eventueller Fehlschläge bei der Markteinführung vom Staat ausgeglichen werden mussten.

Mit dem Wegfall der staatlichen Eingriffe ist jedoch die Notwendigkeit zur gezielten Vermarktung entstanden (Kühnapfel 1995; Hungenberg/Hutschenreuther 1998, S. 8 ff.). In dieser veränderten Situation kommen Marken schwerpunktmäßig andere informationsökonomische Funktionen zu. Sie sollen in erster Linie die Markteinführung ermöglichen und das Moral-Hazard-Verhalten des Anbieters verhindern helfen.

In der Wirtschaftspraxis findet man diese Funktionen wieder. Die Marken der Telekommunikationsanbieter haben es ermöglicht, neue Produkte am Markt zu etablieren, z. B. ISDN-Anschlüsse. Die Einführung neuer Telefonapparate ist durch die Marke ebenfalls erleichtert worden. Ähnliches gilt auch für Mobilfunkleistungen, bei denen die etablierten ehemaligen Staatsunternehmen durch ihre bereits bestehenden Marken einen anfänglichen Vorteil gegenüber neu auftretenden Anbietern gehabt haben. Es liegen Auswirkungen in verschiedenen Bereichen vor, die nach traditionellem Verständnis in Sachgüter und Dienstleistungen zu unterteilen wären. Deshalb eignet sich diese Beispiel auch als Beleg für die hier vertretene Ansicht, dass diese Unterscheidung unter informationsökonomischen Aspekten nicht sinnvoll erscheint.

Die Verhinderung von Moral-Hazard-Verhalten ist aus informationsökonomischer Sicht ebenfalls eine Aufgabe der Marken einiger ehemaliger Staatsunternehmen. Es wird damit die für die Vermarktung der angebotenen Leistungen angestrebte Differenzierung ermöglicht, weil der markierende Anbieter eine Selbstbindung eingeht. Die Selbstbindung ist vor allem relevant geworden, seit Anbieter ein Interesse haben, ihren Gewinn durch opportunistisches Verhalten zu steigern.

	Nachfrager:		
Anbieter:	Ein Großer	Wenige Mittlere	Viele Kleine
Ein Großer		Suchkostenreduzierung	
		Moral-Hazard-Bekämpfung	Markteinführung
Wenige Mittlere			
Viele Kleine		Identifikation beim Absatzagenten	Adverse Selection-Bekämpfung

Abb. 14: Zusammenhang zwischen Schwerpunkten von Markenfunktionen und Marktformen
Quelle: Eigene Darstellung

Die Abbildung 14 gibt einen Überblick über die schwerpunktmäßige Bedeutung der einzelnen Markenfunktionen aus informationsökonomischer Sicht vor dem Hintergrund des eingangs erläuterten Marktformenschemas. Die risikoorientierte Marktsegmentierung bleibt dabei aus den genannten Gründen außer Betracht.

4.3.2 Dynamische Betrachtung

Märkte können zum einen in der Art und Weise betrachtet werden, wie dies im vorherigen Abschnitt geschehen ist. Eine weitere Möglichkeit besteht durch die dynamische Betrachtung der Märkte, bei der deren Entwicklungsgeschichte mit in die Betrachtung einbezogen wird (Wied-Nebbeling 1994, S. 13 f.). Sinn der Betrachtungsweise ist es, zusätzliche Erkenntnisse im Vergleich zur statischen Betrachtungsweise der Preistheorie über das Marktgeschehen zu gewinnen (Kaufer 1980, S. 275-284). Hier soll auf das in der deutschsprachigen industrieökonomischen Literatur verbreitete Schema von Heuß (1965) zurückgegriffen werden, das inhaltlich dem vierphasigen Schema der Marktevolution entspricht (Kotler/Bliemel 1999, S. 595-600). Das Schema eignet sich wegen seiner geringen Phasenzahl eher als andere Einteilungen für den hiesigen Untersuchungszweck, da mit einer steigenden Anzahl der Phasen auch die Abgrenzungsschwierigkeiten bezüglich der Phasen steigen.

Das Schema wird durch einige neuere Erkenntnisse aus dem Bereich der Betriebswirtschaftslehre ergänzt die sich auf sogenannte emergent-adaptive Prozesse beziehen. Unter den in die Betrachtung einzubeziehenden emergent adaptiven Prozessen versteht man Adaptionen, die auf das ungesteuerte Entstehen von Kohärenz in einem Netz einfacher Einheiten erklärt werden können (z. B. Wicht 1997, S.3). Solche Prozesse können die Dynamik von Entwicklungen beeinflussen (Wicht 1997, S. 420). Prinzipiell ist es denkbar, dass auch die informationsökonomischen Funktionen der Marke im Zuge der Marktdynamik dadurch beeinflusst werden, dass ein zufälliger Kontakt zur Marke entsteht. Deshalb erscheint die ergänzende Einbeziehung dieses Phänomens gerechtfertigt.

Nach dem hier verwendeten Schema kann man die Dynamik von Märkten in vier Phasen einteilen (Heuß 1965, S. 25-104):

Die Experimentierungsphase, die Expansionsphase, die Ausreifungsphase sowie die Stagnations- bzw. Rückbildungsphase. Jeder Phase kann ein idealtypisches Geschehen zugeordnet werden.[46] Es ist möglich, den jeweiligen Phasen verschiedene idealtypische Bedeutungen der informationsökonomischen Funktionen von Marken zuzuordnen.

In der ersten Phase befindet sich der Markt erst in der Entstehung. Die Anbieter müssen für das Produkt werben, einen Vertrieb aufbauen, und sie müssen einen Preis festlegen, der von Nachfragern akzeptiert wird.

46 Die hieran mit Hilfe von Gegenbeispielen geäußerte Kritik (z. B. Dhalla/Yuspeh 1976) lässt nicht den Schluss zu, dass eine Entwicklung wie die hier beschriebene nicht zu beobachten wäre. Es muss jedoch die Einschränkung gemacht werden, dass die Entwicklung nicht in allen Fällen so verläuft, wie es hier dargestellt wird.

In dieser Phase ist die Ermöglichung der Markteinführung eine sehr wichtige Aufgabe. Das bereits markierte Produkt ist dann auf einem anderen Markt etabliert, während das neue Produkt, dessen Markt erst im Entstehen ist, vor den Übertragungseffekten der gemeinschaftlichen Markierung profitiert. Das ergibt sich bereits aus der Beschreibung der Markenfunktion selbst. Es muss also nutzenmaximierende risikoscheue Nachfrager geben, die die Qualität eines anderen Produktes bereits kennen, das ebenfalls mit der gemeinsamen Marke versehen ist. Das einzuführende Produkt muss mit dem etablierten Produkt durch eine gemeinsame Markierung verbunden sein, um eine Übertragung der Information zu ermöglichen.[47] Das Auftreten emergent-adaptiver Prozesse erleichtert die Markteinführung, wenn Nachfrager sich durch den unbeabsichtigten Kontakt zur Marke zum Kauf des markierten Gutes anregen lassen. Es kann jedoch nicht allgemein gesagt werden, wie stark die erleichternde Wirkung ausgeprägt ist, weil die Geschwindigkeit und das Ausmaß der emergent-adaptiven Prozesse nicht annähernd exakt prognostiziert werden können.

Als Beispiel dafür, wie sehr die Ermöglichung der Markteinführung die Bedeutung einer Marke determinieren kann, kann die Marke NIVEA dienen. Unter deren Markendach befinden sich neben der Creme auch Produkte aus den Bereichen Babypflege, Dusch- und Schaumbäder, Haarpflege, Sonnenpflege Milk, Lotion und Gesichtspflege. Die Einführung dieser Produkte bzw. Produktgruppen ist vor allem durch die Existenz der Marke NIVEA und ihre Ausgestaltung als Dachmarke ermöglicht worden (Becker 1998, S. 203; Kotler/Bliemel 1999, S. 705).

Die Ermöglichung der Identifikation ist differenziert zu beurteilen. Die Reduzierung von Suchkosten kann hier sehr wichtig sein, wenn die Suchkosten der Nachfrager bei der Entstehung eines Marktes eher hoch sind. Die Nachfrager müssten sich jedoch einen cut-off-Preis vorgeben, damit der geschilderte Modellmechanismus zum Zuge kommt. Davon kann bei neu auf den Markt kommenden Produkten, die die Nachfrager noch nicht kennen, nicht ohne weiteres ausgegangen werden. Die Nachfrager haben für ein solches Vorgehen nur unzureichende Anhaltspunkte, wenn das angebotene Gut völlig unbekannt ist. Eine Möglichkeit zur Bestimmung eines cut-off-Preises liegt in der Berücksichtigung der Budgetrestriktion der Nachfrager. Lässt diese nur einen bestimmten Höchstpreis zu, so ist das der höchst denkbare cut-off-Preis. Liegen die Nutzenerwartungen der Nachfrager jedoch unter dem Äquivalent zum höchsten cut-off-Preis, muss auch der cut-off-Preis niedriger liegen. Das Vorliegen von emergent-adaptiven Prozessen verringert den Wert der Suchkostenreduzierung dann nicht, wenn ein unbeabsichtigter Kontakt zur Marke den beschriebenen Suchprozess nicht ersetzen kann. Wird der Suchprozess durch emergent-adaptive Prozesse völlig ersetzt, ist die Suchkostenreduzierung in wesentlichen Teilen unabhängig von den klassischen Suchschritten verlaufen. Die Marke bleibt jedoch sinnvoll, da sie einen Anknüpfungspunkt für einen emergent-adaptiven Prozess darstellt.

Die Identifikation im Sortiment eines Absatzagenten kann in der Experimentierungsphase dann wichtig werden, wenn dieser Agent die Einführung ohne die Existenz einer Gegenmachtposition, wie die Bekanntheit von Marken sie verleihen kann, be- oder verhindern würde. Ein selbst informierter Agent könnte die Ermöglichung der

47 Eine ausführliche Darstellung findet sich unter 3.3.3.

Markteinführung als Funktion der Marke durch Weitergabe des eigenen Wissens ansonsten für den Endnachfrager uninteressant werden lassen.

Die Ermöglichung der Differenzierung ist in dieser frühen Phase zwar möglich, aber das Bedürfnis dazu ist im allgemeinen nur eng begrenzt. Grund dafür ist die in dieser frühen Phase noch schwach ausgeprägte Konkurrenz. Deshalb besteht kaum Anlass für ehrliche Anbieter, Signale auszusenden, die sie von opportunistischen Konkurrenten unterscheiden.

Die risikoorientierte Marktsegmentierung ist der Experimentierungsphase in dem Sinn vorgelagert, dass eine Segmentierungsentscheidung vor der Entscheidung über das Anbieten eines Gutes vorausgehen kann. Würde ausnahmsweise ein Segment mit risikofreudigen Nachfragern bedient, wäre das aber ein gegenläufiger Effekt zu der Aufgabe, die Markteinführung zu erleichtern, weil die Ermöglichung der Markteinführung auch aus der Risikoreduktion resultiert.

In der Expansionsphase steigt die abgesetzte Menge des Produktes. Es sind auch Preissteigerungen möglich, wenn nicht ein sehr hoher Einführungspreis in der ersten Phase erzielt werden konnte.

Die Schwerpunkte der Funktionen wandeln sich von der ersten Phase zur zweiten Phase. Die Ermöglichung der Markteinführung eines neuen Gutes kann jetzt eine andere Bedeutung haben. Das von einem Anbieter auf dem betrachteten Markt angebotene Gut kann jetzt schon selbst als „bewährt“ gelten und die Einführung weiterer Güter ermöglichen. Der Zusammenhang ist jedoch nicht absolut zwingend, weil es dem Gut, das auf dem Markt gehandelt wird, noch an technischer Ausreifung fehlen kann. Letztlich handelt es sich um eine Frage des Einzelfalls. Die Auswirkungen emergent-adaptiver Prozesse können auch in dieser Phase nicht pauschal eingeschätzt werden, weil keine Aussage dazu gemacht werden kann, ob und inwieweit solche Prozesse relevant sind.

Die Ermöglichung der Identifikation erfährt im Vergleich zur ersten Phase einen Bedeutungswandel. Die Suchkostenreduzierung büßt an Bedeutung ein, weil mit jedem Suchschritt, also im Zeitablauf, ihr ökonomischer Nutzen für die Nachfrager sinkt.

Die Identifikation im Sortiment eines Absatzagenten ist wichtiger als in der vorhergehenden Phase. Mit steigenden Gewinnen wächst auch der Anreiz für den Agenten, sich opportunistisch zu verhalten. Deshalb ist ein Instrument sinnvoll, das mit Hilfe einer Gegenmachtposition diesen Anreiz verringert.

Auch die Ermöglichung einer Differenzierung ist in der zweiten Phase anders zu beurteilen als in der ersten Phase. Die Bekämpfung von Moral-Hazard und Adverse Selection ist jetzt wichtiger, weil die Etablierung des Gutes am Markt und die steigenden Gewinne Anbieter eher zum Opportunismus verleiten können.

Eine risikoorientierte Segmentierung ist möglich, sie ist möglicherweise wegen der Segmentierungskosten und der auf dem unsegmentierten Markt weiter erzielten Erträge noch nicht lohnend. Durch die stärkere Etablierung der Güter ist es tendenziell schwieriger, hierfür noch risikofreudige Nachfrager zu finden. Das erschwert diese Art der Segmentierung, und es begrenzt seine Bedeutung.

In der anschließenden Ausreifungsphase werden Sättigungserscheinungen deutlich, die den Wettbewerb erheblich verschärfen können. Durch auftretende Imitatoren kann die Anzahl der Wettbewerber in Märkten, zu denen freier Zutritt besteht, deutlich steigen. Insofern dadurch Leerkapazitäten entstehen, führt das zu einer weiteren Verschärfung der Situation.

In der dritten Phase ergibt sich wiederum ein anderes Bild von der Wichtigkeit der informationsökonomischen Funktionen von Marken.

Die Ermöglichung der Markteinführung ist jetzt stärker als in der vorhergehenden Phase davon geprägt, dass die betrachteten Güter bekannt und ausgereift sind. Sie bieten daher eine geeignete Ausgangsbasis, um durch eine Multimarke[48] diese positiven Erfahrungen der Nachfrager zu übertragen. Die Übertragung wird durch das Vorliegen emergent-adaptiver Kontakte zur Marke gefördert, weil die Anzahl möglicher Informationsübertragungen gesteigert wird. Es kann jedoch nicht gesagt werden, in welchem Maß das der Fall ist.

Im Bereich der Differenzierung, die Marken aus informationsökonomischer Sicht ermöglichen können, ergeben sich ebenfalls in Teilbereichen Verschiebungen im Vergleich zu den vorangegangenen Phasen.

Die Verhinderung von Adverse Selection ist im allgemeinen auch in dieser Marktphase denkbar. Es ergeben sich jedoch deutliche Einschränkungen. Es ist gezeigt worden, dass Adverse Selection auch ohne Signalling verhindert werden kann. Die Möglichkeit zur Bildung sequentieller Gleichgewichte und die mehrperiodige Betrachtung deuten darauf hin, dass Adverse Selection um so weniger entsteht, je mehr gleiche oder ähnliche Handlungen erfolgen. Das führt zu einer im Zeitablauf sinkenden Bedeutung des Phänomens, also auch des Signalling-Prinzips. Ein weiterer Aspekt, der die Adverse Selection-Gefahr und das Bedürfnis für Signalling senkt oder senken kann, geht von möglichen Erfahrungskurveneffekten aus. Darunter versteht man die Möglichkeit, durch wiederholungsinduziertes Lernen Fehler zu vermeiden (Spence 1981, S. 112). Durch die im Zeitablauf kumulierte Menge an produzierten Gütern können sich solche Lerneffekte ergeben, die die Effizienz oder die Qualität verbessern können. Aus diesen Möglichkeiten können Kostenreduzierungen resultieren. Wenn dadurch der oben dargestellt Zusammenhang zwischen Kosten und Qualität verringert wird,[49] dann bestünde eine verringerte Gefahr für Adverse Selection, mit der ein geringeres Bedürfnis nach Signalling einhergeht. Die Differenzierung zur Adverse Selection-Bekämpfung kann deshalb von geringerer Bedeutung sein als in vorherigen Phasen.

Auf die Moral-Hazard-Verhinderung lassen sich derartige Überlegungen jedoch nicht übertragen. Erwägungen zu sequentiellen Gleichgewichten sind hier nicht relevant, wie die Beschreibung der Markenfunktion gezeigt hat. Die identische Wiederholung eines Vertrages wäre eine Ausnahme. Von diesem Fall kann aber kaum ausgegangen werden, weil die betroffenen Kontraktgüter so individualisiert sind, dass eine solche Identität in der Regel nicht unterstellt werden kann. Aus diesem Grund sind auch Erfahrungskurveneffekte für diese Markenfunktion nicht von entscheidendem Gewicht.

---

48 Dieser Begriff ist oben erläutert worden. Die Einteilung in Dachmarken, Markenfamilien etc. wird hier nicht verfolgt.

49 Im Extremfall wäre der Zusammenhang aufgehoben.

Die risikoorientierte Marktsegmentierung kann in dieser Phase eine Bedeutung erlangen, wenn die zu beobachtenden Sättigungstendenzen durch eine feinere Segmentierung aufgefangen werden können. Die Segmentierung muss mit anderen Worten eine Steigerung des Erfolgs bringen. Es kann weder aus der allgemeinen Marktdynamik noch aus der Beschreibung der Markenfunktion einschließlich ihrer Voraussetzungen geschlossen werden, dass diese Segmentierung in dieser Phase zwingend sinnvoll ist. Vielmehr müssen die Voraussetzungen, die unter 3.3.2.4 genannt worden sind, in jedem Einzelfall überprüft werden.

Die Ermöglichung der Identifikation verändert ihre Bedeutung in der dritten Phase im Vergleich zur vorhergehenden Marktphase nur leicht. Die Reduzierung von Suchkosten büßt an Bedeutung ein, wenn die dafür vorausgesetzte Verhandlungsmacht der Anbieter nicht oder nicht mehr vorliegt. Durch Lernprozesse hatten zudem die Nachfrager seit der Markteinführung Gelegenheit, ihre Suchkosten auch ohne die Hilfe der Anbieter zu senken. Möglichkeiten bieten eigene oder fremde Nachkauferfahrungen oder publizierte Ergebnisse von Tests.

Die Identifikation im Sortiment eines Absatzagenten ist von mindestens gleicher Bedeutung im Vergleich zur zweiten Phase. Durch Imitatoren entsteht eine Tendenz zur Homogenisierung von Produkten, die dem Absatzagenten eine mächtige Position verschafft, wenn er unter prinzipiell austauschbaren Produkten auswählen kann. Die Möglichkeit, dass der Endnachfrager das Produkt mit Hilfe von Marken identifizieren kann, kann dem Anbieter in dieser Situation eine Gegenmacht verleihen. Zu bedenken ist dabei jedoch, dass die Kosten für den Aufbau dieser Gegenmachtposition von dem zu erwartenden Erfolg nicht überkompensiert werden dürfen. Die agency-costs sind also als Obergrenze für den Wert dieser Position anzusehen.

In der Stagnationsphase führen insbesondere veränderte Präferenzen und die steigende Anzahl der Anbieter zu sinkenden Preisen und Mengen in bezug auf das betroffene Produkt. Diese letzte Phase endet schließlich mit dessen Elimination.

Phase	Suchkosten-reduzierung	Identifika-tion beim Agenten	Moral-Hazard	Adverse Selection	Segmen-tierung	Markt-einführ.
„Experi-mentierung"	++	+	+	+	-[(a)]	++
„Expansion"	+	+	+	+	+	+[(b)]
„Stagnation"	+/-	++	+	+/-	+/-	++
„Rückbil-dung"	+/-	+/-	+/-	+/-	-	+

Legende: ++: Die Erfüllung der Markenfunktion ist in der gegebenen Phase besonders sinnvoll; +: Die Erfüllung der Markenfunktion ist in der gegebenen Phase sinnvoll; -: entsprechend umgekehrt; +/-: Es ist kein eindeutiger Zusammenhang erkennbar.
(a) Die Segmentierungsentscheidung ist quasi vorgelagert.
(b) Ab der zweiten Phase ist diese Funktion nur noch für das bereits etablierte Produkt relevant.

Tab. 11: Marktphasen und Markenfunktionen
Quelle: Eigene Darstellung

In der letzen Phase, in die ein Markt kommt, verlieren tendenziell die Möglichkeiten, Produkte zu identifizieren oder zu differenzieren, ihre Bedeutung. Ist der Markt gänzlich verschwunden, haben sie keine Bedeutung mehr. Die Funktionen können jedoch, solange der Markt noch existiert, grundsätzlich wahrgenommen werden.

Etwas anderes ergibt sich bei der Ermöglichung der Markteinführung. Gerade „alte" Märkte bzw. die auf ihnen gehandelten Güter können benutzt werden, um das dort gewonnene Ansehen auf neue Produkte durch eine gemeinschaftliche Marke zu übertragen. Bei der Nutzung dieser Möglichkeit muss jedoch beachtet werden, dass sie das Bestehen mindestens gleicher Qualität bis zum Ende voraussetzt.

Die Tabelle 11 gibt noch einmal einen Überblick über die unterschiedlichen Bedeutungen von informationsökonomischen Markenfunktionen in verschiedenen Entwicklungsphasen eines Marktes.

4.4 Wettbewerbskräfte

4.4.1 Überblick

Porter (1986;1997) hat eine Systematik von fünf Triebkräften des Wettbewerbs entwickelt, die dazu dienen eine Analyse der Wettbewerbsumwelt eines Unternehmens durchzuführen. Es handelt sich um die Verhandlungsmacht von Abnehmern oder Lieferanten, die Bedrohungen, die von Substitutionsprodukten oder neuen Konkurrenten ausgehen und um die Rivalität unter den bestehenden Unternehmen.

Der portersche Ansatz wird an dieser Stelle der Untersuchung ausgewählt, weil er mit dem mikroökonomisch orientierten Denken der Untersuchung eher kompatibel erscheint als andere Ansätze. Auf der Basis einer Analyse der Wettbewerbskräfte sollen Strategieempfehlungen für das betreffende Unternehmen ausgesprochen werden. Die folgende Abbildung 15 gibt einen Überblick über die fünf Wettbewerbskräfte, die anschließend jeweils kurz dargestellt und in bezug auf ihre Relevanz für die informations-ökonomischen Funktionen von Marken untersucht werden.

4.4.2 Verhandlungsmacht der Abnehmer

Zu den grundlegenden Kräften, die den Wettbewerb in einer Branche bestimmen, gehört die Verhandlungsstärke der Abnehmer, weil sie die Macht haben, Preise zu drücken, weil sie in der Lage sind, höhere Qualität zu verlangen oder weil sie Wettbewerber gegeneinander ausspielen können (Porter 1997, S. 50-53). Derartiges Verhalten wirkt sich tendenziell ertragsmindernd aus.

Maßgebliche Faktoren dafür sind die Konzentration auf einige wenige Abnehmer oder auf eine bestimmte Gruppe von Abnehmern, die Höhe der Fixkosten, von denen der Zwang zum Absatz an diese Großabnehmer ausgeht, fehlende Produktdifferenzierung, niedrige Umstellungskosten der Abnehmer sowie die glaubhafte Drohung der Abnehmer mit Rückwärtsintegration. Relevant sind auch die Bedeutung des Produkte für die Abnehmer und der Informationsstand der Abnehmer. Ohnehin niedrige Gewinne verschärfen die Situation weiter.

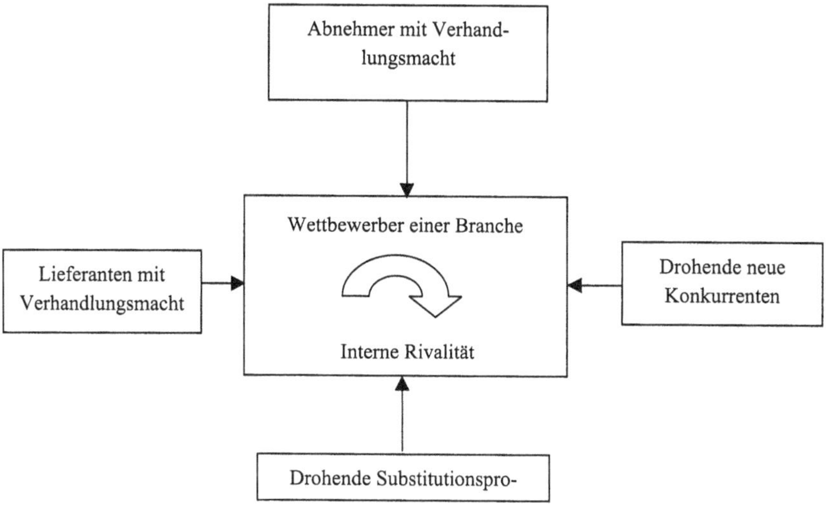

Abb. 15: Triebkräfte des Wettbewerbs
Quelle: Porter 1997, S. 29

Das Vorhandensein von Abnehmermacht hat auf die informationsökonomischen Aufgaben von Marken sehr unterschiedliche Auswirkungen. Die Suchkostenreduzierung verhält sich tendenziell gegenläufig zum Vorhandensein von Abnehmermacht. Das kann aus der einseitigen Preisfestsetzung durch die Anbieter gefolgert werden, die beim Vorhandensein von Abnehmermacht so kaum denkbar ist. Es ist gezeigt worden, dass die Modellergebnisse und die Sinnhaftigkeit einer Markierung ganz wesentlich vom Preissetzungsverfahren abhängen. Die Suchkostenreduzierung setzt eine Preisbestimmung durch die Anbieter nach dem "take-it-or-leave-it"-Prinzip voraus.[50] Die anderen von Porter genannten Faktoren (Porter 1997, S. 50-53) wie Verhandlungsstärke oder das Ausspielen verschiedener Wettbewerber gegeneinander sind mit dieser Preissetzung ebenfalls nicht vereinbar. So wird klar, dass auch die dort genannten Aspekte eher hinderlich sind, wenn ein anbietendes Unternehmen durch das Anbieten von Suchkostenreduzierungen einen Vorteil im Wettbewerb erzielen will. Der ausdrückliche Hinweis Porters auf den Informationsstand der Abnehmer unterstreicht das ebenfalls.

Die Konstellation des positiven Preis-Mengen-Zusammenhangs bei der Nachfrage ist hier so gut wie ausgeschlossen, weil sonst der Preis als Qualitätsindikator oder Prestigefaktor dienen müsste. Beides widerspricht aber tendenziell der Annahme, der Nachfrager sei im Verhältnis zum Anbieter mächtig. Die besonders hohen Gewinne, die bei einer Suchkostenreduzierung und einem positiven Preis-Mengen-Zusammen-

50 Das ist in Abschnitt 3.3.1.1 ausführlich gezeigt worden.

hang erzielt werden können, entstehen also beim Vorliegen von Abnehmermacht kaum jemals.

Die Identifikation im Sortiment eines Absatzagenten ist dagegen beim Vorhandensein von Abnehmermacht enorm wichtig. Die Faktoren wie Abhängigkeit vom abnehmenden Agenten, Existenz eigener hoher Fixkosten und Wissensvorsprünge des Abnehmers, der Agent ist, erfordern eine Gegenmachtposition des anbietenden Prinzipals. Dabei sollte jedoch beachtet werden, dass der mögliche Residualverlust ein Maß für den Wert dieser Gegenmachtposition sein kann. Andernfalls besteht die Gefahr, dass die Gegenmachtposition sich nicht hinreichend in ökonomischem Erfolg niederschlägt.

Die Bekämpfung von anbieterseitigem Moral-Hazard-Verhalten kann eine weitere Funktion von Marken aus informationsökonomischer Sicht sein. Beim Vorliegen hoher Abnehmermacht kann jedoch kaum davon ausgegangen werden, dass Anbieter ein solches Verhalten zeigen. Die Möglichkeiten, diesem Verhalten durch entsprechende Vereinbarungen, die den Anbieter absichern, zu begegnen, ist bei entsprechender Macht der Abnehmer gegeben. Für eine Markierung, die das verhindert, besteht deswegen ein nur eng begrenztes Bedürfnis. Der Bedarf entsteht erst dann, wenn trotz der Nachfragemacht kein effizienteres Mittel gefunden werden kann, um opportunistisches Anbieterverhalten zu verhindern.

Die Verhinderung von Adverse Selection ist bei hoher Abnehmermacht ebenfalls von untergeordneter Bedeutung. Mächtige Abnehmer haben hier andere Möglichkeiten, den Informationsstand des Anbieters aufzuholen oder entsprechende Sicherungsinstrumente zu verlangen. Ihre Macht kann so weit gehen, dass sie dem Markt nach Belieben fernbleiben können. Dann entsteht erst gar keine Adverse Selection, weil nicht schlechte Qualitäten zu niedrigen Preisen gehandelt werden, sondern im Extremfall überhaupt keine Güter. Marken haben also in diesem Zusammenhang keine besondere Bedeutung.

Die risikoorientierte Marktsegmentierung kann bei mächtigen Abnehmern dann von Bedeutung sein, wenn die Teilung der Abnehmerseite eine Gegenmachtposition aufbaut oder die Macht der Abnehmer verringert, weil auf jeden Abnehmer geringere Mengen entfallen. Die Abnehmer dürfen jedoch miteinander kooperieren.

Die Ermöglichung der Markteinführung durch Multimarken kann auch bei mächtigen Abnehmern sinnvoll sein. Voraussetzung dafür ist, dass die Marke trotz der Abnehmermacht das für beide Seiten effizienteste Instrument der Informationsübertragung ist. Liegen bei den Nachfragern positive Nachkauferfahrungen vor, so kann dieses Wissen genutzt werden. Da keine weiteren Kosten entstehen, ist die Nutzung dieses Wissens effizient.

4.4.3 Verhandlungsmacht der Lieferanten

Die Verhandlungsmacht der Lieferanten kann für ein Unternehmen ebenso bedeutend sein wie die Macht der Abnehmer, weil sich ihr Verhalten in vergleichbarem Maße ertragsmindernd auswirken kann (Porter 1997, S. 54 f.).

Maßgeblich dafür sind einige Faktoren. Ist die Konzentration der Lieferanten höher als die der belieferten Unternehmen, so steigert das die Lieferantenmacht tendenziell, ebenso fehlende Ersatzprodukte. Die Bedeutung der gelieferten Produktes für den Abnehmer steigert die Lieferantenmacht, tendenziell Gegenteiliges gilt für die Bedeutung einer Branche, die sie insgesamt für einen Lieferanten hat. Die Macht der Lieferanten steigt durch die Differenzierung der angebotenen Produkte, die Umstellungskosten der Abnehmer und der Glaubwürdigkeit einer Drohung mit Vorwärtsintegration.

Die Existenz von Lieferantenmacht führt zu prinzipiell anderen Konsequenzen als die Macht von Abnehmern. Die exakte Bestimmung dieser Folgen bereitet zum Teil erhebliche Schwierigkeiten, weil die hier vorgenommene Betrachtung der Marke primär von der Absatzseite her erfolgt ist. Dennoch lassen sich einige wenige Verknüpfungen herstellen.

Die Suchkostenreduzierung nutzt eigene geringe Kosten des Anbieters, die er in bezug auf ein Gut hat. Hohe Lieferantenmacht findet ihren Ausdruck jedoch unter anderem darin, dass Lieferanten Teile ihrer Kosten auf das belieferte Unternehmen verlagern. Deshalb behindern Suchkostenreduzierung auf der Absatzseite und Lieferantenmacht auf der Beschaffungsseite einander.

Die Identifikation im Sortiment eines Absatzagenten ist unmittelbar nur auf die Absatzseite bezogen. Beziehungen zur Beschaffungsseite ergeben sich nur mittelbar. So kann eine Ertragssteigerung auf der Absatzseite Verluste durch Lieferantenmacht zum Teil kompensieren helfen. Das gilt jedoch für alle anderen absatzseitig verwendeten Instrumente ebenfalls. Deshalb kann hier keine spezifische Aussage getroffen werden.

Die Bekämpfung von anbieterseitigem Moral-Hazard-Verhalten durch Marken wird beim Vorliegen von Lieferantenmacht besonders wichtig. Steigen als Folge der Lieferantenmacht die Kosten eines Unternehmens, so steigt auch die Gefahr, dass sich dieses Unternehmen gegenüber seinen Kunden nach Vertragsschluss opportunistisch verhält. Da durch die Markierung jedoch weitere Kosten entstehen, ist die Marke nicht unbedingt ein geeignetes Instrument, um diesem Opportunismus zu begegnen. Ob der Einsatz einer Marke hier lohnend ist, ist eine Frage des Einzelfalls.

Auch die Verhinderung von Adverse Selection durch Marken kann bei großer Lieferantenmacht wichtig werden. Wenn die Lieferantenmacht zu einem ausgeprägten positiven Zusammenhang zwischen Qualität und Kosten führt, dann steigert das die Gefahr der Negativauslese, und die Bedeutung der Marke als Signalling-Instrument wächst. Die Einschränkung, die sich aus den Kosten für das Signalling ergibt, muss jedoch auch hier gemacht werden, so dass eine Analyse des Einzelfalls notwendig ist.

Sowohl bei der risikoorientierten Marktsegmentierung als auch bei der Ermöglichung der Markteinführung lassen sich keine spezifischen Zusammenhänge zur Lieferantenmacht finden. Es bleibt lediglich die allgemeine Überlegung, dass absatzseitige Nicht-Preis-Vorteile ein Ausgleich für beschaffungsseitige Probleme sein können.

4.4.4 Bedrohung durch Substitutionsprodukte

Die Existenz von Substitutionsprodukten kann erheblichen ertragsmindernden Druck auf die Anbieter der substituierbar gewordenen Produkte erzeugen (Porter 1997, S. 49). Der Druck steigt mit den Erfolgsaussichten des Substituts, die von dessen Preis und Funktionserfüllung abhängen.

Die Bedrohung durch Substitutionsprodukte hat unmittelbare Beziehungen zur Ermöglichung der Identifikation und zur Ermöglichung der Differenzierung durch Marken. Die Ermöglichung der Markteinführung wird aus der Perspektive der etablierten Unternehmen einer Branche nur mittelbar relevant. Sie wird bedeutsam, wenn das Substitutionsprodukt mit Hilfe einer Marke eingeführt wird. Das betrifft aber nicht die Marken der erfolgreich etablierten Anbieter.

Die Ermöglichung der Identifikation in Form der Reduzierung von Suchkosten ist dann sinnvoll, wenn das Substitutionsprodukt nicht gerade die Suchkosten gegenstandslos macht. Ob das so ist, ist jedoch eine Frage des Einzelfalls.

Die Möglichkeit, ein Gut im Sortiment eines Absatzagenten zu identifizieren, ist dann von Bedeutung, wenn auch das Substitutionsprodukt in dieses Sortiment gelangt oder gelangen kann, weil dann eine Unterscheidung zwischen den beiden Produkten notwendig wird. Andernfalls bliebe ein großer Entscheidungsspielraum für den Agenten.

Bei der Moral-Hazard-Bekämpfung durch Marken spielt die Bedrohung durch Substitutionsprodukte nur eine unbedeutende Rolle, weil diese Gefahr durch den hohen Individualisierungsgrad der betroffenen Güter nicht besonders ausgeprägt ist.

Die Verhinderung von Adverse Selection ist jedoch anders zu beurteilen. Eine geringe Individualisierung macht für Substitutionsprodukte anfälliger. Die Substitutionseffekte spiegeln sich im Verlauf der Nutzenfunktion der Nachfrager wieder. Je stärker die bestehenden Produkte substituierbar sind oder werden, desto geringer ist die Preisbereitschaft der Nachfrager. Das steigert die Gefahr der Negativauslese und macht Signalling sinnvoll.

Die risikoorientierte Marktsegmentierung bietet die Möglichkeit zur differenzierten Ansprache der Nachfrager. Insofern ermöglicht sie einen Schutz gegen Substitutionsprodukte. Es kann jedoch nicht allgemein gesagt werden, wie weit dieser Schutz reicht. Der Grund dafür ist die Möglichkeit, dass Nutzenfunktionen, die Risikoneigungen und Substitutionsmöglichkeiten widerspiegeln, im Zeitablauf veränderlich sein können. Der Schutz, den Segmentierung bietet, ist um so weitreichender, je stabiler die Nutzenfunktionen sind und je exakter die Anpassung an die Präferenzen der Nachfrager erfolgt.

4.4.5 Bedrohung durch neue Konkurrenten

Eine weitere Quelle der Wettbewerbsintensität ist die Bedrohung durch neue Konkurrenten, die mit der Gefahr des Markteintritts einhergeht. Sie hängt mit den Eintrittsbarrieren und den Reaktionen der etablierten Wettbewerber ab (Porter 1997, S. 29-42).

Die Eintrittsbarrieren können auf Betriebsgrößenersparnissen der Etablierten, deren erfolgreicher Produktdifferenzierung, Umstellungskosten von Abnehmern beim Wechsel zu neuen Anbietern, dem fehlenden Zugang zu Vertriebskanälen für neue Anbieter, größenunabhängigen Kostenvorteilen der bereits engagierten Anbieter sowie staatlicher Politik beruhen.

Die Bedrohung durch neue Konkurrenten hängt auch von dem Verhalten ab, das die „Neulinge“ von den bereits am Markt aktiven Anbietern erwarten. Abschreckend wirken vergangene Vergeltungsmaßnahmen bei Eintrittsversuchen und die Möglichkeit, auch zukünftig Gegenmaßnahmen zu ergreifen, die den neuen potentiellen Konkurrenten spürbaren Schaden zufügen können. Die Möglichkeit zur Abschreckung neuer Konkurrenten steigt auch mit der Liquiditätsnähe der Aktiva bei den etablierten Unternehmen. Die Notwendigkeit zu Gegenmaßnahmen steigt jedoch mit der Spezifizität der Investitionen von bereits existierenden Anbietern.

Ein langsames Wachstum lässt ebenfalls den Schluss auf „scharfe" Reaktionen zu, weil dann zu erwarten ist, dass etablierten Unternehmen Umsätze und Gewinne bei Hinzutreten von neuen Anbietern einbüßen. Bei völliger Stagnation kann das bis zu einer Nullsummenproblematik in bezug auf die Marktanteile führen.

Diese Bedrohungen durch neue Konkurrenten sind eine Erscheinung, der durch Marken auf verschiedene Arten begegnet werden kann. Im Bereich der Identifikation sind beide Unterfunktionen relevant. Da die Suchkostenreduzierung eigene niedrige Kosten nutzt, ist das Anbieten dieser Leistung durch Neue nur interessant, wenn sie bereit und in der Lage sind, eventuelle Verluste auszugleichen. Ansonsten müssten sie selbst geringe Kosten für die angebotene Produkte haben. Davon kann bei Unternehmen, die sonst nicht am Markt teilnehmen, nicht ausgegangen werden, weil bei ihnen die Synergien zwischen Wissen und Produktion eines Gutes fehlen. Andere Kenntnisse fehlen ihnen mangels Marktteilnahme. Eine Marke, die Suchkosten reduzieren hilft, wird also in der Regel sinnvoll sein.

Die Identifikation im Sortiment eines Absatzagenten kann einen Schutz gegen neue Konkurrenten bieten, wenn der Agent durch die entsprechende Marke daran gehindert wird, die Produkte neuer Konkurrenten mit in sein Sortiment aufzunehmen.

Die Ermöglichung einer Differenzierung kann Zutrittsbarrieren schaffen, wenn die Nachkauferfahrungen es ermöglichen, den Nachfrager an den Anbieter zu binden.[51] Die differenzierte Ansprache von Nachfragern durch eine risikoorientierte Segmentierung kann ebenfalls in diese Richtung wirken, wenn die allgemeinen Voraussetzungen dafür vorliegen.

Auch die Ermöglichung der Markteinführung kann einen Schutz gegen neue Konkurrenten bieten, wenn positive Nachkauferfahrungen übertragen werden können (Schmalensee 1982, S. 312). Die Möglichkeit zur Übertragung positiver Nachkauferfahrungen können eine „Bindung" von Nachfragern an bestimmte Marken bewirken, die neue Konkurrenten auch auf neuen Märkten behindern können.

Zwei Beispiele können belegen, wie wichtig Marken sein können, wenn es um die Abschirmung vor neuen Konkurrenten geht.

Im PKW-Sektor tragen alle PKWs Markenzeichen. Die Nachfrager können dadurch ihre Suchkosten reduzieren. Liegt der Fall des positiven Preis-Mengen-Zusammenhangs vor, kann das zur Folge haben, dass das Budget der Nachfrager komplett von Anbietern abgeschöpft wird, wenn eine entsprechende Nutzenfunktion vorliegt. Der Veblen-Effekt kann in diesem Zusammenhang eine zentrale Rolle spielen. Die Marken können bewirken, dass ein als Agent anzusehender Distributeur daran gehindert wird, neue, „fremde" Marken in sein Sortiment aufzunehmen. Dass PKW-Marken Differen-

51 Das Phänomen Erfahrungsqualität wird im fünften Kapitel näher behandelt werden.

zierungen und die Markteinführung neuer Produkte ermöglichen sollen, dürfte auch ohne nähere Erläuterung unmittelbar einsichtig sein.[52]

Die geschilderten informationsökonomischen Aufgaben von Marken und ihre Wirkungen bei der Abschirmung vor neuen Konkurrenten sind eine mögliche Erklärung dafür, dass auf dem europäischen Markt neue Anbieter wie die koreanische HYUNDAI-Gruppe enorme Schwierigkeiten haben, sich am Markt zu etablieren (Gaul 1996, S. 417).

Im Bereich der TV-Sender ist seit der Zulassung kommerzieller Anbieter das Problem entstanden, dass auch öffentlich-rechtliche Sender die Fernsehzuschauer wie Kunden behandeln müssen. Der Name des Senders kann in diesem Zusammenhang mit einer Marke verglichen werden (Stolte 1996, S. 357). Durch die Erfüllung der informationsökonomischen Markenfunktionen, insbesondere die Ermöglichung der Differenzierung im Vergleich zu anderen Sendern, ergeben sich also Chancen für das Überleben staatlicher Fernsehanstalten. Die Differenzierung zielt darauf ab, sich von anderen Fernsehsendern zu unterscheiden. Es soll eine „Konkurrenz" mit immer billigeren, aber schlechteren Programmen verhindert werden. Zudem besteht die Möglichkeit, Zuschauergruppen mit verschiedenen Präferenzen mit verschieden benannten Programmen zu bedienen.

Auch die anderen Funktionen der Marke sind in diesem Zusammenhang relevant. Die Nachfrager nach Leistungen der Fernsehsender können ihre Suchkosten reduzieren, indem sie sich nur nach Sendernamen richten. Eine Kontrolle über einen Absatzagenten ist ebenfalls möglich. Das Fernsehprogramm selbst wird zwar direkt an dessen Nachfrager abgegeben, andere Leistungen der Fernsehsender jedoch nicht. Dazu gehören z. B. begleitende Literatur zu Dokumentationen, die über den Handel distribuiert wird. Auch die Einführung neuer Produkte, z. B. neuer TV-Serien, ist mit Hilfe einer etablierten „Sendermarke" deutlich einfacher als ohne eine Markierung.

4.4.6 Rivalität unter den bestehenden Unternehmen

Die Rivalität unter den bestehenden Unternehmen hat ebenfalls wesentlichen Einfluss auf die Wettbewerbsintensität in einer Branche (Porter 1997, S. 42-49). Sie steigt mit der Anzahl der ähnlich ausgestatteten Wettbewerber, einem geringen Wachstumstempo, hohen Fixkosten, geringer Differenzierung, niedrigen Umstellungskosten der Abnehmer, Heterogenität der Wettbewerber, mit der Höhe der Austrittsbarrieren für die Anbieter und der unternehmenspolitischen Bedeutung des Markterfolges. Diese Austrittsbarrieren sind häufig anzutreffen (Kotler/Bliemel 1999, S. 396)

Der durch die Rivalität entstandenen Wettbewerbsintensität kann durch Marken zum Teil begegnet werden.

Die Ermöglichung der Differenzierung kann bei der Rivalität einen Vorteil bringen, wenn es gelingt, auch im Vergleich zu opportunistischen Marktteilnehmern diskriminierende Signale auszusenden. Die dadurch entstehenden Kosten können die Rivalität aber zunächst weiter verschärfen, wenn die Erträge nicht zeitgleich oder in enger zeitlicher Nähe anfallen. Eine Tendenz zur Verschärfung der Wettbewerbsintensität geht

52 Darauf hat z. B. Meffert (1998, S. 1225 ff.) hingewiesen.

von Signalling-Kosten auch deshalb aus, weil sie eine Austrittsbarriere für die Anbieter sind. Für ein anbietendes Unternehmen ist es jedoch durch die Diskriminierung von anderen opportunistischen Anbietern möglich, diese Situation intensiver Rivalität zu überstehen, wenn dafür hinreichende Ressourcen vorhanden sind.

Die Zerlegung des Marktes in Segmente kann die Rivalität verringern, wenn verschiedene Anbieter jeweils unterschiedliche Segmente bearbeiten. Zielen die Aktivitäten mehrerer Anbieter auf ein oder wenige Segmente, wird die Rivalität jedoch verschärft.

Die Ermöglichung der Identifikation kann die Rivalität verringern. Da Fixkosten der Anbieter hier keine Rolle spielen, kann dieses Instrument eingesetzt werden, um der Rivalität auszuweichen.

Die Identifikation im Sortiment eines Absatzagenten kann bei starker Rivalität der Prinzipale um den Agenten wichtig sein, weil der Agent dann den Prinzipal mit der geringsten Gegenmacht oder dem ihm gegenüber größten Wissensnachteil auswählen kann. Eine Marke, die eine Gegenmachtposition verleiht, würde die Rivalität verschärfen. Ein anderes Verhalten des Agenten ist nur zu erwarten, wenn ein Prinzipal übermächtig ist. Deshalb sind Marken nur sinnvoll, wenn sie dem Prinzipal eine sehr starke Gegenmachtposition verleihen.

Die Ermöglichung einer Markteinführung hat eine nur mittelbare Wirkung auf die Rivalität in einer Branche. Durch die Einführung anderer Produkte auf anderen Märkten ist ein Ausweichen möglich, das die Wettbewerbsintensität verringert.

Die folgende Tabelle gibt noch einmal einen Überblick über die Zusammenhänge.

	Suchkosten	Identifikation beim Agenten	Moral Hazard	Adverse Selection	Segmentierung	Markteinführung
Abnehmermacht	-	++	-	-	+/-	+
Lieferantenmacht	-	+/-	+/-	+/-	+/-	+/-
Substitute	+/-	+	-	+	+	+[(a)]
neue Konkurrenten	+	+[(b)]	+	+	+	+
Rivalität	+	+	+/-	+/-	+/-	+

Legende: ++: Die Erfüllung der Markenfunktion ist in der gegebenen Situation besonders sinnvoll; +: Die Erfüllung der Markenfunktion ist in der gegebenen Situation sinnvoll; -: entsprechend umgekehrt; +/-: Es ist kein eindeutiger Zusammenhang erkennbar.
(a) Aus der Perspektive von Außenstehenden
(b) Bei einer „Blockade" des Agenten

Tab. 12: Triebkräfte des Wettbewerbs und Markenfunktionen
Quelle: Eigene Darstellung

4.5 Erzielung von Wettbewerbsvorteilen

Die Systematik der Triebkräfte des Wettbewerbs von Porter (1997), die hier im vorhergehenden Abschnitt 4.4 ebenfalls kurz dargestellt worden ist, ist so angelegt, dass die stärksten der aufgeführten Wettbewerbskräfte ausschlaggebend sind, d. h. nach ihnen richtet sich die einem Unternehmen zu empfehlende Strategie (Porter 1997, S. 28). Wenn zum Beispiel in einer Branche der Druck vor allem von der Lieferantenmacht ausgeht, dann richtet sich die zu empfehlende Strategie danach, indem sie vor allem auf die Lieferantenmacht eingeht. Andere Wettbewerbskräfte treten daneben in den Hintergrund.

In Verbindung damit lassen sich auch diejenigen informationsökonomischen Funktionen der Marke ableiten, die schwerpunktmäßig wahrgenommen werden sollten, damit die Marke einen Wettbewerbsvorteil für das anbietende Unternehmen liefert. Das ist jedoch nur in den Fällen sinnvoll, in denen eindeutige Zusammenhänge aufgedeckt werden konnten. Zum Beispiel kann das gesagt werden, wenn es um die Bedrohung durch neue Konkurrenten geht. In diesem Fall sind alle informationsökonomischen Markenfunktionen relevant.

Die Wettbewerbsstrategien können als die Wahl offensiver oder defensiver Maßnahmenbündel definiert werden, die die Aufgabe haben, mit den fünf oben beschriebenen Wettbewerbskräften fertig zu werden (Porter 1997, S. 62).

4.5.1 Differenzierung

Das Wesen der Differenzierung besteht darin, dass das angebotene Produkt in der ganzen Branche als einzigartig angesehen wird. Es sind zwei Perspektiven denkbar: Zum einen die der Nachfrager, zum anderen die der Beteiligten. Die Differenzierung durch die Marke, wie sie hier (Abschnitt 3.3.2) dargestellt worden ist, zielt auf eine Differenzierung aus der Perspektive der Nachfrager ab. Schon dadurch entsteht eine Art von Abschirmung gegen die Wettbewerbskräfte. Marken gelten dabei als klassisches Instrument. Mit diesem Vorgehen soll jedoch keine völlige Vernachlässigung der Kosten einhergehen (Porter 1997, S. 65). Die andere Perspektive ist die Perspektive der Lieferanten und Wettbewerber. Deren Anschauung ist für die Differenzierung in dem hier untersuchten Kontext jedoch kaum von Bedeutung, weil die Differenzierung vor allem darauf abzielt, ein Preispremium zu erzielen, das darauf beruht, dass Nachfrager eine höhere Preisbereitschaft zeigen, wenn sie differenziert angesprochen werden.

Aus dem hier gewählten Blickwinkel ist das mit der informationsökonomischen Betrachtung der Marke vereinbar, die die Ermöglichung der Differenzierung aus der Perspektive vorsieht. Die hier genannten Voraussetzungen führen jedoch zu einer Präzisierung und einer Einschränkung der Möglichkeiten, die Marken bieten. Die Ermöglichung der Differenzierung kann drei Ausprägungen haben: Die Bekämpfung von Moral-Hazard, die Verhinderung von Adverse Selection und die risikoorientierte Marktsegmentierung. Die Voraussetzungen für eine Erfüllung der jeweiligen Funktionen sind unter 3.3.2 bereits ausführlich genannt worden. Die Segmentierungsmöglichkeit ist mit der Sichtweise der Differenzierung, wie Porter sie vertritt, insofern vereinbar, als auch nach dieser „konventionellen" Sichtweise die Bearbeitung von einzelnen Segmenten Bestandteil der Differenzierungsstrategie sind (z. B. Becker 1998, S. 246-299).

Die beiden anderen Arten der Differenzierung durch Marken zielen auf einen Vorteil im Bereich der Qualität bzw. des Signalisierens entsprechender Qualität ab. Deshalb ist eine Differenzierung durch Marken aus informationsökonomischer Sicht vor allem dann sinnvoll, wenn die Wettbewerbskräfte zum Engpassfaktor werden, bei denen die Möglichkeit zur Kommunikation von Qualität besonders wichtig ist. Die Möglichkeiten, mit Hilfe von Marken Moral-Hazard und Adverse Selection zu bekämpfen, bieten Unternehmen in dieser Lage Chancen, im Wettbewerb zu bestehen. Die folgende Abbildung verdeutlicht die zuvor geschilderten Zusammenhänge.

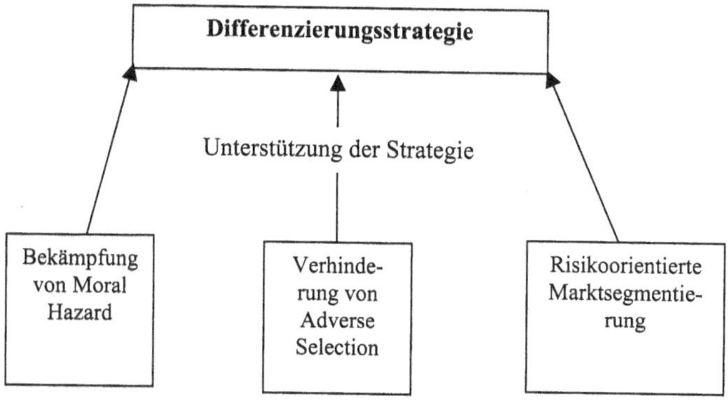

Abb. 16: Unterstützende informationsökonomische Markenfunktionen im Bereich der Differenzierungsstrategie
Quelle: Eigene Darstellung

Nach den gefundenen Ergebnissen[53] kann von einer Wettbewerbssituation, in der diese Markenfunktionen einem Unternehmen weiterhelfen, vor allem bei der Bedrohung durch neue Konkurrenten gesagt werden. Die Bedrohung durch Substitutionsprodukte führt zu Einschränkungen im Bereich der Moral-Hazard-Bekämpfung. Ansonsten, wenn also die anderen drei Triebkräfte des Wettbewerbs zu Engpassfaktoren werden, können keine sinnvollen Aussagen zu der Frage getroffen werden, wie dieser Strategietyp mit den informationsökonomischen Markenfunktionen zusammenhängt. Es liegt jeweils eine Frage vor, die nur im Einzelfall beantwortet werden kann. Dazu ist es nötig, auf die Beschreibung der Funktionen[54] zurückzugreifen, die dann das Überprüfen der Sinnhaftigkeit einer Markierung ermöglichen.

Besonders wichtig ist es, zu bedenken, wann eine Markierung zur Adverse Selection Bekämpfung nicht notwendig ist. Das ist insbesondere unter folgenden Bedingungen der Fall:[55]

53 Das ist soeben unter 4.4 erörtert worden.
54 Die Funktionen sind hier unter 3.3.2 ausführlich beschrieben worden.
55 Hierauf ist unter 3.3.2.3 schon sehr ausführlich eingegangen worden.

1. Auf einem Markt gibt es eine Institution, die die Preise vergleichbar einem Auktionator festlegt.
2. Anbieter und Nachfrager schätzen den Preis des gehandelten Gutes in ihren jeweiligen Erwartungen so gut ab, dass ein einheitlicher Preis von einer Seite festgesetzt wird, den die andere Seite akzeptiert.
3. Für die Anbieter bestehen hohe Austrittsbarrieren.
4. Das betroffene Gut ist für die Nachfrager kaum substituierbar.
5. Die Qualität kann auch von den Nachfragern beeinflusst werden
6. Es gibt nur „gute" Qualitäten.
7. Es existiert ein Sekundärmarkt, der substitutive Auswirkungen auf den Primärmarkt hat.

Es reicht das Vorliegen einer der dieser Bedingungen, um eine Erfüllung der Markenfunktion „Verhinderung von Adverse Selection" unnötig zu machen. Die Adverse Selection entsteht unter diesen Bedingungen selbst dann nicht, wenn kein Signalling erfolgt. Dann ist keine Marke notwendig, um ein Marktversagen, eine Marktschrumpfung oder einen drohenden Preisverfall zu bekämpfen. Die Marke ist daher in diesen Situationen kein geeignetes Differenzierungsinstrument.

Die folgende Tabelle gibt eine Übersicht über die einzelnen Wettbewerbskräfte und die Strategieempfehlungen vor dem Hintergrund der informationsökonomischen Funktionen von Marken.

Wettbewerbskraft	Konsequenz für den Strategietyp Differenzierung
Verhandlungsmacht der Abnehmer	Einzelfallabhängig
Verhandlungsmacht der Lieferanten	Einzelfallabhängig
Bedrohung durch Substitutionsprodukte	Differenzierung empfehlenswert, wenn Moral-Hazard durch den Anbieter nicht beabsichtigt ist.
Bedrohung durch neue Konkurrenten	Differenzierung empfehlenswert
Rivalität unter den bestehenden Unternehmen	Einzelfallabhängig

Tab. 13: Wettbewerbskräfte und Empfehlungen zur Differenzierungsstrategie
Quelle: Eigene Darstellung

4.5.2 Kostenorientierung

Dieser Strategietyp[56] zielt darauf ab, einen umfassenden Kostenvorsprung innerhalb einer Branche zu erreichen und zu erhalten (Porter 1997, S. 63). Er wird üblicherweise nicht mit Marken in Verbindung gebracht. Die informationsökonomische Betrachtung der Marke ermöglicht es, zu diesem Strategietyp ebenfalls Querbezüge herzustellen.

Die Kostenführerschaft weist jedoch kaum eindeutige Bezüge zu allen informationsökonomischen Aufgaben der Marke auf. Tendenziell gegenläufig ist sie mit den kostenverursachenden Signalling-Aktivitäten verbunden. Diese Aussage lässt sich auch auf die kostenverursachende Segmentierung übertragen. Deren Erträge sollen die

56 Porter (1997, S.63) nennt ihn Kostenführerschaft.

Kosten zwar übersteigen, aber das trifft auch im Fall der Differenzierungsstrategie zu. Deshalb kann nicht gesagt werden, dass die risikoorientierte Marktsegmentierung spezifisch zur Kostenführerschaft gehört.

Etwas anderes gilt jedoch für die Ermöglichung der Identifikation. Da eigene Kosten des anbietenden Unternehmens hier eine entscheidende Rolle in dem Sinne spielen, dass geringe eigene Kosten die Reduzierung von Suchkosten durch Marken fördern, ist eine Verbindung zwischen dieser Markenfunktion und der Kostenführerschaft möglich.

Die Identifikation im Sortiment eines Absatzagenten ist bei der Kostenführerschaft anders zu beurteilen als die Suchkostenreduzierung. Tendenziell senken geringe fixe Kosten des Prinzipals dessen mögliche Verluste durch den Agenten, weil sie eine größere Flexibilität des Prinzipals ermöglichen. Die Marke ist unter diesem Aspekt also eher weniger wichtig.

Eine Verbindung der Ermöglichung der Markteinführung mit der Kostenführerschaft kann man nicht ausschließen, weil das zugrunde liegende Modell keine Aussagen zu dieser Frage ermöglicht. Insoweit wie Qualität Kosten verursacht, gehört die Funktion jedoch nicht zum Strategietyp der Kostenführerschaft, da die Ermöglichung der Markteinführung ebenfalls Qualität voraussetzt.

Die abschließende Tabelle gibt noch einmal einen zusammenfassenden Überblick:

Funktion	**Suchkosten**	**Identifikation beim Agenten**	**Moral Hazard**	**Adverse Selection**	**Segmentierung**	**Markteinführung**
Auswirkungen auf die Kostenführerschaft	+	-	-	-	+/-	+/-[(a)]
Legende: +: Die Erfüllung der Funktion fördert die Strategie; -: entsprechend umgekehrt; +/-: Es ist kein klarer Zusammenhang erkennbar. (a) Die Funktionserfüllung behindert die Strategie, wenn Qualität Kosten verursacht.						

Tab. 14: Markenfunktionen bei Kostenführerschaft
Quelle: Eigene Darstellung

4.5.3 Kombination von Differenzierung und Kostenführerschaft

In der wissenschaftlichen Literatur ist Kritik an Porters Aussagen geäußert worden, weil sich auch die Kombination von Differenzierung und Kostenführerschaft finden lässt (Hinterhuber 1996, S. 177). Beispiele für diese von Porter nicht vorgesehene Kombination lassen sich insbesondere in japanischen Unternehmen finden. Porter selbst hält die Verfolgung mehrerer Ziele nur in Ausnahmefällen für möglich (Porter 1997, S. 63).

Aus der in dieser Untersuchung verfolgten Perspektive lässt sich die Kritik an den Porterschen Typenbildung nicht stützen, weil zwei seiner Strategietypen informationsökonomischen Aufgabenschwerpunkten von Marken entsprechen. Insbesondere die Ermöglichung der Differenzierung durch Marken und die Kostenführerschaft sind nicht kompatibel, weil die Kosten selbst ein Bestandteil des Signals sind. Ob die

Kombination der Strategietypen Porters unter anderen als informationsökonomischen Aspekten dennoch möglich ist, soll hier jedoch nicht beurteilt werden.

4.6 Prüfschema I

Auf der Basis der in diesem Kapitel gewonnenen Erkenntnisse ist es möglich, ein Prüfschema aufzustellen, das deren Anwendung für ein Unternehmen in einer realen Situation erlaubt. Das Schema ermöglicht es insbesondere, unnötige Markierungen aufzufinden. Die abgeleiteten Empfehlungen müssen unter einen zweifachen Vorbehalt gestellt werden:

Bei zu treffenden Entscheidungen über die Beibehaltung von Markierungen müssen auch allgemeine Kosten-Nutzen-Aspekte berücksichtigt werden, um eine voreilige Elimination zu verhindern. Eine Funktionserfüllung durch die Marke, die jedoch „um jeden Preis" erfolgt, erscheint z. B. nicht sinnvoll.

Unter sehr langfristigen Aspekten können ebenfalls andere als informationsökonomische Aspekte ausschlaggebend für die zu treffende Entscheidung sein.57 Ein Beispiel für eine Fehlentscheidung könnte so aussehen, dass eine Marke eliminiert wird, weil sie in der aktuell relevanten Markform keine informationsökonomisch erhebliche Funktion hat. Ändert sich die Marktform und es wäre (wieder) eine Funktionserfüllung möglich, wäre eine voreilige Elimination fatal.

Man geht davon aus, dass eine Markierung (mindestens) eine informationsökonomische Funktion erfüllen soll. Andernfalls ist die Markierung unnötig und sollte unterbleiben. Zum Auffinden funktionsloser Marken dient ein in der hier vorgestellten Reihenfolge abzuarbeitender Fragenkatalog. Die hier angegebenen Antworten auf einzelne der Fragen dienen als Beispiele, die lediglich das Verständnis für das Vorgehen erleichtern sollen.

1. Erster Schritt ist die Auswahl der intendierten Markenfunktion(en) Es soll über die Frage entschieden werden, was die Markierung eines Produktes bewirken soll. Dabei kann auf die in Kapitel 3 aufgeführten informationsökonomischen Funktionen der Marke zurückgegriffen werden.

2. Der nächste Schritt ist Prüfung der Frage, ob das, was durch die Markierung geleistet werden soll, unter informationsökonomischen Aspekten möglich ist. Dazu müssen einzelne Teilfragen beantwortet werden. Die Markierung ist erst dann sinnlos, wenn alle Teilfragen ergeben, dass die Marke die ihr zugedachte Funktion nicht erfüllen kann. Die Möglichkeit, auch nur eine einzige Funktion zu erfüllen, ist bereits ausreichend, um an der Marke festzuhalten oder eine Marke aufzubauen.

57 Auf Möglichkeiten zur umfassenden Bewertung einiger markenpolitischer Strategien hat Sattler (1997) hingewiesen.

2.1. Einordnung der konkreten Situation in das Marktformenschema
Wenn keine Übereinstimmung zwischen möglicher und beabsichtigter Funktion der Marke besteht, ist die Marke nicht sinnvoll. Ein Beispiel für eine Situation, in der eine Marke keine informationsökonomische Funktion hat, ist das Vorliegen eines bilateralen Monopols.

2.2. Zuordnung des Gutes zu einer Marktphase
Wenn keine Übereinstimmung zwischen möglicher und beabsichtigter Funktion der Marke besteht, ist eine Markierung nicht sinnvoll. Ein Beispiel für eine nicht sinnvolle Markierung wäre eine Marke, die eine risikoorientierte Marktsegmentierung bewirken soll, wenn der Markt für das markierte Gut sich bereits in der Rückbildungsphase befindet.

2.3. Orientierung an einzelnen Kräften des Wettbewerbs
Es ist nötig, eine Sortierung der Wettbewerbskräfte nach deren Relevanz vorzunehmen, also nur diejenige Triebkraft des Wettbewerbs zu beachten, die dominierend ist und deswegen das Wettbewerbsgeschehen bestimmt. Aus der Bestimmung die Wettbewerbskraft kann dann auf die relevanten Markenfunktionen geschlossen werden Ein anschließender Abgleich zwischen intendierter Funktion der Marke und wettbewerblichen Vorgaben erlaubt es, über die Sinnhaftigkeit der Markierung eine Aussage zu treffen. Wenn zwischen der beabsichtigten und der realisierbaren Funktion keine Übereinstimmung besteht, ist die Markierung nicht zu empfehlen.
Ein Beispiel für eine nicht empfehlenswerte Markierung kann sich folgendermaßen vorstellen: Dominierende Wettbewerbskraft sei die Abnehmermacht. Der Anbieter eines Gutes will jedoch mit seiner Marke das Entstehen von Adverse Selection bekämpfen. Dieses Vorgehen wäre nicht sinnvoll, weil mächtige Abnehmer andere Möglichkeiten haben, den Informationsvorsprung des Anbieters aufzuholen oder anderweitige Sicherungen zu verlangen.

3. Einzelfallprüfung
Wenn anhand der in dieser Untersuchung getroffenen Aussagen keine eindeutige Beurteilung möglich ist, kann auf die Beschreibung der einzelnen Funktionen im dritten Kapitel zurückgegriffen werden. Das bietet sich z. B. an, wenn im Fall der Bedrohung durch Konkurrenzprodukte (Substitute) die Marke die Suchkosten reduzieren soll. Dann liegt keine eindeutiger Zusammenhang zwischen der Wettbewerbskraft und der informationsökonomischen Funktion der Marke vor. Die Überprüfung der Funktionserfüllung kann unmittelbar mit Hilfe der Funktionsbeschreibung erfolgen.

Die folgende Abbildung veranschaulicht, wie die Fragesystematik in ein Flussdiagramm überführt werden kann. Die abgeleiteten Handlungsempfehlungen müssen jedoch mit den eingangs erwähnten Vorbehalten versehen werden. Die Symbolik des Diagramms entspricht der von Kahle (1998, S. 56 f.)

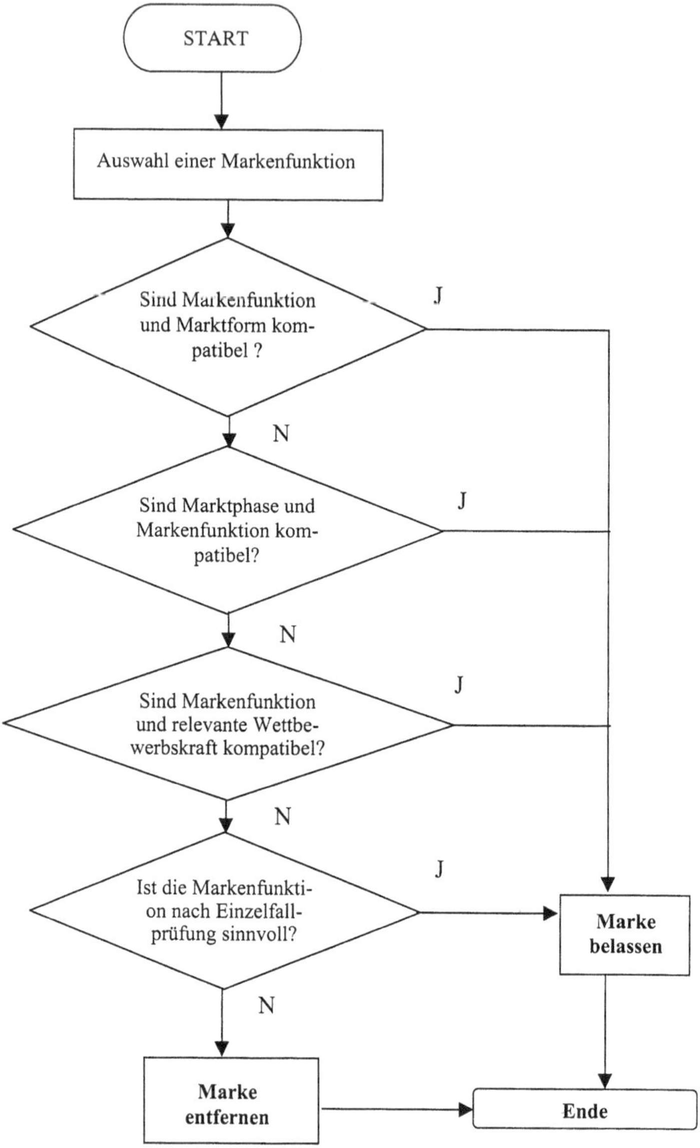

Abb. 17: Prüfschema für Markierung nach wettbewerblichen Aspekten
Quelle: Eigene Darstellung

4.7 Fazit

Dieses Kapitel hat gezeigt, dass die informationsökonomische Betrachtung der Marke nicht nur Kritikpunkte an der gängigen Sichtweise der Markenpolitik ausräumen kann, sondern auch Verknüpfungen zur Wettbewerbssituation von Unternehmen ermöglicht. Sinn dieser Verbindungen ist es, aus einer Situationsanalyse eines Unternehmens abzuleiten, welche Aufgabe eine Marke aus informationsökonomischer Sicht hat oder haben sollte. Nach einer Einordnung in seine spezifische Wettbewerbsposition kann ein Unternehmen dann ableiten, welche Strategietypen es anwenden will. Wenn die Zusammenhänge nicht in jedem Einzelfall klar sind, kann auf die Beschreibung der einzelnen Markenfunktionen zurückgegriffen werden. Einige relativ klare Zusammenhänge sind für das morphologische Marktformenschema, die dynamische Entwicklung eines Marktes, einzelne Wettbewerbskräfte und verschiedene Strategietypen gezeigt worden.

Beim Vorliegen nur eines Großnachfragers sind die Funktionen der Marke aus informationsökonomischer Sicht nicht relevant, ansonsten lassen sich nur Funktionenschwerpunkte ausmachen. Die dynamische Betrachtung von Märkten bringt die Erkenntnis, dass die Ermöglichung der Markteinführung eine Funktion der Marke ist, die bis zum Schluss erhalten bleibt. Diese Erkenntnis ist wichtig, um voreilige Elimitationen von Marken zu vermeiden. Einzelne Triebkräfte des Wettbewerbs wirken sich unterschiedlich aus. Marken haben alle ihre informationsökonomischen Funktionen, wenn es darum geht, etablierte Unternehmen vor neuen Kontrahenten zu schützen. Sind andere Wettbewerbskräfte ausschlaggebend, kommt es oft auf die Umstände des Einzelfalls an. Bei den Strategietypen muss zwischen Differenzierungsstrategie und Kostenorientierung unterschieden werden. Bei der Differenzierungsstrategie ist es am wichtigsten, auf die einzelnen Voraussetzungen der Markenfunktionen zu achten, die eine Differenzierung ermöglichen können. Bei der Kostenorientierung haben Marken nur in geringem Umfang Aufgaben aus informationsökonomischer Sicht. Die Kombination von Markierung und kostenorientierter Strategie ist jedoch denkbar. Ein Prüfschema vereinfacht die Umsetzung der Erkenntnisse.

Zuordnungen zwischen den Funktionen der Marke und der Wettbewerbssituation haben nur den Charakter von Tendenzaussagen. Deshalb können Einzelfälle immer wieder anders gelagert sein. In einigen Fällen konnten keine verallgemeinerungsfähigen Aussagen getroffen werden. Insofern müssen Einschränkungen hingenommen werden. In solchen Einzelfällen ist es jedoch möglich, eine Überprüfung an Hand der Beschreibung der Markenfunktionen vorzunehmen, so dass die informationsökonomische Betrachtungsweise auch in Situationen eine Hilfestellung bieten kann, in denen nicht auf allgemeine Aussagen zurückgegriffen werden kann.

5 Informationsökonomische Güterarten und Transaktionstypen und informationsökonomische Funktionen der Marke

5.1 Überblick

Einer der Zwecke dieser Untersuchung besteht darin, mögliche Beziehungen zwischen informationsökonomischen Gütereinteilungen und den Funktionen von Marken aus informationsökonomischer Sicht aufzeigen zu können.

Das soll zunächst für Austauschgüter geschehen, die nach dem informationsökonomischen Schwerpunkt ihrer Qualitätseigenschaften unterschieden werden, um eine differenzierte Betrachtung zu ermöglichen. Die Unterscheidung in Such-, Erfahrungs- und Vertrauenseigenschaften entspricht der gängigen Betrachtungsweise eines an der Informationsökonomie orientierten Marketing (z. B. Weiber/Adler 1995a; Adler 1996, S. 199 ff.; Kaas/ Busch 1996, S. 243).

Weil die verschiedenartigen Informationsverteilungen den hier dargestellten informationsökonomischen Markenfunktionen mindestens implizit zugrunde liegen, bietet sich das Aufgreifen dieser Einteilung an. Die Einteilung wird hier um einige neuere Aspekte ergänzt, die verschiedene Transaktionssituationen abbilden. Dazu wird die Aufteilung in Austausch-, Kontraktgüter und Geschäftsbeziehungen aufgegriffen, die auf den Überlegungen von Williamson zur Einteilung von Transaktionen in die Kategorien Markttransaktionen und hierarchische Transaktionen (1990) aufbaut.

Die ursprüngliche Einteilung in Markttransaktionen und hierarchische Transaktionen und denkbare Zwischenstufen wird berücksichtigt, indem auf Austauschgüter als Parallele zu Markttransaktionen eingegangen wird. Die Geschäftsbeziehungen entsprechen den hierarchischen Transaktionen, und die Kontraktgüter bilden eine denkbare Zwischenstufen ab. Die Integration von Erscheinungsformen von Transaktionen zwischen Markt und Hierarchie ist aus verschiedenen Gründen wichtig. Der Kritik, Williamsons Typologie der Transaktionen vermöge „hybride" Erscheinungsformen nicht zu erklären (z. B. Vogt 1997, S. 48), kann damit begegnet werden. Es zeigt sich an dieser Stelle auch, dass das verwendete Verständnis von Vertrauen ausreichend für die hiesigen Untersuchungszwecke ist. Es bedarf für die hier zu beantwortenden Fragestellungen keines grundlegend neuen Vertrauensbegriffs, um Transaktionsformen zu erfassen, die zwischen Markt und Hierarchie liegen.[58] Eine graphische Darstellung kann das verdeutlichen.

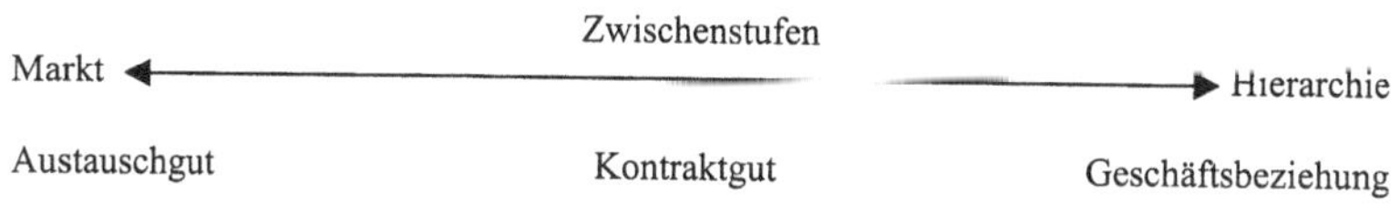

Abb. 18: Markttransaktionen und hierarchische Transaktionen mit Entsprechungen in einer Gütersystematik
Quelle: Eigene Darstellung

58 Der verwendete Vertrauensbegriff wird unter 5.2.3 noch begründet werden.

Diese Einteilung wird mit dem Ansatz kombiniert, der Güter nach Such-, Erfahrungs- und Vertrauenseigenschaften einteilt (z. B. Adler 1996), so dass insgesamt eine komplexere Systematik entsteht. Die folgende Abbildung gibt dazu einen Überblick.

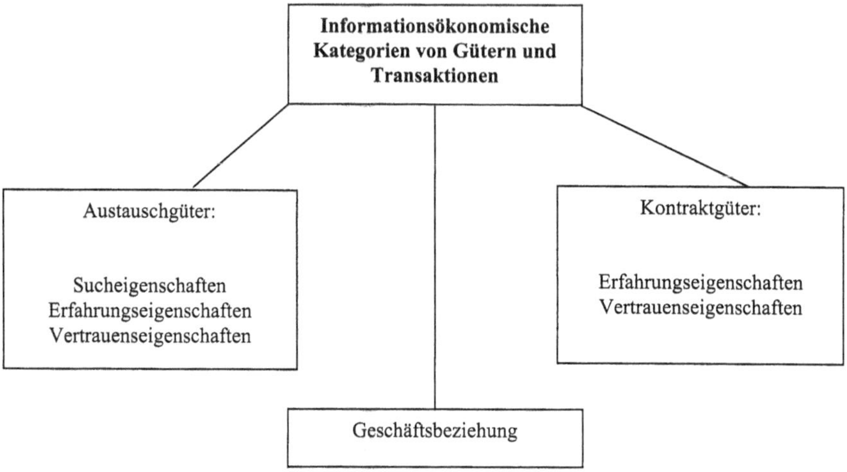

Abb. 19: Informationsökonomische Güter- und Transaktionstypologie
Quelle: Eigene Darstellung

Die Untersuchung geht nach der Beschäftigung mit Austauschgütern zu den Kontraktgütern über, die in solche mit überwiegenden Erfahrungseigenschaften und solche mit überwiegenden Vertrauenseigenschaften unterschieden werden. Kontraktgüter mit überwiegenden Sucheigenschaften kann es nicht geben. Unter Kontraktgütern versteht man solche Güter, deren Kern ein Leistungsversprechen ist. Dabei hängt der Nutzen des einen Partners vom zukünftigen Verhalten des anderen Partners ab (Kaas 1992, S. 14, 39).

Unter Sucheigenschaften versteht man solche Eigenschaften von Gütern, die ein Nachfrager durch Beobachtung selbst vor dem Kauf feststellen kann (Nelson 1970, S. 314 f.). Da das bei Leistungsversprechen nicht möglich ist, gibt es auch keine Kontraktgüter mit überwiegenden Sucheigenschaften (Kaas 1992, S. 15).

Anschließend folgt eine Untersuchung über das Verhältnis von Geschäftsbeziehungen zu informationsökonomischen Markenfunktionen.

Es wird dann ein Prüfschema vorgestellt, das auf den Erkenntnissen des fünften Kapitels aufbaut. Das Schema soll die Ableitung konkreter Handlungsempfehlungen erleichtern.

Das fünfte Kapitel endet mit einem kurzen Fazit.

5.2 Austauschgüter

Allgemein versteht man unter Austauschgütern oder Exchange goods solche Güter, auf deren Charakteristika und Qualität im Zeitpunkt der Übergabe an den Nachfrager keiner der Beteiligten mehr Einfluss nehmen kann (Schade/ Schott 1991, S. 18; Kaas 1992, S. 13). Beispiele für diese Güterkategorie sind Autos oder Textverarbeitungsprogramme. Auf sie ist die Anwendung der Prinzipal-Agent-Theorie nicht sinnvoll, weil es an den dafür grundlegenden Voraussetzungen fehlt (Kaas 1992, S. 29). Diese Schlüsselprämissen sind hier ebenfalls bei der informationsökonomischen Betrachtung der Marke aufgezählt worden. Die folgende Grafik macht deutlich, dass alle drei Eigenschaftsausprägungen bei Austauschgütern vorkommen können.

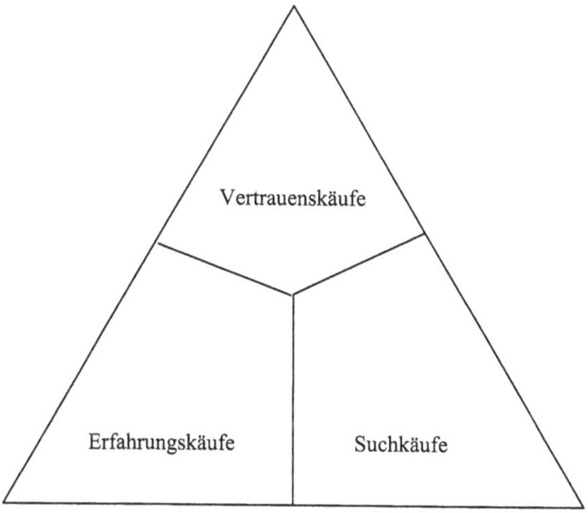

Abb. 20: Informationsökonomisches Dreieck
Quelle: Adler 1996, S. 73

Einige informationsökonomische Aufgaben der Marke sind hier mit Hilfe der Prinzipal-Agent-Theorie dargestellt worden. Das betrifft die Identifikation im Sortiment eines Absatzagenten und die Bekämpfung von Moral-Hazard-Verhalten. Beide Funktionen setzen eine Agenten-Beziehung voraus. Im Fall der Moral-Hazard-Bekämpfung müsste die Beziehung zwischen Anbieter und Nachfrager bestehen. Das ist jedoch bei Austauschgütern nicht der Fall, weil hier keine Agency-Beziehung zwischen Anbieter und Nachfrager vorliegt (Kaas 1992, S. 29). Daraus ergibt sich unmittelbar, dass die Bekämpfung des Moral-Hazard-Verhaltens auf Austauschgüter nicht anwendbar ist.

Die Identifikation im Sortiment eines Absatzagenten kann dennoch auf Austauschgüter bezogen werden, weil sich die Prinzipal-Agent-Beziehung aus dem Verhältnis zum Absatzagenten ergibt. Sie muss nicht gutsspezifisch sein, weil es möglich ist, dass auch andere als Austauschgüter Gegenstand der Beziehung zwischen herstellendem Prinzipal und absetzendem Agent sind.[59] Dennoch dürfte der Schwerpunkt der Bedeutung auf dem Absatz von Austauschgütern mit Hilfe von Absatzagenten liegen. Ein Beispiel für die praktische Bedeutung des „Agenten" Handel ist der Lebensmittelsektor, wo ein direkter Absatz, also ein Absatz unter Verzicht auf Absatzagenten, kaum in Betracht kommt.

5.2.1 Sucheigenschaften

Unter Sucheigenschaften eines Gutes versteht man solche Eigenschaften, die ein Nachfrager vor dem Kauf durch Untersuchung feststellen kann (Nelson 1970, S. 314).

Dem Nachfrager entstehen dadurch positive Suchkosten. Da Transaktionsnutzen ausgeschlossen ist (Nelson 1970, S. 314 f.), erleidet der Nachfrager durch die positiven Suchkosten eine Nutzeneinbuße.

Es scheint so, als habe die Marke in einer derartigen Konstellation keine Funktion, weil die Informationsvermittlung auch ohne Marken möglich ist. Dem stehen aber einige Aspekte entgegen, die auch für solche Güter Möglichkeiten zu einer aus informationsökonomischer Sicht sinnvollen Markierung eröffnen.

Die Reduzierung von Suchkosten kann jedoch eine Aufgabe sein, in der Marken sinnvoll eingesetzt werden können. Die Möglichkeit zur Beurteilung des Gutes beinhaltet nicht die Aussage, dies sei kostenlos möglich. Die Aufteilung der ersparten Suchkosten verlagert sich, wie oben gezeigt, im Zeitablauf immer stärker zugunsten des Anbieters.

Die Identifikation im Sortiment eines Absatzagenten ist bei Austauschgütern mit Sucheigenschaften prinzipiell denkbar, der Anwendungsbereich dafür dürfte jedoch nicht groß sein. Da die Endnachfrager in der Lage sind, das Kaufobjekt vor dem Kauf zu beurteilen, ist der opportunistische Spielraum für den Agenten tendenziell geringer als wenn diese Möglichkeit nicht bestünde. Die Marke spielt daher in diesem Kontext nur eine untergeordnete Rolle.

Die Aufgabe, Qualität zu signalisieren, kann auch im Fall von Austauschgütern mit Sucheigenschaften sinnvoll sein. Ein traditionelles Signalling liegt zwar nicht vor, aber für den Fall des sogenannten „information overload" kann Qualität ebenfalls durch Marken signalisiert werden. Man versteht darunter eine Situation, in der so viele Informationen angeboten werden, dass die Kapazität des Menschen zur Informationsverarbeitung nicht ausreichend ist (Jacoby/Speller/Kohn 1974, S. 63; Jacoby 1984, S. 432; Kuß 1987, S. 132 ff.; 166 f.).

In einem solchen Fall kann das Bündeln der Qualitätsinformation in einer Marke sinnvoll sein, weil sie vom Nachfrager akzeptiert wird[60] und weil sie einen positiven ökonomischen Wert besitzt, der sich aus der Höhe der ersparten Suchkosten ergibt. Entfällt die Informationsüberlastung jedoch in der Nachkaufsituation, dann ist das Signalisieren von Qualität nur beim Erstkauf interessant.

59 Dieser Fall ist unter 3.3.1.2 bereits erörtert.

60 Die Akzeptanz von Marken als Qualitätssignal bei Informationsüberlastung ist seit langer Zeit empirisch belegt (Jacoby/Speller/Kohn 1974).

Die Möglichkeit zur Marktsegmentierung ergibt sich konsequenterweise ebenfalls nur für den Fall der andauernden Informationsüberlastung. Kann ein Nachfrager die Qualität des erworbenen Gutes später beurteilen, ist seine Risikoeinstellung gleichgültig, weil für ihn kein Risiko mehr besteht. Die Segmentierung wäre dann im Zeitablauf nicht mehr stabil. Etwas anderes gilt dann, wenn nur ein Teil der Nachfrager dauernde Informationsüberlastung zeigt. Das zu bedienende Segment besteht dann aus überlasteten Nachfragern mit gleicher Risikoeinstellung.

Die Ermöglichung der Markteinführung setzt ausdrücklich das Vorliegen von Erfahrungsqualität bei dem bereits am Markt befindlichen Produkt voraus (Schmalensee 1982, S. 349 f.). Dessen Funktionieren soll die Nachfrager von der Funktionsfähigkeit des einzuführenden Produkts überzeugen.

Die Einordnung der Eigenschaften bei dem einzuführenden Produkt bleibt offen. Kann ein Nachfrager das auch ohne eine gemeinsame Markierung mit einem etablierten Produkt beurteilen, ist die gemeinsame Markierung nicht notwendig. Der Fall, dass ein neues Produkt von Nachfragern in bezug auf seine Qualität vollständig beurteilt werden kann, dürfte jedoch eher selten sein.[61] Die bereits erwähnte Einschränkung im Fall von information overload ist jedoch auch hier angebracht.

Insgesamt kann deshalb gesagt werden, dass Marken aus informationsökonomischer Sicht bei Austauschgütern mit Sucheigenschaften nur in Fällen von Informationsüberlastung ein adäquates Differenzierungsinstrument sind. Marktsegmentierungen sind ebenfalls möglich, wenn Informationsüberlastung vorliegt. Die Markteinführung solcher Güter ist auch ohne Marken möglich, wenn die Nachfrager die relevanten Informationen verarbeiten können. Die mögliche Reduzierung von Suchkosten bleibt jedoch aus informationsökonomischer Sicht eine Aufgabe von Marken. Sie ist die einzige Funktion, die bei Austauschgütern mit Sucheigenschaften unabhängig vom Vorliegen von information overload ist.

5.2.2 Erfahrungseigenschaften

Unter Erfahrungseigenschaften von Gütern versteht man solche Eigenschaften des Gutes, die erst nach dem Kauf beurteilt werden können, vorher jedoch nicht (Nelson 1970, S. 316).[62] Im Gegensatz zu den Sucheigenschaften ist ein Nachfrager also auf eine andere Art der Informationsübertragung angewiesen als die unmittelbare Aufnahme des relevanten Wissens.

Die Verringerung dieser Informationsungleichheiten kann eine Aufgabe von Marken aus informationsökonomischer Sicht sein. Die Reduzierung von Suchkosten erscheint jedoch kaum als eine sinnvolle Aufgabe der Marke in diesem Zusammenhang. Der Nachfrager kann annahmegemäß die Qualität des zu erwerbenden Gutes nicht beurteilen. Man kann jedoch die Erfahrungsqualität damit vergleichen, dass der Nachfrager vor dem Kauf positive Suchkosten hat, um sich entsprechende Informationen zu beschaffen. Definiert man den Wert der Erfahrungsqualität wie Nelson (1970, S. 315) als Barwert der Suchkosten, die dem Nachfrager erspart werden, so wird deutlich, dass

61 Soweit ersichtlich, gibt es hierzu jedoch keine empirischen Erhebungen.
62 Gemeint ist der Erstkauf.

es möglich ist, mit Hilfe einer Kenntlichmachung von Gütern, deren Wert zu erhöhen. Welche quantitative Bedeutung diese Wertsteigerung hat, hängt jedoch (auch) von der Höhe des Zinssatzes, der absoluten Höhe der Suchkosten und der Anzahl der ersparten Suchschritte ab. Je größere Werte die beiden letztgenannten Größen annehmen, desto größer ist der Wert der Erfahrung, den die Marke vermitteln kann. Ein hoher Zinssatz wirkt entgegengesetzt. Interpretiert man z. B. die Höhe des Zinssatzes als Ungeduldsparameter, so senkt die Ungeduld den Wert der Erfahrungsqualität.

Aus dieser Definition der Erfahrungsqualität lässt sich in Verbindung mit dem Modell von Diamond (1971) herleiten, dass zwar die Schaffung von Erfahrungsqualitäten und die Suchkostenreduzierung tendenziell gegenläufig sind, weil die Erfahrungsqualität ihren Wert gerade daraus ableitet, dass nicht alle opportunen Suchkosten in den zu entrichtenden Preis einfließen. Sie heben einander jedoch nicht völlig auf, weil der Wert der Erfahrung bei Anbietern und Nachfragern verschieden sein kann, je nach absoluter Höhe der Kosten, nach Zinssatz und nach Anzahl der Suchschritte. Die Reduzierung der damit verbundenen Kosten ist also kaum interessant.

Die Möglichkeit, mit Hilfe von Marken eine Gegenmachtposition zu einem Absatzagenten aufzubauen, hat hier größere Bedeutung als bei Austauschgütern mit Sucheigenschaften, weil der opportunistische Spielraum für den Agenten größer sein kann. Wenn ein Endnachfrager beim Erstkauf auf den Agenten angewiesen ist, hat dieser Agent mehr Möglichkeiten, seine eigenen Ziele zu Lasten anderer Beteiligter zu verfolgen. Diese Möglichkeiten reduzieren sich jedoch, wenn ein Endnachfrager beim Wiederholungskauf über relevante eigene Informationen durch Nachkauferfahrungen verfügt.

Die Vermittlung von Qualitätsinformationen durch Marken, die damit eine Differenzierung ermöglichen, gehört zu den Aufgaben von Marken aus informationsökonomischer Sicht. Wenn die anderen hier aufgeführten Voraussetzungen erfüllt sind, kann das beim Erstkauf von Austauschgütern mit Erfahrungsqualität den Informationsfluss vom Anbieter zum Nachfrager ermöglichen. Kann ein Nachfrager das erworbene Gut nach dem Kauf in bezug auf die Qualität vollständig beurteilen, entfällt die Notwendigkeit zu dieser Art der Informationsübertragung, wenn das Gut in identischer Form wieder gekauft wird. Diese Art der Informationsübertragung ist um so bedeutender, je weniger relevant die Nachkauferfahrungen sind. Je weniger also Nachfrager in der Lage sind, nach dem Kauf die Qualität der erworbenen Güter zu beurteilen, um so größer bleibt die Bedeutung der Marke unter dem Aspekt der differenzierenden Vermittlung von Qualitätsinformationen. Beurteilungsprobleme nach dem Kauf ergeben sich auch bei häufigen Veränderungen des Gutes oder bei einer sehr geringen Kauffrequenz einzelner Nachfrager. Bei Informationsüberlastung nach dem Kauf behält die Marke ebenfalls ihren Sinn, da eine unmittelbare Aufnahme der Informationen nicht möglich ist. Diese Überlegungen zeigen deutlich den Unterschied zur traditionellen Sichtweise. Es ist nicht als Selbstverständlichkeit anzusehen, dass die Marke eine gleichbleibende Qualität in dem Sinne garantiert, dass die Marke bei jedem (identischen) Wiederkauf diese Funktion ausübt. Diese Funktion kann jedoch in der Weise ausgeübt werden, dass die anfängliche Signalling-Wirkung über den Erstkauf hinausgehende Wirkungen entfaltet, indem in einer Periode sehr hohe Werbebudgets als

„Geisel“[63] gestellt werden. Daraus kann jedoch nicht abgeleitet werden, für wie viele Wiederkäufe diese Wirkung bestehen bleibt. Das Erreichen eines kontinuierlichen Qualitätsversprechens ist deshalb möglich, jedoch keineswegs selbstverständlich. Die folgende Abbildung verdeutlicht das an Hand eines fiktiven Beispiels:

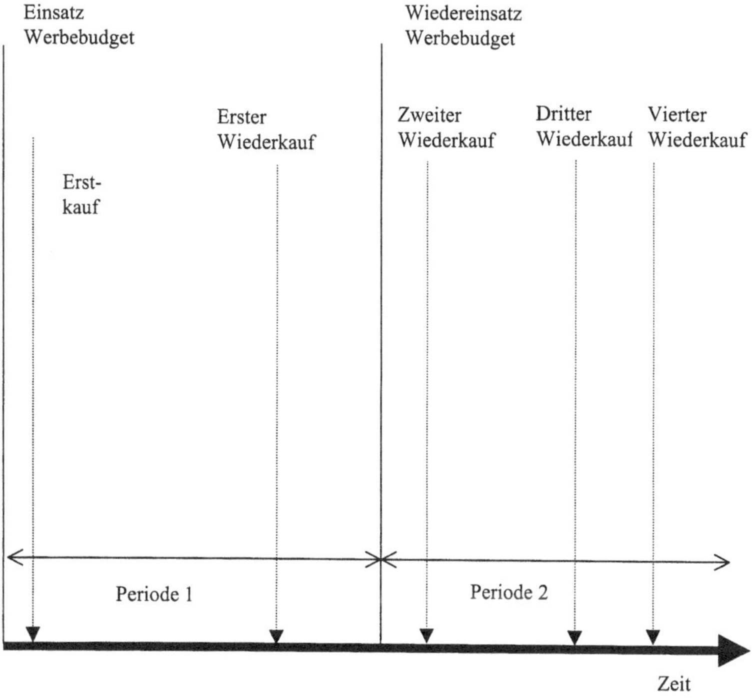

Abb. 21: Werbebudgets in verschiedenen Perioden
Quelle: Eigene Darstellung

Wenn in beiden Perioden ein gleich hohes Werbebudget verwendet wird, muss dessen „Geiselfunktion“ für zwei Käufe in der ersten Periode ausreichen, aber in der (im Beispiel) gleichlangen Periode 2 für drei Käufe, so dass pro Kauf ein geringerer Betrag als „Geisel“ zur Verfügung steht. Das Signallingniveau ist also gesunken, die Qualität wird in der zweiten Periode nicht mehr so stark signalisiert wie in der ersten Periode. Auf die Verschiebung des Funktionenschwerpunkts zugunsten der Identifikation, d. h. Reduzierung von Suchkosten ist bereits hingewiesen worden.

63 Auf die einer Geisel ähnliche Funktion ist unter 3.3.2.1 eingegangen worden.

Die folgende Tabelle gibt eine abschließende Übersicht, welche Umstände die Bedeutung der Marke steigert, wenn es darum geht, Qualitätsinformationen für Austauschgüter mit Erfahrungseigenschaften zu vermitteln.

Einflussgröße	Auswirkung auf die Markenfunktion. „Verhinderung von Adverse Selection" bei Austauschgütern mit Erfahrungseigenschaften
Höhe der Kauffrequenz	-
Beurteilungsvermögen für Qualität durch die Nachfrager	-
Information Overload	+
Häufigkeit der Produktvariation	+
Legende: +: Die Einflussgröße steigt die Bedeutung der Markenfunktion; -: entsprechend umgekehrt	

Tab. 15: Einflussgrößen auf die Adverse Selection-Bekämpfung bei Austauschgütern mit Erfahrungseigenschaften
Quelle: Eigene Darstellung

Die risikoorientierte Marktsegmentierung folgt der Vermittlung der Qualitätsinformationen. Die Risikoeinstellung in bezug auf die Qualität des zu erwerbenden Gutes ist nur in der Situation vor dem Kauf relevant, weil bei einer Beurteilungsmöglichkeit nach dem Kauf kein Risiko bei Folgekäufen mehr besteht. Eingeschränkt gilt das in den bereits aufgeführten Fällen der geringen Kauffrequenz und der nur teilweisen Möglichkeit zur Beurteilung der Produktqualität sowie der laufenden Veränderungen.

Die Ermöglichung der Markteinführung kann eine Aufgabe für Marken sein, wenn das einzuführende Gut Erfahrungseigenschaften hat, weil eine unmittelbare Art der Informationsaufnahme dann nicht möglich ist. Unterschiede ergeben sich nach dem Kauf. Da neu eingeführte Produkte oft kurz nach ihrem ersten Auftreten am Markt verändert werden, bleibt der Wert der Marke tendenziell länger erhalten. Der Grund dafür liegt darin, dass Nachkauferfahrungen dann weniger relevant sind. Im Extremfall einer weitgehenden Veränderung des Produktes können sie jedoch unerheblich werden.

5.2.3 Vertrauenseigenschaften

Unter Gütern mit Vertrauenseigenschaften versteht man solche Güter, deren Qualität weder vor dem Kauf noch danach durch Nachfrager beurteilt werden kann (Darby/Karni 1973, S. 67). Das Funktionieren des Marktes hängt also vollständig und auf Dauer von indirekten Wegen der Informationsübertragung ab, weil Nachfrager zu keinem Zeitpunkt in der Lage sind, ein Qualitätsurteil zu fällen. Dem Begriff „Vertrauen" soll im Rahmen dieser Systematik besondere Beachtung geschenkt werden, um in der Literatur geäußerter Kritik zu begegnen.[64] Es muss zwischen dem Vertrauen, wie es traditionell in der Neuen Institutionenlehre verstanden wird, und anderen Möglichkei-

64 Streng genommen kann von einem einheitlichen Vertrauensbegriff der Mikroökonomie nicht ohne weiteres gesprochen werden, weil „credence" und „confidence" nicht unbedingt absolut identische Bedeutungen haben.

ten zur Definition von Vertrauen unterschieden werden. Das Verständnis des Vertrauens in der Neuen Institutionenlehre wird vom Bild des opportunistischen Wirtschaftssubjekts geprägt. Auswirkungen sind bei der Beschreibung der informationsökonomischen Markenfunktionen durch die Behandlung verschiedener Spielarten des Opportunismus deutlich geworden.[65] Vertrauen kann man vor diesem Hintergrund als begründete Einschätzung betreffend das zukünftige Verhalten des Tauschpartners definieren. An diesem Verständnis von Vertrauen ist Kritik geübt worden (z. B. Vogt 1997, S. 59-76). Unter betriebswirtschaftlichen Aspekten geht es bei neueren Ansätzen zum Begriff „Vertrauen" um Vertrauen in und zwischen Organisationen (z. B. Lane 1998). Dieses institutionelle Vertrauen wird dann als die Erwartung definiert, dass der Vertrauensempfänger (= die Institution) gewillt und in der Lage ist, eine an ihn gerichtete positive Erwartung zu erfüllen (Kahle 1998a, S.3). Inner- und intraorganisationale Beziehungen werden hier jedoch nicht untersucht.[66] Die Frage nach der Definition des Vertrauens erscheint vor diesem Hintergrund als für diese Untersuchung nicht bedeutsam. Da einige Autoren (z. B. Vogt 1997) diese Fragestellungen dennoch zum Anlass zu allgemeiner Kritik an der Neuen Institutionenlehre nehmen, erscheint eine positive Begründung für das Festhalten am „traditionellen", wirtschaftstheoretisch geprägten Vertrauensbegriff geboten. Für das Beibehalten des Verständnisses von Vertrauen, wie es in der Neuen Institutionenlehre zugrunde gelegt wird, sprechen in dieser Untersuchung verschiedene Gesichtspunkte.

In der betriebswirtschaftlichen Literatur findet sich die Aussage, der Vertrauensbegriff der Mikroökonomie beruhe u. a. auf dem Bild vom egoistischen Wirtschaftssubjekt (z. B. Vogt 1997, S. 72 ff.).

Anderes als egoistisches Verhalten der beteiligten Wirtschaftssubjekte wäre nicht mit den verwendeten Modellen kompatibel, die den informations-ökonomischen Markenfunktionen zugrunde liegen. Das geht besonders deutlich aus deren mathematischer Formulierung hervor: Dort ist der Nutzen der jeweiligen Marktgegenseite nicht Argument der Nutzenfunktion. Altruistische Motive erscheinen zumindest für die Seite der anbietenden Unternehmen auch kaum plausibel. Auf der Nachfragerseite könnte man sich zwar Altruismus vorstellen, einseitiger Altruismus reicht jedoch nicht aus, um von dem hier zugrunde gelegten Verständnis von Vertrauen abzuweichen. Deshalb ist auch auf der Nachfragerseite keine altruistische Nutzenannahme getroffen worden. Wenn im Bereich der informationsökonomischen Markenfunktionen dieses „egoistische" Vertrauensverständnis verwendet wird, muss es konsequenterweise auch bei den Eigenschaften von Gütern Verwendung finden.

Das hier verwendete Verständnis von Vertrauen ist empirisch fundiert (z. B. Adler 1996, S. 139-198; Kaas/Busch 1996, S. 251; Stratmann 1999, S. 228-231). Es kann also davon ausgegangen werden, dass durch dieses Verständnis von Vertrauen keine zu kritisierende Realitätsferne entsteht. Auch Sozialeinflüsse vermögen offenbar den Opportunismus nicht so weit zurückzudrängen, dass er nicht empirisch belegbar wäre.

Schließlich erscheint erneut der Hinweis angebracht, dass die Vertrauensdefinition, die hier verwendet wird, sich spezifisch auf diese Untersuchung bezieht. Es soll nicht

65 Das zeigen die Ausführungen vor allem im Abschnitt 3.3.

66 Darauf ist in der Einleitung unter 1.1 hingewiesen worden.

gesagt werden, dass für andere Fragestellungen, z. B. organisationstheoretischer Art, andere Definitionen besser geeignet sein könnten.[67]

Die Reduzierung von Suchkosten ist für Austauschgüter mit Vertrauenseigenschaften nicht interessant, weil die Suche nach Qualitätsinformationen für die Nachfrager zu allen Zeitpunkten sinnlos ist.

Aus dem dauernden Unwissen auch der Endnachfrager ergibt sich ein großer opportunistischer Spielraum für einen Absatzagenten, weil Absatzagenten die Möglichkeit haben, dass andauernde Unvermögen der Endnachfrager zur Qualitätsbeurteilung für ihre eigenen Zwecke auszunutzen bzw. zu missbrauchen. Wenn z. B. ein komplexes technisches Gerät, das für die Endnachfrager ein Austauschgut mit Vertrauenseigenschaften ist, mit Hilfe des Handels[68] distribuiert wird, besteht die Gefahr, dass der Handel sich opportunistisch verhält. In dem gewählten Beispiel könnte das opportunistische Verhalten so aussehen, dass der Händler seine Informationen über die Produktqualität bewusst zurückhält, um andere Produkte zu verkaufen, die ihm höhere Deckungsbeiträge bringen.

Die Identifikation im Sortiment eines Absatzagenten ist für Austauschgüter mit Vertrauenseigenschaften also von großer Bedeutung.

Die Vermittlung von Qualitätsinformationen als Differenzierungsinstrument ist eine Aufgabe der Marke. Im Gegensatz zu Austauschgütern mit Erfahrungseigenschaften spielen die Kauffrequenz, das information overload Phänomen und die Häufigkeit von Produktvariationen hier keine markenpolitisch entscheidende Rolle, weil alle Nachkauferfahrungen irrelevant sind. Eine auf der Vermittlung von Qualitätsinformationen als Differenzierungsinstrument aufbauende Marktsegmentierung hat solange Bestand, wie deren allgemeine Voraussetzungen erfüllt sind. Äußere Einflüsse verändern Informationsasymmetrie nicht. Deshalb erlangt die Marke ihre volle Bedeutung erst hier.

Die Markierung eines am Markt einzuführenden Produktes kann dessen Einführung erleichtern. Die Voraussetzungen vor dem Erstkauf sind dieselben wie beim Vorliegen von Erfahrungsqualität. Der Unterschied zur Erfahrungsqualität liegt darin, dass diese Umstände auch nach dem Kauf vollständig erhalten bleiben.

Insgesamt kann also gesagt werden, dass die Bedeutung der Marke bei Austauschgütern vor allem dann hoch ist, wenn und je mehr deren Qualitätsbeurteilung erschwert wird. Das wird besonders bei der Ermöglichung der Markteinführung deutlich. Ansonsten können Suchkosten von Nachfragern reduziert werden, wenn die sonstigen Voraussetzungen, die bei der Beschreibung der Markenfunktion aufgezeigt worden sind, vorliegen.

Eine Sonderrolle spielen die sogenannten reputation goods. Darunter versteht man Güter, die zwar mindestens überwiegend Vertrauenseigenschaften haben, die aber von den Nachfragern an Hand von Beurteilungen durch kompetente Dritte eingestuft werden (Satterthwaite 1979, S. 485 f.). Deshalb stehen sie zwischen Erfahrungs- und Vertrauensqualitäten. Es fragt sich, wie man dem aus markenpolitischer Sicht begegnen sollte. Zur Lösung dieses Problems bietet es sich an, eine Fallunterscheidung zu tref-

---

67 Darauf haben Kahle (1999) und Williamson (1990, S. 346, insbes. Fußnote 21) hingewiesen.

68 Der Handel wäre dann Absatzagent im Sinne der in dieser Untersuchung verwendeten Terminologie.

fen. Im ersten Fall richten sich die Nachfrager ausschließlich nach dem Expertenurteil, das auf der Erfahrung der Experten beruht. Die Markierung ist dann so vorzunehmen, als ob eine Erfahrungsqualität vorläge. Im zweiten Fall richten sich die Nachfrager neben dem Expertenurteil auch nach dem eigenen Eindruck, obwohl sie wissen, dass diesem Eindruck keine Sachkenntnis zugrunde liegt. Dann sollten die Markenfunktionen in den Mittelpunkt der Betrachtung rücken, die sowohl für Erfahrungs- als auch für Vertrauensqualitäten bedeutend sind. Damit ist gewährleistet, dass sowohl die Experten als auch die Laien angesprochen werden. Die folgende Abbildung macht das noch einmal graphisch deutlich.

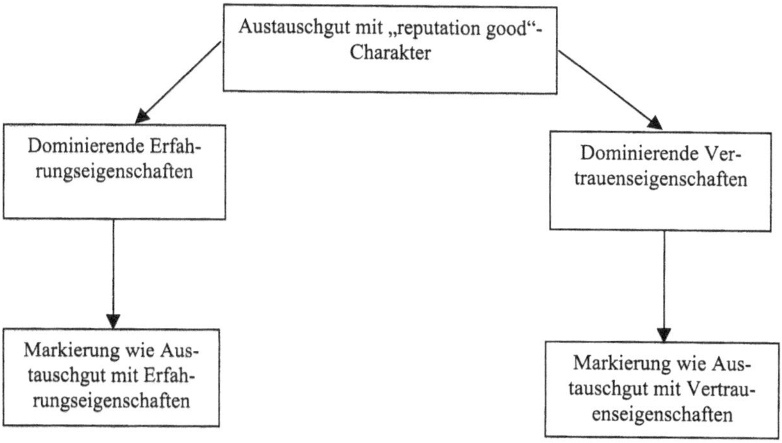

Abb. 22: Einordnung von „reputation goods" nach dominierenden Eigenschaften
Quelle: Eigene Darstellung

Die folgende Tabelle gibt einen Überblick über die Beziehungen zwischen den informationsökonomischen Funktionen der Marke und den Eigenschaften von Austauschgütern.

	Suchkosten	Identifikation beim Agenten	Moral-hazard	Adverse Selection	Segmen-tierung	Markt-einführung
Suche	+	+/-	-	+[a]	+[a]	+[a]
Erfahrung	+/-	+	-	+[b]	+[b]	+
Vertrauen	-	+	-	++	++	+

Legende: ++: Die Erfüllung der Markenfunktion ist bei der gegebenen Kategorie besonders sinnvoll; +: Die Erfüllung der Markenfunktion ist bei der gegebenen Kategorie sinnvoll; -: entsprechend umgekehrt; +/-: Es ist kein eindeutiger Zusammenhang erkennbar.
(a) Bei Information Overload (b): Beim Erstkauf oder bei Information Overload

Tab. 16: Markenfunktionen für Austauschgüter
Quelle: Eigene Darstellung

5.3 Kontraktgüter

Es handelt sich um Güter, deren Kern ein Leistungsversprechen ist. Der Nutzen des einen Partners hängt wesentlich vom zukünftigen Verhalten des anderen Partners ab (Kaas 1992, S. 14, 39). Beispiele sind komplexe Dienstleistungen wie medizinische Leistungen oder die Errichtung von Bauwerken (Kaas 1992, S. 14). Sie können überwiegend Erfahrungseigenschaften oder Vertrauenseigenschaften haben. Diese beiden Arten von Gütern sollen hier nacheinander betrachtet werden.

5.3.1 Erfahrungseigenschaften

Bei Erfahrungseigenschaften kann der Nachfrager vor Abschluss des ersten Vertrages die Qualität der angebotenen Leistung nicht beurteilen, und er ist von daher der Gefahr des Moral-Hazard-Verhaltens des Anbieters ausgesetzt. Wenn der Nachfrager nicht zum Vertragsschluss gezwungen ist, kann bei entsprechend hoher Risikoscheu des Nachfragers kein Vertrag zustande kommen. Bei mehreren Anbietern wechselt der Nachfrager dann zu demjenigen, bei dem er das Moral-Hazard-Risiko am geringsten einstuft. Deshalb kann es für beide Beteiligte sinnvoll sein, dass der Anbieter eine Selbstbindung eingeht, um glaubwürdig zu sein. Wie bereits ausgeführt, kann aus informationsökonomischer Sicht eine Marke eine solche Selbstbindung sein, wenn entsprechende spezifische Investitionen in das Markenkapital erfolgt sind.

Marken können dann die Wahrscheinlichkeit des anbieterseitigen Moral-Hazard-Verhaltens verringern. Darauf aufbauend ist auch eine risikoorientierte Marktsegmentierung denkbar, in der Nachfrager, die dieses Verhalten des Anbieters mit einer höheren Wahrscheinlichkeit hinnehmen, von risikoscheueren Nachfragern separiert werden.

Die Identifikation im Sortiment eines Absatzagenten passt auf die nicht standardisierten Kontraktgüter kaum, weil sie oft in einer direkten Beziehung zwischen Anbietern und Nachfragern getauscht werden oder weil im Fall von Absatzmittlern und Herstellern die Rollen vertauscht werden können: Der Absatzmittler wird Prinzipal, und der Hersteller wird Agent.[69] Wo dies nicht der Fall ist, kann diese Funktion von Marken jedoch eine Bedeutung haben. Das ist vor allem beim Erstkauf der Fall. Bei Wiederkäufen können Erfahrungen genutzt werden, soweit sie relevant sind.

Beim erneuten Abschluss eines identischen Vertrages mit identischen Parteien entfällt diese Aufgabe der Marke, da die Erfahrungen als Informationsquelle genutzt werden können. Das begrenzt den opportunistischen Spielraum für Anbieter und Agenten.

Die Ermöglichung der Markteinführung beruht auf der Übertragung von positiven Nachkauferfahrungen. Eine solche Übertragung kann zwar bei Kontraktgütern nicht völlig ausgeschlossen werden, sie dürfte aber eher selten sein, weil die betroffenen Güter zu individuell sind. Deshalb können Marken im allgemeinen diese Aufgabe auch für Kontraktgüter erfüllen, der Anwendungsbereich dürfte aber sehr klein sein.

Am Beispiel der Hotellerie kann man die Auswirkungen von Marken im Bereich von Kontraktgütern mit Erfahrungseigenschaften verdeutlichen. Es handelt sich um

69 Das ist unter 3.3.1.2 bereits angesprochen worden.

Leistungsversprechen von Hoteliers, deren Erfüllung vom zukünftigen Verhalten der Beteiligten nach Vertragsschluss abhängt. Die Güte der Leistungen kann von Nachfragern zumeist erst beurteilt werden, wenn die Leistung erbracht worden ist. Deshalb kann man hier von Erfahrungsqualität sprechen.

Im Bereich der Hotellerie hat eine Bildung von Marken stattgefunden, die sich sowohl auf Hotelketten als auch einzelne, besonders berühmte Hotels der Luxusklasse bezieht (Barth/Theis 1998, S. 161). Die Marken können das Moral-Hazard-Verhalten der Hoteliers verhindern. Nach Vertragsschluss darf also keine nachträgliche Verschlechterung der Leistung im Vergleich zum Leistungsversprechen erfolgen, wenn die Marke nicht in Mitleidenschaft gezogen werden soll. Die Aufgabe, verschiedene Kategorien von Hotelleistungen voneinander abzugrenzen, wird vor allem durch die Marken der berühmten (Luxus-) Hotels erfüllt. Die Marke ermöglicht hier also eine Segmentierung. Zugleich ist das Beispiel ein Beleg dafür, dass Hotelleistungen zwar nach traditionellem Verständnis Dienstleistungen sind, unter informationsökonomischen Aspekten aber keine prinzipiell andere Markenpolitik geboten ist, als es bei Sachgütern der Fall ist.

5.3.2 Vertrauenseigenschaften

Bei der Verhinderung von anbieterseitigem Moral-Hazard-Verhalten gilt beim Abschluss des Vertrages zunächst einmal nichts anderes als für Kontraktgüter, die schwerpunktmäßig Erfahrungseigenschaften haben. Der Unterschied wird deutlich, wenn ein identischer Vertrag später noch einmal abgeschlossen wird. Soweit Erfahrungen als Informationsquelle ausscheiden, bleibt die informierende Funktion der Marke erhalten.

Die Reduzierung von Suchkosten ist also nicht relevant, ebenso die Bekämpfung von Adverse Selection. Die anderen informationsökonomischen Funktionen der Marke können in diesem Zusammenhang als sinnvoll bezeichnet werden. Herausragende Bedeutung haben die Moral-Hazard-Bekämpfung und die risikoorientierte Marktsegmentierung.

Auch im Fall der Kontraktgüter mit Vertrauenseigenschaften sollen die getroffenen Aussagen mit einem Beispiel belegt werden. Im Bereich des zivilen (Linien-) Luftverkehrs markieren alle Anbieter die angebotenen Leistungen. In einigen Fällen haben Luftfahrtgesellschaften absichtlich die Politik „klassischer" Markenartikel auf ihre Produkte übertragen (Torin 1991, S. 274 f.). Die Qualität der Leistungen kann von den Nachfragern zum größten Teil nicht qualifiziert beurteilt werden, da das notwendige Fachwissen nicht vorhanden ist. Deshalb kann man davon sprechen, dass Vertrauenseigenschaften vorliegen.

Das ermöglicht aus der Sicht der Airlines, dass ein Nachfrager ihre Leistung auch im Sortiment eines Reisebüros identifizieren kann. Die Wiedererkennungsmöglichkeit ermöglicht es, dass die Nachfrager nach Flugleistungen auf die Informationen durch das Reisebüro angewiesen sind. Das Risiko, das vom potentiellen Moral Hazard-Verhalten des Anbieters durch qualitative Verschlechterungen nach dem Kauf der Tickets ausgeht, wird verringert, weil sonst die Marke gefährdet wäre.[70] Eine Marktsegmentierung ist im Bereich der Flugleistungen ebenfalls möglich, wenn für verschiedene Leistungen verschiedene Marken verwendet werden, die unterschiedliche Qualitäten anzeigen.[71] Schließlich kann man auch daran denken, dass die Einführung neuer Produkte, z. B. das Bedienen neuer Strecken, durch die bereits etablierte Marke erleichtert wird. Das Beispiel ist ein weiterer Beleg für die Gleichbehandlung von Sachgütern und Dienstleistungen und markenpolitischen Aspekten.

Die folgende Tabelle gibt einen Überblick über die Verknüpfungen zwischen den informationsökonomischen Aufgaben der Marke und den Eigenschaften von Kontraktgütern.

	Suchkosten	Identifikation beim Agenten	Moral-Hazard	Adverse Selection	Segmentierung	Markteinführung
Erfahrung	-	+/-[(a)]	+	-	+	+/-
Vertrauen	-	+/-	++	-	++	+

Legende: ++: Die Erfüllung der Markenfunktion ist bei der gegebenen Kategorie besonders sinnvoll; +: Die Erfüllung der Markenfunktion ist bei der gegebenen Kategorie sinnvoll; -: entsprechend umgekehrt; +/-: Es ist kein eindeutiger Zusammenhang erkennbar.
(a): Beim Erstkauf

Tab. 17: Markenfunktionen bei Kontraktgütern
Quelle: Eigene Darstellung

5.4 Geschäftsbeziehungen

Unter einer Geschäftsbeziehung versteht man eine Folge von Transaktionen, die in einem inneren Zusammenhang stehen (Plinke 1989, S. 305). Graphisch kann das folgendermaßen verdeutlichen:

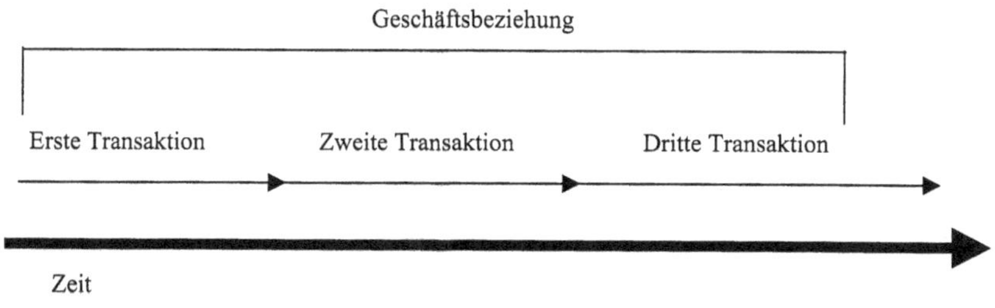

Abb. 23: Geschäftsbeziehung als Folge von Transaktionen
Quelle: Eigene Darstellung

70 Die praktische Relevanz von Qualitäts- statt Preisargumenten kann damit belegt werden, dass hochpreisige Carrier wie SWISSAIR in der Gunst der Nachfrager vorne liegen (o.V. 1999, S. 132).

71 BRITISH AIRWAYS hatte bereits in den 80er Jahren sieben verschiedene Marken für seine Leistungen (Torin 1991, S. 278-281).

Es handelt sich dabei nicht im engeren Sinne um eine Güterkategorie, sondern um eine andere Art der Austauschbeziehung, die üblicherweise als dritte Möglichkeit von ökonomisch relevanten Tauschvorgängen neben Austausch- und Kontraktgütern gesehen wird, weil sich aus der Geschäftsbeziehung Abweichungen im opportunistischen Verhalten ergeben können. Die Gefahr für diese schädigenden Verhaltensweisen ist während der Dauer der Beziehung eher geringer, weil eine wechselseitige Bindung eingegangen wird (Kaas 1992, S. 1992, S. 14). Eine Geschäftsbeziehung kann aus der Sicht des Marketing als eine Ausprägung des allgemeinen Beziehungsmarketing gesehen werden (Wehrli 1994, S. 191). Deshalb ist es auch außerhalb des interindustriellen Austauschs von Gütern anwendbar (Wehrli 1994, S. 193). Die Behandlung von Geschäftsbeziehungen ist also in dieser Untersuchung sinnvoll, obwohl keine (reinen) Investitionsgüter betrachtet werden sollen.

Die Ermöglichung der Markteinführung spielt hier keine Rolle, weil die Markteinführung in der beschriebenen Art und Weise sich nicht auf die Einführung von Produkten im Rahmen gefestigter Kontakte bezieht. Die Verhinderung von Adverse Selection hat hier keine Bedeutung, weil sich das Adverse Selection-Phänomen ebenfalls nicht auf solche Kontakte bezieht. Auch die Möglichkeit zur risikoorientierten Marktsegmentierung durch Marken erscheint für feste Geschäftsbeziehungen kaum relevant, weil für diese Art von Segmentierungen kaum Bedarf von Seiten beider Beteiligter besteht.

Die Reduzierung von Suchkosten kann im Zusammenhang mit einer Geschäftsbeziehung dann sinnvoll sein, wenn ein Geschäftspartner gesucht wird, also am Anfang der Beziehung. Die Marke muss dann „anzeigen“, ob ein geeigneter potentieller Geschäftspartner vorliegt.

Absatzagenten spielen in festen Geschäftsbeziehungen in der Regel keine bedeutende Rolle, so dass Aufgaben von Marken, die damit in Zusammenhang stehen, nicht von nennenswerter Bedeutung sind.

Obwohl also viele informationsökonomische Funktionen der Marke im Rahmen von Geschäftsbeziehungen eher unbedeutend erscheinen, können einige Erkenntnisse aus dem Bereich der Kontraktgüter herangezogen werden. Auf diesem Weg gelangt man zu der Erkenntnis, dass die informierende Funktion der Marke beim Abschluss von Folgeverträgen um so weniger relevant wird, je ähnlicher diese Verträge einander sind.

Die Bekämpfung von Moral-Hazard-Verhalten behält also ihre Bedeutung insbesondere gegen Ende der Geschäftsbeziehung, weil dann durch die fehlende Rücksichtnahme auf das zukünftige Verhalten der Gegenseite eine erhöhte Gefahr für Opportunismus besteht. Dabei muss jedoch beachtet werden, dass die Gefahr opportunistischen Verhaltens für beiden Seiten gilt. Sie bezieht sich nicht nur auf die Anbieterseite. Marken können insoweit nur einen begrenzten Schutz bieten. Das kann man mit Hilfe eines Beispiels verdeutlichen: Wenn ein Unternehmen mit einem Kunden über längere Zeit zusammenarbeitet und sich das Ende der Geschäftsbeziehung ankündigt, kann der Kunde versuchen, das anbietende Unternehmen über die restliche Dauer der Beziehung zu täuschen. Gelingt ihm diese Täuschung, so kann er möglicherweise das anbietende Unternehmen zu Zugeständnissen zu seinen Gunsten überreden, die dieses Unternehmen später kompensieren will. Endet die die Beziehung dann vermeintlich vorzeitig, entfällt auch die Kompensationsmöglichkeit. Eine Marke bietet hiergegen keinen Schutz. Auch ein opportunistisches Verhalten von Seiten des anbietenden Unternehmens wäre denkbar. Wenn der Anbieter dann seine Reputation riskiert, können Marken dagegen ein Schutz sein.

Einige Überlegungen zur Bedeutung von Marken im Rahmen von Geschäftsbeziehungen kann man am Beispiel von Bankdienstleistungen verdeutlichen, bei denen zunehmend eine Notwendigkeit zu systematischer Markenpolitik gesehen wird (z. B. Cramer 1995). Das Beispiel zeigt zunächst, dass es Geschäftsbeziehungen auch zwischen Unternehmen und privaten Nachfragern gibt, nicht nur im Business-to-Business-Bereich. Die Funktionen der Marke liegen in diesem Beispiel in den zwei soeben angesprochenen Bereichen der Suchkostenreduzierung und der Verhinderung des Moral-Hazard-Verhaltens. Man findet diese beiden Funktionen zu einen darin, dass ein Nachfrager eine Bank, mit der er eine Geschäftsbeziehung aufnehmen will, mit Hilfe von deren Marke kostengünstiger auffinden kann, zum anderen darin, dass die Bank aus Rücksicht auf ihre Marke an Moral-Hazard-Verhalten gegenüber den Kunden auch am Ende der Geschäftsbeziehung weitgehend gehindert wird.

Tabellarisch kann man die hier getroffenen Aussagen zur Bedeutung einzelner informationsökonomischer Markenfunktionen bei Geschäftsbeziehungen so zusammenfassen:

Suchkosten	Identifikation beim Agenten	Moral-Hazard	Adverse Selection	Segmentierung	Markteinführung
+(a)	-	+(b)	-	-	-
Legende: +: Die Erfüllung der Markenfunktion ist bei der gegebenen Kategorie sinnvoll; -: entsprechend umgekehrt (a): Am Anfang der Beziehung; (b): Vor allem am Ende der Beziehung					

Tab. 18: Markenfunktionen bei Geschäftsbeziehungen
Quelle: Eigene Darstellung

5.5 Prüfschema II

Auf der Basis der in diesem Kapitel gewonnenen weiteren Erkenntnisse kann ein weiteres Prüfschema aufgestellt werden, das die Anwendung dieser Erkenntnisse für ein Unternehmen in einer realen Situation ermöglicht. Es sollen insbesondere unnötige Markierungen identifiziert werden. Die abgeleiteten Empfehlungen müssen unter einen zweifachen Vorbehalt gestellt werden:

Bei Entscheidungen über die Beibehaltung von Markierungen müssen auch allgemeine Aspekte bezüglich Kosten und Nutzen berücksichtigt werden, besonders um eine voreilige Elimination zu verhindern. Die Einschränkungen des Prüfschemas I gelten hier entsprechend.

Unter äußerst langfristigen Aspekten können auch andere als informationsökonomische Aspekte ausschlaggebend für die zu treffende Entscheidung sein.

Auch dieses zweite Schema geht davon aus, dass eine Markierung mindestens eine informationsökonomische Funktion erfüllen soll. Andernfalls sollte eine Markierung unterbleiben. Zum Auffinden funktionsloser Marken dient wieder ein in der hier vorgestellten Reihenfolge abzuarbeitender Fragenkatalog. Die angegebenen Antworten auf einzelne der Fragen dienen lediglich als Beispiele, die das Verständnis erleichtern sollen.

1. Erster Schritt ist die Auswahl der intendierten Markenfunktion(en) Es soll über die Frage entschieden werden, was die Markierung eines Produktes bewirken soll. Dabei kann auf die in Kapitel 3 aufgeführten informationsökonomischen Funktionen der Marke zurückgegriffen werden.
2. Der nächste Schritt ist Prüfung der Frage, ob das, was durch die Markierung geleistet werden soll, unter informationsökonomischen Aspekten möglich ist. Dazu müssen einzelne Teilfragen beantwortet werden. Die Markierung ist erst dann sinnlos, wenn alle Teilfragen ergeben, dass die Marke die ihr zugedachte Funktion nicht erfüllen kann. Die Möglichkeit, auch nur eine einzige Funktion zu erfüllen, ist bereits ausreichend, um an der Marke festzuhalten oder eine Marke aufzubauen. Grundlegend ist die Einordnung des markierten Gutes in eine informationsökonomische Güterklassifizierung.

2.1. Liegt eine Geschäftsbeziehung vor? Anfänglich ist die Suchkostenreduzierung eine wichtige Aufgabe der Marke, vor allem am Ende der Geschäftsbeziehung ist es die Moral-Hazard-Verhinderung.

2.2. Handelt es sich um ein Kontraktgut?

2.2.1. Hat es überwiegend Vertrauenseigenschaften? Wichtig sind dann die Funktionen Moral-Hazard-Verhinderung und risikoorientierte Marktsegmentierung.

2.2.2. Hat es überwiegend Erfahrungseigenschaften? Die Konsequenzen sind nicht grundlegend anders als bei Vertrauenseigenschaften. Unterschiede ergeben sich z. B. im Bereich der Ermöglichung der Markteinführung. Zu diesem Zweck ist eine Marke weniger wichtig, wenn es sich um ein Kontraktgut mit Erfahrungs- statt mit Vertrauenseigenschaften handelt.

2.3. Es handelt sich um ein Austauschgut.

2.3.1. Hat es überwiegend Vertrauenseigenschaften? Dann ist die Markierung sehr wichtig, wenn Adverse Selection bekämpft oder eine risikoorientierte Marktsegmentierung vorgenommen werden soll.

2.3.2. Hat es überwiegend Erfahrungseigenschaften? Dann ergeben sich tendenziell ähnliche Ergebnisse wie beim überwiegenden Vorliegen von Vertrauenseigenschaften. Ein Beispiel für die dennoch vorhandenen Unterschiede ist es, dass die Markierung zur Adverse Selection Bekämpfung nur beim Erstkauf oder bei „Information Overload" notwendig ist.

2.3.3. Hat es überwiegend Sucheigenschaften? Dann ist die Suchkostenreduzierung die einzige informationsökonomische Markenfunktion, die uneingeschränkt ausgeübt werden kann.

2.4. Ein weiterer Schritt ist der Abgleich zwischen der beabsichtigten Markenfunktion und der(n) realisierbaren Funktion(en). Bei fehlender Übereinstimmung ist Markierung unter informationsökonomischen Aspekten überflüssig.

3. Wenn anhand der in dieser Untersuchung getroffenen Aussagen keine eindeutige Beurteilung möglich ist, kann auf die Beschreibung der einzelnen Funktionen im dritten Kapitel zurückgegriffen werden. Ein Beispiel für eine solche

Konstellation ist die Frage, ob eine Marke für ein Austauschgut mit Sucheigenschaften die Funktion sinnvoll erfüllt, eine Identifikation des markierten Gutes im Sortiment eines Absatzagenten zu ermöglichen.

Die folgende Abbildung 24 verdeutlicht, wie die Fragesystematik in ein Flussdiagramm umgeformt werden kann. Die abgeleiteten Handlungsempfehlungen müssen jedoch mit dem Vorbehalt versehen werden, dass sowohl andere unternehmenspolitische Ziele als auch Kosten-Nutzen-Aspekte vor einer endgültigen Entscheidung bedacht werden müssen. Die Symbolik im Diagramm entspricht wieder derjenigen von Kahle (1998, S. 56 f.).

5.6 Fazit

Die Austausch- und Güterkategorien, die die Informationsökonomie hervorgebracht hat, lassen sich in ein System bringen, das hier kurz vorgestellt worden ist. Es ist möglich, den einzelnen Kategorien verschiedene Aufgaben von Marken zuzuordnen. Im Rahmen von Geschäftsbeziehungen haben Marken eine vergleichsweise geringe Bedeutung. Am Anfang der Beziehung können Suchkosten reduziert werden, vor allem am Ende der Geschäftsbeziehung kann Moral-Hazard-Verhalten verhindert werden.

Bei Kontraktgütern muss zwischen Erfahrungs- und Vertrauenseigenschaften differenziert werden. In beiden Fällen sind die Suchkostenreduzierung und die Verhinderung von Adverse Selection keine relevanten Aufgaben der Marke aus informationsökonomischer Sicht. Die Identifikation beim Agenten kann je nach Lage des Einzelfalls relevant sein. Die Bekämpfung des Moral-Hazard-Verhaltens, die Ermöglichung der Markteinführung und die risikoorientierte Marktsegmentierung sind für Kontraktgüter mit Erfahrungs- und Vertrauenseigenschaften bedeutsam. Für Vertrauenseigenschaften ist die Bedeutung der Marke jedoch deutlich höher einzuschätzen.

Bei Austauschgütern muss noch stärker differenziert werden: Wenn Sucheigenschaften dominieren, können Marken die Suchkosten reduzieren helfen und im Einzelfall auch eine Identifikation bei einem Absatzagenten begründen. Die Marke ist im Fall von Austauschgütern mit Sucheigenschaften jedoch kein geeignetes Mittel zur Moral-Hazard-Bekämpfung oder zur Ermöglichung der Markteinführung. Die Verhinderung von Adverse Selection und die Ermöglichung einer risikoorientierten Marktsegmentierung sind bei Sucheigenschaften eines Gutes nur im Fall von Information Overload sinnvolle Aufgaben für Marken.

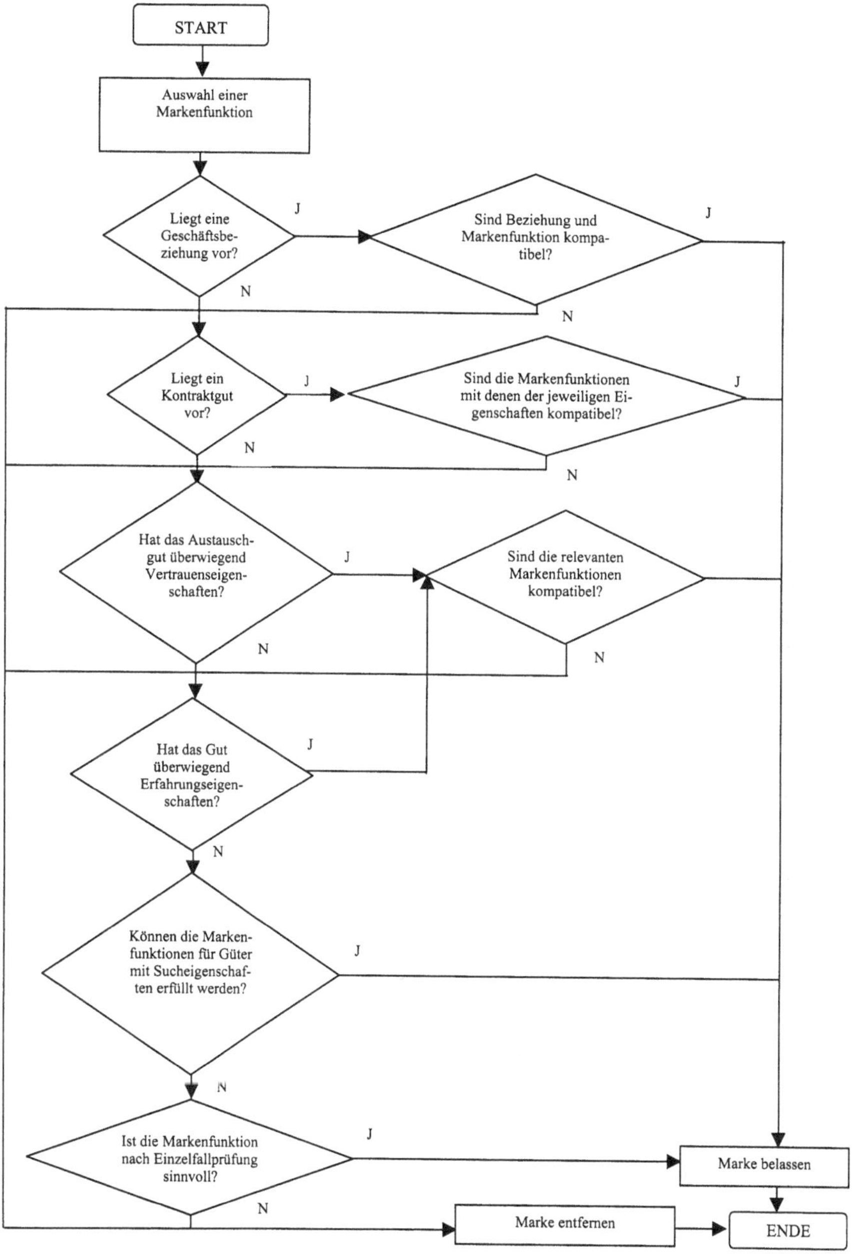

Abb. 24: Prüfschema für Markierung nach informationsökonomischen Güterarten
Quelle: Eigene Darstellung

Bei Erfahrungseigenschaften von Austauschgütern ergibt sich ein grundlegend anderes Bild als beim Dominieren von Sucheigenschaften. Die Suchkostenreduzierung ist nur im Einzelfall sinnvoll. Insbesondere muss die Kostenstruktur der beiden Marktteilnehmer verschieden sein, damit zwischen den beiden keine Situation entsteht, die der einer Nullsummenproblematik entspricht. Die Moral-Hazard-Bekämpfung spielt als sinnvolle Aufgaben für Marken an dieser Stelle keine Rolle. Die Identifikation im Sortiment eines Absatzagenten und die Ermöglichung der Markteinführung sind hier Aufgaben von Marken. Die Bekämpfung von Adverse Selection und die risikoorientierte Marktsegmentierung sind jedoch nur mit Einschränkungen sinnvolle Aufgaben von Marken. Marken eignen sich für die beiden letztgenannten Aufgaben beim Erstkauf oder im Fall von Information Overload.

Bei Austauschgütern mit Vertrauenseigenschaften ergibt sich kein von den Austauschgütern mit Erfahrungseigenschaften grundlegend verschiedenes Bild. Die wichtigste Modifikation besteht darin, dass die Bekämpfung von Adverse Selection und die risikoorientierte Marktsegmentierung Aufgaben von Marken sind, die beim Vorliegen von Vertrauenseigenschaften voll zur Geltung kommen. Die Suchkostenreduzierung durch Marken hat dagegen bei Austauschgütern mit Vertrauenseigenschaften keine sinnvolle Rolle.

Es ist deshalb möglich, die Markenpolitik von anbietenden Unternehmen auch an den hier vorgestellten informationsökonomischen Austausch- und Güterkategorien auszurichten. In einigen Fällen müssen die getroffenen Aussagen jedoch relativiert werden. Die Umstände des Einzelfalls dürfen nie aus Blick geraten. Das gilt insbesondere, wenn es um Eliminationsentscheidungen geht. Es gilt, voreilige Eliminationen zu vermeiden.

6 Zusammenfassung

Diese Untersuchung hat verschiedene Zielsetzungen Erstens ging es um das Aufgreifen von Kritik an traditionellen Darstellungen von Markenpolitik, zweitens um den Aufbau einer eigenständigen Systematik informationsökonomischer Markenfunktionen und drittens um die Ableitung von markenpolitischen Handlungsempfehlungen für Unternehmen.

Einer der Kritikpunkte an den traditionellen Darstellungen des Markenartikels ist deren teilweise Orientierung an einer Einteilung in Sachgüter und Dienstleistungen. Die prinzipielle markenpolitische Gleichbehandlung von Sachgütern und Dienstleistungen ist jedoch unter informationsökonomischen Aspekten möglich. Es ist gezeigt worden, dass die Abgrenzung von Sachgütern und Dienstleistungen nicht hinreichend trennscharf ist, um eine eindeutige Zuordnung konkreter Fälle zu einer der beiden Kategorien zu ermöglichen. Eine auf dieser Unterteilung aufbauende Einteilung der Markenpolitik in zwei prinzipiell verschiedene Bereiche kann also nicht abgeleitet werden. Statt dessen ist es mit Hilfe der informationsökonomischen Betrachtung der Marke möglich, Anhaltspunkte für die Gestaltung einer funktionsorientierten Markenpolitik zu geben. Die Gestaltung ist von der Frage unabhängig, ob es sich beim markierten Gut um eine Dienstleistung, ein Sachgut oder ein Gut handelt, das die Elemente beider Güterkategorien miteinander verbindet, was in der Regel der Fall ist. Maßgeblich für die Funktionsorientierung sind die informationsökonomischen Funktionen der Marke.

Die informationsökonomische Betrachtung hat drei grundlegende Funktionen von Marken herausgearbeitet. Es sind die Ermöglichung von Identifikation, die Ermöglichung der Differenzierung und die Ermöglichung der Markteinführung. Die beiden erstgenannten Funktionen lassen sich in Unterfunktionen weiter untergliedern. Die Ermöglichung der Identifikation hat zwei Unterfunktionen, nämlich die Suchkostenreduzierung und die Identifikation im Sortiment eines Absatzagenten. Die Suchkostenreduzierung basiert auf einem Modell, in dem die Nachfrager durch schrittweise Sammlung von Informationen versuchen, die zu ihren Lasten bestehende Informationsasymmetrie abzubauen. Die Nachfrager geben sich einen cut-off-Preis vor, bis zu dem sie gehen können oder wollen. Die Anbieter setzen die Preise nach dem „take-it-or-leave-it"-Prinzip fest. Es wird in einer endlichen Zahl von Suchschritten ein Markträumungspreis erreicht. Der Anpassungsprozeß kann durch Marken beschleunigt werden: Die Anzahl der Suchschritte, die der Nachfrager unternehmen muss, kann reduziert werden, wenn der Nachfrager Informationen durch Marken aufnimmt statt selbst zu suchen. Die Einzelheiten des Prozesses und die Höhe des Preises, der am Ende des Suchprozesses zustande kommt, hängen vor allem vom angenommenen Preis-Mengen-Zusammenhang und Beschränkungen beim Marktzutritt und Marktaustritt ab.

Im Fall der Identifikation im Sortiment eines Absatzagenten ist die Problemstellung dagegen anders gelagert. Güter werden oft unter Mitwirkung Dritter distribuiert. Zwischen Produzent und Distributeur können Interessengegensätze entstehen, die sich mit denen zwischen Prinzipal und Agent vergleichen lassen. Die Aufgabe von Marken besteht in diesem Zusammenhang darin, eine direkte Kommunikation des Prinzipals mit dem Endnachfrager zu ermöglichen. Der Endnachfrager kann das markierte Gut dann im Leistungsprogramm des Agenten identifizieren und kann eher an den Hersteller gebunden werden. Diese Bindung erlaubt es dem Hersteller, eine Gegenmachtposition zum distribuierenden Agenten aufzubauen. Die Kosten, die auf Seiten des Prinzipals für den Aufbau dieser Gegenmachtposition entstehen, dürfen jedoch nicht über den Kosten liegen, die sich durch das opportunistische Verhalten des Agenten ergeben. Beide Unterfunktionen, die eine Identifikation ermöglichen, haben also verschiedene Inhalte, und sie kommen unter verschiedenen Umständen zum Tragen.

Die Ermöglichung der Differenzierung durch Marken kann verschiedene Ausprägungen haben. Die erste Möglichkeit ist die Bekämpfung von Moral-Hazard Verhalten des Anbieters. Es geht darum, dass opportunistisches Verhalten des Anbieters nach Vertragsschluss verhindert werden soll. Die Markierung des betreffenden Gutes soll eine glaubwürdige Selbstbindung des Anbieters bewirken, die über den Moment des Vertragsschlusses hinausreicht.

Die zweite Möglichkeit, wie Marken eine Differenzierung ermöglichen können, besteht darin, Adverse Selection auf Märkten zu verhindern. Das Adverse Selection-Phänomen ist für diesen Zweck in einem spezifischen Modell dargestellt worden. Es wird mehr als nur die Frage nach der Informationsverteilung berücksichtigt. Das Modell erklärt auch Zusammenhänge zwischen Adverse Selection und den Budgetrestriktionen, Produktivitäten, Kosten und Marktbarrieren, dem Preissetzungsverfahren und der Verteilung der Güterqualität. Es konnte gezeigt werden, dass, je nach Ausprägung der Variablen, keine Adverse Selection entstehen muss: Es kommt im Modell vor allem nicht zu einem Adverse Selection Prozess, wenn ein Auktionator den Markt regelt oder für die Anbieter hohe Austrittsbarrieren bestehen oder das betreffende Gut für die Nachfrager kaum substituierbar ist. Weitere mögliche Gründe, warum es nicht zu einer Negativauslese (Adverse Selection) kommen muss, sind Einflussmöglichkeiten der Nachfrager auf die Qualität der gehandelten Güter, die Existenz ausschließlich guter Qualitäten oder das Bestehen eines Sekundärmarktes, der substitutive Auswirkungen auf den Primärmarkt hat. In realen Situationen, die einem der genannten Umstände entsprechen, wären Marken unter dem Aspekt der Adverse Selection-Verhinderung nicht notwendig.

Vor dem Hintergrund dieser Differenzierungsmöglichkeiten durch Marken und den möglichen unterschiedlichen Risikoeinstellungen von Nachfragern besteht auch die Möglichkeit zur Marktsegmentierung. Die Marktsegmentierung kann nur auf der Risikoeinstellung der Nachfrager beruhen. Dann werden Nachfragergruppen mit ähnlichen Risikoeinstellungen zu Marktsegmenten zusammengefasst. Eine andere Möglichkeit besteht darin, Nachfragergruppen mit ähnlichem Informationsstand zu Segmenten zusammenzufassen. Einzelne Segmente können dann mit verschiedenen Marken belegt werden.

Die dritte grundlegende Funktion, die Marken aus informationsökonomischer Sicht haben, ist die Ermöglichung der Markteinführung. Im Kern haben Marken dabei die Aufgabe, Nachfragererfahrungen mit der Qualität eines etablierten Produktes auf ein neues Produkt zu übertragen, das am Markt eingeführt werden soll.

Die Beschreibung und Abgrenzung der hier vorgestellten Funktionen der Marke untereinander beruht auf einer Sichtweise, die der Informationsökonomie als Teil der Neuen Mikroökonomie entstammt. Den Aussagen liegen jeweils konkrete Modelle zugrunde. Das ermöglicht es, einige Darstellungen von den Aufgaben der Marke zu ergänzen. Die „Garantiefunktion" und die „Wiederverkaufsfunktion" können als prinzipiell einheitlich zu beurteilendes Mittel zur Adverse Selection-Verhinderung eingeordnet werden. Mit Hilfe der verfeinerten Funktionenbeschreibung ist es ebenfalls möglich, in Einzelfällen eine Untersuchung darüber anzustellen, ob eine Marke eine bestimmte Funktion in einer bestimmten Situation erfüllen kann.

Es ist also mit Hilfe der informationsökonomischen Betrachtung der Marke möglich, andere Beschreibungen von Aufgaben und Zielen von Marken zu geben. Zugleich ist gezeigt worden, dass die hier vorgestellten informations-ökonomischen Funktionen der Marke nicht so durch andere Marketinginstrumente wahrgenommen werden können, wie es durch Marken möglich ist.

An die Stelle traditionell üblicher Gütereinteilungen tritt in der vorgelegten Systematik die Einteilung in Austausch- und Kontraktgüter sowie Geschäftsbeziehungen mit Such-, Erfahrungs- und Vertrauenseigenschaften. Die Zuordnung eines Gutes in eine der so gebildeten Kategorien ermöglicht es in vielen Fällen, Anhaltspunkte dafür zu finden, welche Funktion die Marke erfüllen soll. Die Erfüllung der Funktion basiert auf der informationsökonomischen Betrachtung der Marke. Mit Hilfe dieser Funktionserfüllung können ebenfalls Leitlinien für die Markenpolitik abgeleitet werden. Die wichtigsten Ergebnisse sind folgende:

Im Rahmen von Geschäftsbeziehungen sind Marken vor allem am Anfang und am Ende der Beziehung von Interesse. Bei Kontraktgütern kann unterschieden werden, ob Erfahrungs- oder Vertrauenseigenschaften überwiegen. Die Verhinderung des Moral-Hazard-Verhaltens des Anbieters sind in beiden Fällen informationsökonomische Funktionen der Marke. Die Identifikation beim Agenten und die Ermöglichung der Markteinführung sind dagegen nur beim Dominieren von Vertrauenseigenschaften relevante Aufgaben von Marken aus informationsökonomischer Sicht. Die Suchkostenreduzierung und die Adverse Selection-Bekämpfung sind dagegen keine sinnvollen informationsökonomischen Aufgaben von Marken, wenn das zu markierende Gut ein Kontraktgut ist.

Bei Austauschgütern ist die Moral-Hazard-Verhinderung nicht relevant. Ansonsten muss noch weiter differenziert werden. Beim Überwiegen von Vertrauenseigenschaften ist lediglich die Suchkostenreduzierung keine relevante Markenfunktion aus informationsökonomischer Sicht. Die restlichen Aufgaben können Marken in diesem Kontext wahrnehmen. Besonders wichtig sind die Adverse-Selection-Verhinderung und die risikoorientierte Marktsegmentierung. Wenn ein Gut betrachtet wird, das überwiegend Erfahrungseigenschaften hat, ergibt sich ein anderes Bild. Die Identifikation beim Agenten und die Ermöglichung der Markteinführung behalten zwar ihre Bedeutung, die Adverse Selection-Verhinderung und die risikoorientierte Marktsegmentierung können von Marken nur in den Fällen des Erstkaufs und von Information Overload bewirkt werden. Bei Austauschgütern mit überwiegenden Sucheigenschaften sind dagegen andere Markenfunktionen relevant. Die Suchkostenreduzierung rückt hier in den Mittelpunkt des Interesses. Adverse-Selection-Verhinderung, Marktsegmentierung und Ermöglichung der Markteinführung sind nur im Fall von Information Overload relevante informationsökonomische Markenfunktionen. Bei der Möglichkeit, Güter im Sortiment eines Absatzagenten mit Hilfe von Marken zu identifizieren, kann keine allgemeine Aussage darüber getroffen werden, wie wichtig diese Markenfunktion für Austauschgüter ist, die überwiegend Sucheigenschaften haben. Als konkrete Handlungsempfehlung für ein Unternehmen kann daraus insbesondere abgeleitet werden, Marken zu eliminieren, die keine Funktion (mehr) haben. Der Aufbau neuer Marken sollte auf Fälle beschränkt werden, in denen Marken funktionsnotwendig sind. Zur Identifikation von unter diesen Aspekten unnötigen Marken und zur Vermeidung unnötiger Markierungen sind ein Fragenkatalog und ein Flussdiagramm entwickelt worden, die ein systematisches Vorgehen bei der Analyse der Markenpolitik ermöglichen sollen.

Durch die Ergebnisse dieser Untersuchung können noch weitere Kritikpunkte ausgeräumt werden. Sie betreffen vor allem die Beschreibung der Aufgaben von Marken und den oft nicht abschließend geklärten Bezug der markenpolitischen Strategien zum Wettbewerb.

Die Einbeziehung der Wettbewerbsverhältnisse in die Betrachtung der Marke ermöglicht es, in diesem Bereich neue Erkenntnisse zu gewinnen. Es lassen sich Beziehungen zwischen der Marktform und den Aufgaben von Marken herstellen. Wichtigstes Ergebnis ist dabei, dass Marken aus informationsökonomischer Sicht weitgehend verzichtbar sind, wenn nur ein großer Nachfrager auf einem Markt auftritt.

In den Fällen, in denen es einige wenige, mittelgroße Anbieter gibt, kann keine allgemeine Aussage dazu gemacht werden, welche Funktionen Marken aus informationsökonomischer Sicht haben können. In diesen Situationen können also keine eindeutigen Handlungsempfehlungen abgeleitet werden, ohne die ausführlichen Funktionenbeschreibungen im einzelnen heranzuziehen.

Beziehungen können ebenfalls hergestellt werden zwischen den Aufgaben von Marken und der Phase, in der sich ein Markt befindet. Das bedeutet, dass auch eine dynamische Betrachtung möglich wird. Man kann den einzelnen Phasen, die ein Markt in seiner Entwicklung durchläuft, verschiedene Markenfunktionen bzw. Schwerpunkte dieser Funktionen zuordnen. Anfänglich sind vor allem die Suchkostenreduzierung und die Ermöglichung der Markteinführung von Bedeutung. In der zweiten Phase haben alle Markenfunktionen eine annähernd gleich hohe Bedeutung. Der Stellenwert der Funktion „Identifikation beim Agenten“ steigt in der dritten Phase an. In dieser Phase ist die Ermöglichung der Markteinführung ebenfalls von besonderer Bedeutung, und zwar in dem Sinne, dass mit Hilfe eines am Markt etablierten Gutes, dessen Markt sich in dieser dritten Phase befindet, andere neue Güter eingeführt werden können. Diese Bedeutung der Marke bleibt als einzige bis zum Schluss erhalten.

Ein Unternehmen, das abschätzen kann, in welcher Phase sich die von ihm bearbeiteten oder zu bearbeitenden Märkte befinden, kann also feststellen, welche Funktion die Marke schwerpunktmäßig wahrnehmen kann. Die Marke muss dann entsprechend den Umständen des Einzelfalls gestaltet bzw. geführt werden. Hat eine Marke keine oder nicht die gewünschte Funktion, sollte sie entfernt oder gar nicht erst aufgebaut werden.

Eine Analyse der informationsökonomischen Funktionen von Marken ist auch in Bezug auf einzelne Triebkräfte des Wettbewerbs möglich, so dass eine Wettbewerbsanalyse auch daraufhin verwertet werden kann, welche Funktionen von Marken in einer bestimmten Situation einschlägig sind. Die Verknüpfung von informationsökonomischen Markenfunktionen und Unternehmensstrategien wird auf diese Art und Weise vereinfacht. Wichtigstes Ergebnis ist, dass Marken ihre informationsökonomischen Aufgaben vor allem in voller Breite wahrnehmen können, wenn es um die Abschirmung etablierter Anbieter, also um den Schutz vor neuen Konkurrenten, geht. Andere relevante Wettbewerbskräfte sind die Verhandlungsmacht der Abnehmer oder der Lieferanten, die Bedrohung durch Substitute und die Rivalität unter bestehenden Unternehmen. Diese anderen vier Triebkräfte des Wettbewerbs lassen keine eindeutige Aussage zu, welche der informationsökonomischen Funktionen der Marke sie besonders begünstigen. Beim Dominieren von Abnehmermacht sind die Identifikation beim Agenten und die Ermöglichung der Markteinführung wichtige Funktionen der Marke. Die Suchkostenreduzierung und die Bekämpfung von Moral-Hazard-Verhalten und Adverse Selection durch Marken sind in dieser Situation dagegen sinnlos. Beim Vorliegen von Lieferantenmacht ist die Suchkostenreduzierung von untergeordneter Bedeutung. Alle anderen Funktionen lassen sich in ihren Wirkungen hier nicht eindeutig festlegen. Es muss dann eine Überprüfung an Hand des Einzelfalls erfolgen. Wird das Wettbewerbsgeschehen von der Bedrohung durch Substitute bestimmt, sind die Identifikationsmöglichkeit bei Agenten, die Verhinderung von Adverse Selection und die Ermöglichung einer risikoorientierten Marktsegmentierung wichtige Aufgaben von Marken. Die Ermöglichung der Markteinführung ist es nur aus der Perspektive des „außenstehenden“ Anbieters. Die Moral-Hazard-Bekämpfung ist hier nicht von Belang. Die Frage nach der Relevanz der Suchkostenreduzierung muss in jedem Fall einzeln untersucht werden. Im Fall der den Wettbewerb dominierenden Rivalität unter den Anbietern einer Branche lassen sich zwei Gruppen von informationsökonomischen Markenfunktionen unterscheiden. Die Suchkostenreduzierung, die Identifikation beim Agenten und die Ermöglichung der Markteinführung sind informationsökonomische Funktionen von Marken, die in dieser Situation sinnvoll ausgeübt werden können. Bei der Marktsegmentierung, der Bekämpfung von Moral-Hazard Verhalten und der Verhinderung von Adverse Selection ist das jedoch eine Frage, die in jedem Fall einzeln geprüft werden muss.

Die Erzielung von Wettbewerbsvorteilen ist, ausgehend von den beiden Grundtypen Differenzierung und Kostenorientierung, nicht einheitlich zu beurteilen. Die Differenzierungsstrategie sollte ein Unternehmen dann verfolgen, wenn folgende Markenfunktionen erfüllt werden oder erfüllt werden können: Bekämpfung von Moral Hazard, Verhinderung von Adverse Selection, risikoorientierte Marktsegmentierung.

Diese informationsökonomischen Funktionen der Marke ermöglichen eine Differenzierung. Wichtig ist es bei der Verfolgung von Strategien jedoch, die einzelnen Voraussetzungen dieser Funktionen bzw. ihrer Unterfunktionen zu beachten. In einigen Fällen sind Marken trotz bestehender Informationsasymmetrie nicht notwendig.

Die Anwendung kostenorientierter Strategien ist mit der Markierung grundsätzlich vereinbar. Die Funktion der Marke, die hier im Vordergrund steht, ist die Reduzierung von Suchkosten. Diese Strategien sollte ein anbietendes Unternehmen also nur verfolgen, wenn es in der Lage ist, für eine entsprechende Reduzierung der Suchkosten durch seine Marken zu sorgen.

Durch diese Betrachtung kann also ein Bezug zwischen dem von einem Unternehmen einzuschlagenden oder eingeschlagenen strategischen Weg und den informationsökonomischen Markenfunktionen herzustellen. Es muss jedoch betont werden, dass viele Verbindungen nicht absolut eindeutig sind, weil verschiedene gegenläufige Effekte auftreten oder auftreten können.

Durch die informationsökonomische Betrachtung der Marke ist es möglich, die Einteilungen, die von der Informationsökonomie ins Marketing übernommen worden sind, auch auf die Markenpolitik zu beziehen. Dadurch wird die Chance eröffnet, die Erkenntnisse, die in bezug auf ein Gut gewonnen werden, auch für die Markenpolitik für dieses Gut nutzen zu können. Dadurch wird nicht nur die bereits angesprochene Einteilung in Sachgüter und Dienste unnötig, auch auf andere Gütertypologien braucht nicht bezug genommen zu werden, wenn es um grundlegende markenpolitische Entscheidungen geht. Es ist ausreichend, auf die im fünften Kapitel vorgestellte Einteilung zu achten. Handlungsempfehlungen können mit Hilfe der dort präsentierten Schemata abgeleitet werden.

Die Markentechnik ergibt sich zwar nicht aus der informationsökonomischen Betrachtung der Marke, durch die Berücksichtigung des Nachfragernutzens ist es jedoch möglich, für die jeweilige Aufgabe der Marke Nutzen mit in die Betrachtung zu integrieren. Voraussetzung dafür ist die Ermittlung des Nutzens durch die Marktforschung. Damit ist es möglich geworden, die grundsätzliche Ausrichtung der Markenpolitik mit der Markentechnik zu verbinden.

In einigen Fällen können zu den aufgeworfenen Fragestellungen keine uneingeschränkten Aussagen getroffen werden. Dann ist es notwendig, die Beschreibung der Funktionen, wenn sie denn überhaupt in Betracht kommen, zu konsultieren. Mit Hilfe dieser Modelle ist es dann möglich, eine Entscheidung zu treffen, welche Aufgabe die Marke eines Unternehmens in einer bestimmten Situation und für ein bestimmtes Gut wahrnehmen sollte.

Die Funktionserfüllung ergibt in dem in dieser Untersuchung vorgestellten Konzept die Leitlinie für markenpolitische Entscheidungen. Die gefundenen Ergebnisse sind also in ganz verschiedenen Bereichen neu. Sie sind neu, was die Beseitigung von Kritikpunkten angeht, und sie bringen Neuigkeiten bei den Details einzelner Markenfunktionen. Weitere neue Bezüge ergeben sich aus den Untersuchungen, die die Beziehungen zwischen den Wettbewerbsverhältnissen und den informationsökonomischen Funktionen der Marke betreffen. Die Verknüpfung von informationsökonomischen Güterarten und den informationsökonomischen Funktionen der Marke bringt ebenfalls einige neue Erkenntnisse. Die Anwendung der Erkenntnisse wird durch die entwickelten Prüfschemata ermöglicht.

Abschließend soll noch darauf eingegangen werden, wem die Ergebnisse der Untersuchung nutzen können. Neben einer rein wissenschaftlichen Fundierung bieten die Untersuchungsergebnisse auch einen Orientierungsrahmen für Unternehmen, die ihre Markenpolitik auf deren Sinnhaftigkeit überprüfen wollen. Die wissenschaftliche Fundierung ermöglicht es, offene Fragen, insbesondere nach dem „Warum?“ einer Markierung, zu beantworten. Zugleich dürfte sie neue Forschungsfelder eröffnen, weil nicht auf alle gestellten Fragen eindeutige und abschließende Antworten gegeben werden konnten.

Für Unternehmen, die die eigene Markenpolitik überprüfen wollen, bietet die Untersuchung ebenfalls Anhaltspunkte. Maßgeblich für die durchzuführenden Prüfungen sind die in der Untersuchung herausgearbeiteten informationsökonomischen Funktionen der Marke sowie die jeweils relevante Marktform und verschiedene Kräfte des Wettbewerbs. Auch die Einordnung von Gütern und Austauschprozessen in eine informationsökonomische Systematik von Güterarten und Transaktionstypen kann als Entscheidungshilfe herangezogen werden. Die präsentierten Prüfschemata ermöglichen eine, wenn auch nur bedingte, Entscheidungshilfe, vor allem bei der Frage nach möglichen Eliminationen von Marken.

Schließlich berücksichtigt die Untersuchung auch die Interessen und Perspektiven der Nachfrager, weil die Markenfunktionen so formuliert sind, dass deren Nutzen berücksichtigt ist. Der Idee des Marketing, die Nachfragerperspektive zu berücksichtigen, ist deshalb entsprochen worden.

7 Anhang

Die folgenden zwei Modelle zeigen mathematische Formaldarstellungen zu informationsökonomischen Markenfunktionen. Die Symbole entsprechen denjenigen, die im einleitenden Symbolverzeichnis aufgeführt sind.

(1) Zur Suchkostenreduzierung:

(i) Angebotsvolumen:
$x*p*m = AS$

(ii) Preissetzungsverfahren:
$p_c > 0; p_s > 0; p_s \leq p_c$

(iii) Anbieterverhalten:

Max: $G(x_i; p_i) = p_i * x_i(p_i) * \sum_{i=1}^{k} n_i (p_i) - c(x_i)$ mit $\delta x/\delta p<0; dx_i = 0$

Die Preisanpassung findet ihren formalen Niederschlag in $dx_i=0$. $dc = 0$ führt zum Wegfall der Kosten, ebenso $\delta c/\delta x = 0$

(iv) Nachfragerverhalten:
Max: $U = U(p_c; z)$ u. d. N. $p_c \leq b_d$

Für die partiellen Differentialquotienten muss gelten:
$\delta u/\delta p_c<0; \delta u/\delta z<0$

Endogene Variable des Modells sind p und z_i, das heißt der Preis, der sich „auf Dauer" bildet, und die Anzahl der Suchschritte.

Exogene Variable sind der Anbietermarktanteil m, die Anzahl der Nachfrager n, die umgesetzte Menge x, der Nachfragernutzen u und der cut-off-price p_c.

Folgende Variationen ergeben sich bei positivem Preis-Mengen-Zusammenhang:
Nachfragerverhalten:

Max: $U = U(p_c;z)$ u.d.N. $p \leq b_d$

Für den Nutzen gilt:
$\delta u/\delta p_c<0;\delta u/\delta p_c \neq \delta x/\delta p_c$

Wegen der Preissteigerungstendenz müssen jetzt auch Budgetrestriktionen der Nachfrager beachtet werden.

(2) Zur Verhinderung von Adverse Selection

Angebotsseite:

Das Problem des Anbieters lautet:
Max : $G = x(q^a)*p(q^a)-c[x(q^a); q^a]$ u. d. N. $c \leq b_s$

Für die partiellen Differentialquotienten gilt:
$\delta x/\delta q^a<0;\delta p/\delta q^a>0;\delta c/\delta q^a>0$

Daraus ergibt sich automatisch:
$\delta x/\delta q^a \neq \delta c/\delta q^a$

Die Durchschnittsqualität q^a ist definiert als
$q^a = \alpha * q_H + (1-\alpha) * q_L$

Das Gesamtangebot AS der m Anbieter ergibt sich als:

$$AS= \sum_{i=1}^{m} x_i * p_i$$

Nachfrageseite:

Das Problem des Nachfragers lautet:
Max: $U= U (q^a; p; c_s)$ u.d.N. $c_s \leq b_D$

Die partiellen Differentialquotienten lauten:
$\delta U/\delta q^a>0;\delta U/\delta p<0;\delta U/\delta c_s<0$

Definitionsbereich von U ist vorgegeben als $D_f = R^+\backslash\{0\}$

Die Gesamtnachfrage ergibt sich als:

$$AD=\sum_{j=1}^{n} x_j*p_j$$

Es gilt stets $c_s > 0$.

Exogene Variable des Modells sind p, c_s, m b_D, b_S q_L und q_H. Endogene Variable sind x, n und α.

Eine Signalling Aktivität eines Anbieters mit dem Signalling-Niveau h ändert dessen Gewinnfunktion, da Signalling Kosten verursacht.

Die Gewinnfunktion lautet dann:
$G = x(q^a)+p(q^a)-c[x(q^a); q^a; h]$

Für die partiellen Differentialquotienten gilt *zusätzlich* zum Basismodell:
$\delta c/\delta q^a > \delta c/\delta h > 0$

8 Literaturverzeichnis

Aaker, D. (1990): Brand extensions: the good, the bad, and the ugly, Sloan Management Review, 31 (Summer), 47-56.

Aaker, D./Keller, K.L. (1990): Consumer Evaluations of brand extensions, Journal of Marketing, 54 (January), 27-41.

Adler, J. (1996): Informationsökonomische Fundierung von Austauschprozessen. Eine nachfrageorientierte Analyse, Diss. rer. pol., Wiesbaden.

Ahlert, D. (1984): Grundzüge des Marketing, 3. Auflage, Düsseldorf.

Akerlof, G. (1970): The market for lemons: Quality uncertainty and the market mechanism, Quarterly journal of economics, 84, 488-500.

Alchian, A. A./Woodward, S. (1988): The Firm is Dead; Long Live the Firm – A Review of Oliver E. Williamson's The Economic Institutions of Capitalism, Journal of Economic Literature, 26, 65-79.

Alewell, K. (1974): Markenartikel, in: Tietz, B. (Hrsg.): Handwörterbuch der Absatzwirtschaft, Stuttgart, Sp. 1217-1227.

Ansoff, H.J. (1966): Management-Strategie, München.

Arbeitskreis „Das Unternehmen im Markt" (1995): Vertikale Geschäftsbeziehungen zwischen Industrie und Handel, zfbf-Sonderheft Nr. 35, 179-203.

Arnoldt, A. (1996): Garantiezusagen und Qualitätszusagen von Konsumenten, Jahrbuch für Absatz- und Verbrauchsforschung, 42, 147-163.

Arrow, K.J. (1985): The economics of agency, in: Pratt, J./Zeckhauser, R.J. (Hrsg.), Prinzipals and agents: The structure of business, Boston, Mass, 37-51.

Aufderheide, D./Backhaus, K. (1995): Institutionenökonomische Fundierung des Marketing: Der Geschäftstypenansatz, zfbf-Sonderheft Nr. 35, 43-90.

Bänsch, A. (1995): Käuferverhalten, 6. Auflage, München, Wien.

Backhaus, K. (1992): Investitionsgütermarketing – Theorieloses Konzept mit Allgemeinheitsanspruch?, zfbf, 44, 771-791.

Backhaus, K. (1997): Industriegütermarketing, 5. Auflage, München.

Bagwell/Bernheim (1996): Veblen Effects in a Theory of Conspicious Consumption, American Economic Review, 86, 349-373.

Barth, K./Theis, H.-J. (1998): Hotel-Marketing – Strategien – Marketing-Mix – Planung – Kontrolle, 2. Auflage, Wiesbaden.

Bauer, H.H./Bayón, T. (1995): Zur Relevanz prinzipal-agenten-theoretischer Aussagen für das Kontraktgütermarketing: Design, Ergebnisse und Implikationen einer empirischen Studie zur Beschaffung von Fertigungs-Sondermaschinen, zfzbf-Sonderhefr Nr. 35, 79-100.

Bayón, T. (1997): Neuere Mikroökonomie und Marketing. Eine wissenschaftstheoretisch geleitete Analyse, Diss. rer. pol., Wiesbaden.

Becker, J. (1992): Markenartikel und Verbraucher, in: Dichtl, E./Eggers, W. (Hrsg.): Marke und Markenartikel als Instrumente des Wettbewerbs, München, 97-127.

Becker, J. (1993): Marketing-Konzeption, Grundlagen des strategischen Marketing-Managements, 5. Auflage, München.

Becker, J. (1994): Typen von Markenstrategien, in: Bruhn, M. (Hrsg.): Handbuch Markenartikel, Band 1, Stuttgart, 463-498.

Becker, J. (1998): Marketing-Konzeption-Grundlagen des strategischen und operativen Marketing-Managements, 6. Auflage, München.

Behrens, G. (1991): Konsumentenverhalten, 2.Auflage, Heidelberg.

Behrens, G. (1994): Verhaltenswissenschaftliche Erklärungsansätze der Markenpolitik, in: Bruhn, M. (Hrsg.): Handbuch Markenartikel, Band 1, Stuttgart, 190-217.

Bekmeier, S./Konert, F.-J. (1994): Erlebniswertorientierte Markenstrategien, in: Bruhn, M., (Hrsg.): Handbuch Markenartikel, Band 1, Stuttgart, 603-618.
Belz, O. (1994): Luxusmarkenstrategien, in: Bruhn, M. (Hrsg.): Handbuch Markenartikel, Band 1, Stuttgart, 645-652.
Berekoven, L. (1978): Zum Verständnis und Selbstverständnis des Markenwesens, in: Markenartikel heute. Marke, Markt und Marketing, Wiesbaden, 35-48.
Berekoven, L. (1992): Von der Markierung zur Marke, in: Dichtl, E./Eggers, W. (Hrsg.), Marke und Markenartikel als Instrumente des Wettbewerbs, München, 25-46.
Berry, L.L. (1980): Service Marketing is different, Business, 3, 24-29.
Bitz, H.M. (1992): Risikosituation, in: Dichtl, E./Issing, O. (Hrsg.): Vahlens Großes Wirtschaftslexikon, Band 2, 2. Auflage, München.
Bitz, H.M. (1992a): Risikoeinstellung, in: Dichtl, E./Issing, O. (Hrsg.): Vahlens Großes Wirtschaftslexikon, Band 2, 2. Auflage, München.
Böcher, H.-G. (1994): Kunst und Markenartikel, in: Bruhn, M. (Hrsg.): Handbuch Markenartikel, Band 2, Stuttgart, 871-921.
Böger, R. (1990): Konditionenspreizung der Hersteller gegenüber dem Lebensmittelhandel, Diss. rer. pol. ,Göttingen.
Bogaschewsky, R. (1995): Vertikale Kooperation – Erklärungsansätze der Transaktionskosten Theorie und des Beziehungsmarketings, zfbf-Sonderheft Nr. 35, 159-178.
Bratschitsch, R. (1957): Funktionalbetrachtung und betrieblicher Gliederbau der Wirtschaft, Der österreichische Betriebswirt, 7, 85-101.
Brielmeier, A./Diller, H. (1995): Die Organisation internationaler Vertriebsaktivitäten: Problemfelder, Einflußfaktoren und Lösungsansätze aus Sicht der Transaktionskostentheorie, zfbf-Sonderheft Nr. 35, 205-222.
Brockhoff, K. (1988): Produktpolitik, 2. Auflage, Stuttgart.
Bruhn, M. (1991): Qualitätssicherung im Dienstleistungsmarketing – Eine Einführung in die theoretischen und praktischen Probleme, in: Bruhn, M./Stauss, B. (Hrsg.), Dienstleistungsqualität. Konzepte – Methoden – Erfahrungen, Wiesbaden, 19-47.
Bruhn, M. (1994): Begriffsabgrenzungen und Erscheinungsformen von Marken, in: Bruhn, M., (Hrsg.): Handbuch Markenartikel, Band 1, Stuttgart, 5-41.
Bubik, Roland (1996): Geschichte der Marketing-Theorie – Historische Einführung in die Marketing-Lehre, Frankfurt, zugleich Diss. rer. pol., Mannheim 1995.
Busse, R./Starck, J. (1990): Warenzeichengesetz nebst Pariser Verbandsübereinkunft und Madrider Abkommen (Kommentar), 6. Auflage, Berlin.
Busse, R. (1994): Markendesign, in: Bruhn, M. (Hrsg.): Handbuch Markenartikel, Band 2, Stuttgart, 813-832.
Butters, G. R. (1977): Equilibrium distributions of sales and advertising prices, Review of Economic Studies,44, 465-491.

Coase, R. (1937): The nature of the firm, Economica, New Series, 386-405.
Corsten, H. (1988): Betriebswirtschaftslehre der Dienstleistungsunternehmungen. Eine Einführung, München/Wien.
Cramer, J. (1995): Markenpolitik im Bankenmarkt, Der Markenartikel, 57, 7-11.

Darby, M.R./Karni, E. (1973): Free competition and the optimal amount of fraud, The Journal of Law and Economics, 16, 67-88.
Dawar, N. (1993): Extendability of umbrella brands, INSEAD Working Papers Nr. 93/48/MKT.
Dawar, N./Anderson, P.F. (1992): Determining the Order and direction of multiple brand extensions, INSEAD Working Paper Nr. 92/36/MKT.
Dhalla, N. /Yuspeh, S. (1976): Forget the product life cycle concept, Havard Business Review, 54, 102-112.
Diamond, P. (1971): A model of price adjustment, Journal of Economic Theory,3, 156-168.

Diamond, P. (1987): Search Theory, in: Eatwell, J./Milgate, M. Newman, P. (Hrsg.): The New Palgrave Dictionary of Ecomonics, Band 4, London, New York, Tokio.
Dichtl, E. (1978): Grundidee, Entwicklungsepochen und heutige wirtschaftliche Bedeutung des Markenartikels, in: Markenartikel heute. Marke, Markt und Marketing, Wiesbaden, 17-53.
Dichtl, E. (1992): Grundidee, Funktionen und Varianten des Markenartikels, Wirtschaftswissenschaftliches Studium, 21, 270-274.
Domitzlaff, H.(1929): Typische Fehler der Reklamekritik, Berlin.
Domitzlaff, H. (1982): Die Markentechnik ist eine sehr komplizierte Wissenschaft geworden, Marketing Journal, 15,1,10-18.
Domitzlaff, H. (1992): Die Gewinnung des öffentlichen Vertrauens – Ein Lehrbuch der Markentechnik, Hamburg.
Domitzlaff, H. (1994): Grundgesetze der natürlichen Markenbildung, in: Bruhn, M. (Hrsg.): Handbuch Markenartikel, Band 2, S. 689-724.

Engelhardt, W. H./Kleinaltenkamp, M./Reckenfelderbäumer, M. (1993): Leistungsbündel als Absatzobjekte, zfbf 45, 395-426.
Erdem, T. (1998): An Empirical Analysis of Umbrella Branding, Journal of Marketing Research, 35, 339-351.

Finsinger, J. (1991): Wettbewerb und Regulierung, München.
Fischer, M. (1995): Agency-Theorie, Wirtschaftswissenschaftliches Studium, 320-322.
Frey, B.S./Kirchgässer, G. (1994): Demokratische Wirtschaftspolitik – Theorie und Anwendung, 2. Auflage, München.
Furubotn, E.G./Pejovich, S. (1972): Property rights and economic theory: a survey of recent literature, Journal of economic literature, 10, 1137-1162.

Gaul, S. J. (1996): HYUNDAI: Eine Marke im Aufbruch, Der Markenartikel, 58, 414-417.
George, D.A.R. (1996): The Price-Quality Relationship under Monopoly and Competition, The Scottish Journal of Political Economy, 43,99-112.
Gotta, M. (1994): Branding, in: Bruhn, M. (Hrsg.), Handbuch Markenartikel, Band 2, 773-790, Stuttgart.
Graumann, J. (1983): Die Dienstleistungsmarke. Charakterisierung und Bewertung eines neuen Markentypus aus absatzwirtschaftlicher Sicht, München.
Gries, G. (1987): Markenpolitik, in: Geisbüsch, H.G./Weeser-Krell, L.M./Geml, R. (Hrsg.), Marketing, Landsberg, 411-418.
Größer, H. (1991): Markenartikel und Industriedesign, München.
Gussek, F. (1992): Erfolg in der strategischen Markenführung, Wiesbaden.
Gutenberg, E. (1955): Grundlagen der Betriebswirtschaftslehre, 2. Band, Der Absatz, Berlin, Heidelberg, Göttingen.

Haedrich, G./Tomczak, T.(1990): Strategische Markenführung. Planung und Realisierung von Marketing-Strategien für eingeführte Produkte, Bern und Stuttgart.
Haedrich, G./Tomczak, T. (1994): Strategische Markenführung, in: Bruhn, M. (Hrsg.), Handbuch Markenartikel, Band 2, Stuttgart, 925-948.
Hätty, H. (1989): Der Markentransfer, Heidelberg.
Hätty, H. (1994): Markentransferstrategie, in: Bruhn, M. (Hrsg.): Handbuch Markenartikel, Band 1, Stuttgart, 561-582.
Hallier, B. (1995): Vertikales Marketing: Der Handel auf dem Weg zur Marketingführerschaft, Absatzwirtschaft, 3-95, 104-107.
Hauser, H. (1979): Qualitätsinformation und Marktstrukturen, Kyklos, 22, 739-763.
Hax. H. (1991): Theorie der Unternehmung- Information, Anreize und Vertragsgestaltung, in: Ordelheide, D./Rudolph, B./Büsselmann, E. (Hrsg.), Betriebswirtschaftslehre und ökonomische Theorie, Stuttgart, 51-72.
v. Hayek, F.A.(1937): Economics and knowledge, Economica, 33-54.

v. Hayek, F.A. (1945): The use of knowledge in society, American Economic Review, 35, 519-530.
Heath, T.B./Chatterjee, S. (1995): Asymetric decoy effects on lower-quality versus higher quality-brands: Meta-analytic and experimental evidence, Journal of consumer research, 268-284.
Hellwig, M. (1987): Some recent developments in the theory of competition in markets with Adverse Selection, European Economic Review, 31, 319-325.
Herreiner, T. (1992): Der „Wert" der Marke – Darstellung und kritische Würdigung von Verfahren zur Markenevaluation, in: Meyer, P.W.(Hrsg.): Arbeitspapiere zur Schriftenreihe Schwerpunkt Marketing, Nr. 37, Augsburg.
Herstatt, J.D. (1994): Entwicklung von Markennamen, in: Bruhn, M. (Hrsg.): Handbuch Markenartikel, Band 2, Stuttgart, 753-772.
Heuß, E. (1965): Allgemeine Markttheorie, Tübingen, Zürich.
Hinterhuber, H. H. (1996): Strategische Unternehmensführung I Strategisches Denken, 6. Auflage, Berlin New York.
Höhl-Seibl, J. (1994): Zweitmarkenstrategien, in: Bruhn, M. (Hrsg.): Handbuch Markenartikel, Band 1, Stuttgart, 583-601.
Holbrook, M. B. (1992): Product quality, attributes, and brand name as determinants of price: the case of consumer electronics, Marketing Letters, 3 (1), 71-83.
Hungenberg, H./Hutschenreuhter, T. (1998): Postreform, in: Die Betriebswirtschaft, 58, 1,7-21.

Irrgang, W. (1989): Strategien im vertikalen Marketing: Handelsorientierte Konzeptionen der Industrie, München.

Jacoby, J. (1984): Perspectives on Information Overload, Journal of Consumer Research, 10, 432-435.
Jacoby, J./Chestnut, R. (1978): Brand loyalty- Measurement and management, New York.
Jacoby, J./Speller, D./Kohn, C. (1974): Brand Choice Behavior as a Function of Information Overload, Journal of marketing Research, 11, 63-69.
Jensen, M. C./Meckling, W.H. (1976): The Theory of the Firm: Managearial Behavior, Agency costs and Ownership structure, Journal of Financial Economics, 3, 305-360.

Kaas, K.P. (1990): Marketing als Bewältigung von Informations- und Unsicherheitsproblemen im Markt, Die Betriebswirtschaft,50, 539-548.
Kaas, K.P. (1991): Marktinformationen: Screening und Signalling unter Partnern und Rivalen, zfb, 61, 357-370.
Kaas, K.P. (1992): Marketing und Neue Institutionenlehre, Arbeitspapier Nr. 1 aus dem Forschungsprojekt Marketing und ökonomische Theorie, Frankfurt.
Kaas, K.P. (1992a): Kontraktgütermarketing als Kooperation zwischen Prinzipalen und Agenten, zfbf, 44, 884-901.
Kaas, K.P. (1995): Einführung: Marketing und Neue Institutionenökonomik, zfbf-Sonderheft Nr. 35,1-18.
Kaas, K.P. (1995a): Informationsökonomie, in: Tietz, B./Köhler, R./Zentes, J. (Hrsg.): Handwörterbuch des Marketing, Stuttgart, Spalte 971-981.
Kaas, K.P. /Busch, A. (1996): Inspektions-, Erfahrungs- und Vertrauenseigenschaften von Produkten: Theoretische Konzeption und empirische Validierung, Marketing-ZFP, 17, 243-252.
Kaufer, E. (1980): Industrieökonomik, München.
Kellner, J. (1994): Lifestyle-Markenstrategien, in: Bruhn, M. (Hrsg.), Handbuch Markenartikel, Band 1, Stuttgart, 619-644.
Kahle, E. (1998): Betriebliche Entscheidungen: Lehrbuch zur Einführung in die betriebswirtschaftliche Entscheidungstheorie, 5. Auflage, München und Wien.
Kahle, E. (1998a): Vertrauen als Führungsqualität, unveröffentlichtes Manuskript, Lüneburg.
Kahle, E. (1999): Vertrauen als Voraussetzung für bestimmte Formen des organisatorischen Wandels, unveröffentlichtes Manuskript, Lüneburg.
Kelz, A. (1989): Die Weltmarke, Diss. rer. pol., Idstein.

Kim, J.-C. (1986): The market for „lemons“ reconsidered: A model of the used car market with asymmetric information, American Economic Review, 75, 836-843.

Kirmani, A. (1990): The effect of perceived advertising costs on brand perceptions, Journal of Consumer Research, 160-171.

Klein, B./Leffler, K. B. (1981): The Role of Market Forces in Assuring Contractual Performance, Journal of Political Economy, 89, 615-641.

Kleinaltenkamp, M./Marra, A. (1995): Institutionenökonomische Aspekte der „Consumer integration“, zfbf-Sonderheft Nr. 35, 101-119.

Knoblich, H. (1994): Markengestaltung mit Duftstoffen, in: Bruhn, M. (Hrsg.): Handbuch Markenartikel, Band 2, Stuttgart, 849-870.

Köhler, R. (1993): Marke und Verbraucher – Zu den Grundlagen lebenslanger Bindungen, Der Markenartikel, 55, 340-347.

Koppelmann, U. (1994): Funktionenorientierter Erklärungsansatz der Markenpolitik, in: Bruhn, M. (Hrsg.): Handbuch Markenartikel, Band 1, Stuttgart, 219-238.

Kotler, P./Bliemel, F. (1992): Marketing Management, 7. Auflage, Stuttgart.

Kotler, P./Bliemel, F. (1999): Marketing Management, 9. Auflage, Stuttgart.

Krafft, M. (1995): Ein empirischer Test von Hypothesen der Prinzipal-Agenten-Theorie und der Transaktionskostenanalyse zum Festgehaltsanteil von Reisenden, zfbf-Sonderheft, 245-268.

Kreps, D./Wilson, R. (1982): Reputation and Imperfect Information, Journal of Economic Theory, 27, 253-279.

Kroeber-Riel, W./Weinberg, P. (1996): Konsumentenverhalten, 6. Auflage, München.

Kühnapfel J. (1995): Telekommunikationsmarketing, Diss. rer. pol., Wiebaden.

Kuß, A. (1987): Information und Kaufentscheidung, Berlin, New York.

Kuß, A. (1991): Käuferverhalten, Stuttgart.

Lane, C. (1998): Introduction: Theories and issues in the study of trust, in: Lane, C./Bachmann, R. (Hrsg.): Trust within and betwenn organizations, Oxford.

Latour, S. (1996): Namen machen Marken, Frankfurt.

Lehmann, M. /Schönfeld, T. (1994): Die europäische und die deutsche Marke: Positive Handlungsrechte im Dienste der Informationsökonomie, Gewerblicher Rechtsschutz und Urheberrecht, 481-490.

Litzinger, D. (1995): Die Gewinnung der Kooperation des Handels bei Verkaufsförderungsmaßnahmen von Herstellern. zfbf-Sonderheft Nr. 35, 269-286.

Lookwood, B. (1987): Pareto efficiency, in: Eatwell, J./Milgate, M./Newman, P. (Hrsg.): The New Palgrave Dictionary of Economics, Band 3, London, New York, Tokio.

Macneil, I. R. (1978): Contracts: Adjsutment of Long-Term Economic Relations under Classical, Neoclassical und Relational Contract Law, Nothwestern University Law Review, 72, 854-901.

Maleri, R. (1996): Grundlagen der Dienstleistungsproduktion, 3. Auflage, Berlin Heidelberg New York.

McMillan, J./Rothschild, M. (1994): Serach, in: Aumann, R.J./Hart, S. (Hrsg.): Handbook of game theory with economic applications, Band 2, 906-927.

McMillan, M./Morgan, P.B. (1988): Price dispersion, price flexibility, and repeated purchasing, Canadian Journal of Economics, 21, 883-902.

Meffert, H. (1979): Der Markenartikel und seine Bedeutung für den Verbraucher, Gruner + Jahr Verlag (Hrsg.), Hamburg.

Meffert, H. (1994): Marketing-Management, Wiesbaden.

Meffert, H./Bruhn, M. (1997): Dienstleistungsmarketing Grundlagen – Konzepte – Methoden, 2. Auflage, Wiesbaden.

Meffert, H. (1998): Marketing – Grundlagen marktorientierter Unternehmensführung, 8.Auflage, Wiesbaden.

Mellerowicz, K. (1963): Markenartikel. Die ökonomischen Gesetze ihrer Preisbildung und Preisbindung, 2. Auflage, Berlin und München.

Messing, H.W. (1983): „Dienstleistungsmarke“ – eine neue Variante im Markenangebot, Der Markenartikel, 45,10, 496-500.
Meyer, A. (1990): Dienstleistungsmarketing, in: Meyer, P.W./Meyer, A. (Hrsg.), Marketing-Systeme. Grundlagen des Institutionellen Marketing, Stuttgart, Berlin, Köln, 173-220.
Milgrom, P. /Roberts, J. (1982): Predation, reputation and entry deterrence, Journal of Economic Theory, 27, 280-312.
Müller, C. (1994): Die ökonomische Theorie der Werbung: Gestaltung und Wirkung der Werbung aus informationsökonomischer Sicht, Diss. rer. pol., Frankfurt.
Müller, G.-M. (1994): Dachmarkenstrategien, in: Bruhn, M. (Hrsg.) Handbuch Markenartikel, Band 1, Stuttgart, 499-512.
Müller-Hagedorn, L. (1986): Das Konsumentenverhalten, Wiesbaden.
Münchow, M.-M. (1995): Agency-Theorie, in: Schoppe et al. (Hrsg.), Moderne Theorie der Unternehmung, München, 180-233.

Nelson, P. (1970): Information and Consumer behavior, Journal of Political Economy, 78, 313-329.
Nelson, P. (1974): Advertising as Information, Journal of Political Economy, 82, 729-754.
Nieschlag, R./Dichtl, E./Hörschgen, H. (1997): Marketing, 18. Auflage, Berlin.
Noeldecke, G. (1992): Signalling in Markets and Games with incomplete information, Diss. rer. pol., Bonn.

Oberparleiter, K. (1955): Funktionen und Risiken des Warenhandels, München.
Olbrich, R. (1998): Unternehmenswachstum, Verdrängung und Konzentration im Konsumgüterhandel, Stuttgart.
o.V. (1999): Airline des Jahres 1999, Capital, 1999, 1, 132-138.

Pepels, W. (1990): Marketing als Markenmanagement, Jahrbuch der Absatz- und Verbraucherforschung, 36, 4, 433-447.
Picot, A./Wolf, B. (1995): Franchising als effiziente Vertriebsform, zfbf-Sonderheft Nr. 35, 223-244.
Plinke, W. (1989): Die Geschäftsbeziehung als Investition, in: Specht, G./Silberer, G./Engelhardt, W.H. (Hrsg.): Marketing-Schnittstellen, Festschrift für Hans Raffée, Wiesbaden, 305-326.
Png, I.P.L./Reitman, D. (1995): Why are some products brabded and others not ?, The journal of law and economics, 207-224.
Porter , M. E. (1986): Wettbewerbsvorteile, Frankfurt.
Porter, M. E. (1997): Wettbewerbsstrategie, 9. Auflage, Frankfurt.
Pratt, J.W./Zeckhauser, R.J. (1985): Prinzipals and Agents: An Overview, in: Pratt, J.W./Zeckhauser, R.J. (Hrsg.): The structure of business, Boston, 1-35.

Richter, R. (1994): Institutionen ökonomisch analysiert, Stuttgart.
Richter, R./Furubotn, E. (1996): Neue Institutionenökonomik: Eine Einführung und kritische Würdigung, Tübingen.
Rieger, B. (1994): Ganzheitliche Markengestaltung, in: Bruhn, M. (Hrsg.), Handbuch Markenartikel, Band 2, Stuttgart, 725-752.
Ringbek, J. (1986): Qualitäts- und Werbestrategien bei Qualitätsunsicherheit von Konsumenten, Wiesbaden.
Rose, A. (1993): Equilibrium and Adverse Selection, The Rand Journal of Economics, 24, 559-569.
Ross, S.A. (1973): The economic Theory of agency: The prinzipal's problem, American Economic Review, Papers and Proceedings, 63,2, 134-139.
Rothschild, M./Stiglitz, J. (1976): Equilibrium in Competitive Insurance Markets: An Essay on the economics of Imperfect Information, Quarterly Journal of Economics, 90, 629-649.
Rüschen, G. (1994): Ziele und Funktionen des Markenartikels, in: Bruhn, M. (Hrsg.): Handbuch Markenartikel, Band 1, Stuttgart, 121-134.
Rüschen, G./v. Möller, B. (1994): Volkswirtschaftliche Bedeutung der Markenartikelindustrie, in: Bruhn, M. (Hrsg.): Handbuch Markenartikel, Band 3, Stuttgart, 1909-1928.

Satterthwaite, M. (1979): Consumer information, equilibrium industry price, and the number of sellers, Bell Journal of Economics, 10, 483-502.
Sattler, H. (1991): Herkunfts- und Gütezeichen im Kaufentscheidungsprozeß: Die Conjoint-Analyse als Instrument der Bedeutungsmessung, Diss. rer. pol., Stuttgart.
Sattler, H. (1997): Monetäre Bewertung von Markenstrategien für neue Produkte, Stuttgart.
Sattler, H. (1999): Innovation – Lebensnerv der Marken, in: Gesellschaft zur Erforschung des Markenwesens e.V. (Hrsg.): Warum sind Marken erfolgreich? , 53-67, Wiesbaden.
Schade, C./Schott, E. (1991): Kontraktgüter als Objekte eines informationsökonomisch orientierten Marketing, Arbeitspapier des DFG-Forschungsprojekts: „Grundlagen einer informationsökonomischen Theorie des Marketing“, Frankfurt.
Schade, C./Schott, E. (1993): Kontraktgüter im Marketing, Marketing-ZFP, 15, 15-25.
Schäfer, H. (1995): Beziehungsmanagement durch Dialogmarketing: Bankloyalität aus institutionenökonomischer Sicht, zfbf-Sonderheft Nr.35,119-138.
Schäfer, H.-B./Ott, C. (1995): Lehrbuch der ökonomischen Analyse des Zivilrechts, 2. Auflage, Berlin-Heidelberg.
Schmalensee, R. (1978): A model of advertising and product quality, Journal of Political Economy, 86, 485-503.
Schmalensee, R. (1982): Product Differentiation Advantages of Pioneering Brands, American Economic Review, 72, 349-365.
Schmidt, I./Elßer, S. (1992): Die Rolle des Markenartikels im marktwirtschaftlichen System, in: Dichtl, E./Eggers, W.(Hrsg.): Marke und Markenartikel als Instrumente des Wettbewerbs, München, 47-69.
Schneider, D. (1983): Marketing als Wirtschaftswissenschaft oder Geburt einer Marketingwissenschaft aus dem Geiste des Unternehmerversagens ?, zfbf, 35, 197-223.
Schneider, D. (1995): Informations- und Entscheidungstheorie, München und Wien.
Schreiner, R. (1983): Die Dienstleistungsmarke. Typus, Rechtsschutz und Funktion, Köln.
Schröder, E. F. (1994): Familienmarkenstrategien, in: Bruhn, M. (Hrsg.): Handbuch Markenartikel, Band 1, Stuttgart, 513-526.
Schröder, H. (1990): Vertikaler Markenschutz als Problem der Markenartikelindustrie, Diss. rer. pol., Frankfurt.
Schumann, J. (1992): Grundzüge der mikroökonomischen Theorie, 6.Auflage, Berlin.
Selten, R. (1978): The Chain Store Paradox, Theory and Decision, 9, 127-159.
Sewing, E. (1994): Die Absatzwegewahl des Herstellers: Analyse vor dem Hintergrund der Prinzipal-Agenten-Theorie, Wiesbaden.
Shapiro, C. (1983): Premiums for High Quality Products as Returns to Reputations, Quarterly Journal of Economics, 97, 659-679.
Smith, D. C. (1992): Brand extensions and advertising efficiency: what can and cannot be expected, Journal of Advertising Research, 32 (Nov.), 11-20.
Smith, D. C./Park, C.W. (1992): The effects of brand extensions on market share and advertising efficiency, Journal of Marketing Research, 29 (Aug.), 296-313.
Spence, A.M. (1981): The Learning Curve and Competition, Bell Journal of Economics, 12, 49-70.
Spence, A. M. (1973): Job Market Signalling, Quaterly Journal of Economics, 87, 355-374.
Spreman, K. (1988): Reputation, Garantie, Information, ZfB, 58, 613-629.
Spreman, K. (1990): Asymmetrische Information, ZfB, 60, 561-585.
Stauss, B. (1994): Dienstleistungsmarken, in: Bruhn, M. (Hrsg.): Handbuch Markenartikel, Band 1, Stuttgart, 79-104.
Stigler, G. (1961): The economics of information, Journal of Political Economy, 69, 213-225.
Stiglitz, J. (1975): The Theory of „Screening“, Education and the Distribution of Income, American Economic Review, 65, 283-300.
Stolte, D. (1996): Fallbeispiel TV-Markt, Markenkommunikation und Medienwirtschaft, Der Markenartikel, 58, 357-358.

Stratmann, M. (1999): Die Determinanten der Produktqualität aus der Sicht von Konsumenten, Diss. rer. pol., Frankfurt.
Sundie, L./Brodie, R. J. (1993): Consumer evaluations of brand extensions: further empirical results, International Journal of Research in Marketing, 10 (1), 47-53.
Sydow, J. (1995): Finanzdienstleistungsnetzwerke: Zur Organisation einer ökonomischen Institution des Kontraktgütermarketings, zfbf-Sonderheft Nr. 35, 139-158.

Tellis, G. J./Fornell, C. (1988): The relationship between advertising and product quality over the product life cycle: a contingency theory, Journal of marketing research, 25, 64-71.
Terberger, E. (1995): Agency-Theorie, in: Corsten, H. (Hrsg.), Lexikon der Betriebswirtschaftslehre, 3. Auflage, München/Wien, 30-35.
Tirole, J. (1995): Industrieökonomik, München, Wien.
Tomczak, T. (1989): Situative Marketingsstrategien, Berlin und New York.
Torin D. (1991): The Power of Branding, in Lovelock, C. H. (Hrsg.): Services Marketing, Englewood Cliffs, N.J..

v. Ungern-Sternberg, T./v. Weizsäcker, C.C. (1981): Marktstruktur und Marktverhalten bei Qualitätsunsicherheit, Zeitschrift für Wirtschafts- und Sozialwissenschaften, 101, 609-626.

Vahrenkamp, K. (1991): Verbraucherschutz bei asymmetrischer Information. Informationsökonomische Analysen verbraucherpolitischer Maßnahmen, Diss. rer. pol., München.
Vogt, J. (1997): Vertrauen und Kontrolle in Transaktionen – Eine institutionenökonomische Analyse, Diss. rer. pol., Wiesbaden.

Wehrli, H. P. (1994): Beziehungsmarketing – Ein Konzept, der Markt, 33, 191-199.
Weiber, R./Adler, J. (1995): Der Einsatz von Unsicherheitsreduktionsstrategien im Kaufprozeß: Eine informationsökonmische Analyse, zfbf-Sonderheft Nr. 35, 61-78.
Weiber, R./ Adler, J. (1995a): Informationsökonomisch begründete Typologisierung von Kaufprozessen, zfbf, 47, 43-65.
Weimann, J. (1996): Wirtschaftspolitik – Allokation und kollektive Entscheidung, Berlin.
Weisenfeld-Schenk, U. (1997): Die Nutzung von Zertifikaten als Signal für Produktqualität –Eine informationsökonomische Betrachtung, ZfB, 67, 21-39.
Wenger, E./Terberger, E.(1988): Die Beziehung zwischen Agent und Prinzipal als Baustein der ökonomischen Theorie der Organisation, Wirtschaftswissenschaftliches Studium, 1988, 506-514.
Werman, C.J. (1974): Trademarks, Amsterdam.
Wernerfelt, B. (1988): Umbrella branding as a signal of new product quality: An example of Signalling by posting a bond, Rand Journal of Economics, 19, 458-466.
Wessling, E. (1991): Individuum und Information: Die Erfassung von Information und Wissen in ökonomischen Handlungstheorien, Tübingen.
Wicht, W. (1997): Emergent-adaptive Fuzzy-Systeme: Kombination konnektionistischer, evolutionärer und vager Kalküle einer bionetisch-kognitiven Entscheidungsmethodik, Diss. rer. pol, Frankfurt.
Williamson. O.E. (1990): Die ökonomischen Institutionen des Kapitalismus, Tübingen.
Wilson, C. (1980): The nature of equilibrium in markets with Adverse Selection, Bell Journal of economics, 11, 99-120.
Wied-Nebbeling, S. (1994): Markt- und Preistheorie, 2. Auflage, Berlin.
Wind, Y. (1982): Product policy - Concepts, methods and strategy, Reading (Mass.).
Wölfer, U. (1994): Produktlinienerweiterung (line extension), in: Bruhn, M. (Hrsg.): Handbuch Markenartikel, Band 1, 527-542, Stuttgart.
Wolinsky (1983): Prices As Signals of Product Quality, Review of Economic Studies, 1983, 647-658.

Zentes, J. (1996): Von Pull- und Push-Strategien zum kooperativen Wertschöpfungsmanagement, Der Markenartikel, 58, 162-165.

Druck:
CPI Druckdienstleistungen GmbH
im Auftrag der
Kolibri 360 GmbH
Ferdinand-Jühlke-Str. 7
99095 Erfurt